【新装版】

宇宙人の

地球人類の60人に1人は宇宙人

魂を

心理学者[衝撃の科学レポート]

もつ人々

スコット・マンデルカー
南山 宏[監修]　竹内 慧[訳]

覚醒したるET人格**ウォークイン**と
さまよえる魂**ワンダラー**

ヒカルランド

FROM ELSEWHERE

『宇宙人の魂をもつ人々』ヒカルランド版　著者まえがき

1997年に本書の日本語訳（徳間書店）が出版されてから20年以上がたちました。

この本はもともと、1992年にサンフランシスコにあるカリフォルニア統合学研究所（CIIS）で博士学位を取得するために書いた博士論文研究でした。私にとっては初めての著書であり、特に私が〝ワンダラー〟と呼んでいる、ETソウル、ETウォークイン、スターシード、スターボーン、スターチルドレンなどのいわゆる〝オールドソウル（古い魂）〟の人々に向けて書かれています。私自身もそうした〝宇宙人としての自我〟を持っているため、第三者的な観察者になることはできませんでした。

私の論文は確かに学術的な研究の一環であり、実際にこの論文で1992年に東西心理学の博士号を得ています。その一方で、私はずっと自分自身がワンダラーだと自覚している人たちや、もしかしたらそうかもしれないと感じている人たちの力になりたいと思っていました。

自分が〝どこか他の場所（実在しているけれど人間の物理的な目では見ることができない、より高い次元のグループや、別の世界で互いに尊重しあって暮らしている集団）から来た〟ことを知っている私たちにとって、自分は地球という惑星で暮らす〝見知らぬ土地のよそ者〟だと感じがちです。

私自身も含め、アメリカ、日本、ヨーロッパ、イギリス連邦などの国々の多くのワンダラーたちにとって、こうした疎外感や、精神的な気づきや強い倫理観といった部分でどこかまわりと違っているといった感覚は常につきまとい、終止符が打たれることは決してありません。その感覚は単に時とともに変化していくだけです。そして、うまくいけば、証明不可能な魂の真理を心から受け入れられるようになり、私たちが一心に学び、成長し、他者に手を差し伸べ続ける意欲を支えてくれる源になるのです。私たちは完璧ではありません。まだ学びの途上にあり、こうした成長の道行きは決して終わることがありません。

それでも、私たちは敢えて今の地球という惑星で生きることを（生まれる前に）選んだのです。私はこうした物の見方を、魂の成熟の過程としての〝大きな視点を持ち続けること〟と呼んでいますが、大方の学者や医師や心理学者の見解は〝妄想性の精神病！〟でしょう。しかし、**こうした事柄は誰がなんと言おうと証明のしようがない**わけで、私はそれで構わないと思っています。

自分がワンダラーだと確信している私たちにとって、地球上で生きていくことはとても強烈な体験です。時にはひどく動揺して困惑させられることもありますが、同時にワクワクした驚きと喜びに満ちている。その時々によって天国と地獄を行ったり来たりしている感覚なのです。

１９９５年に本書が最初にアメリカで出版された時点で、私はすでに何年間もセミナーや少人数のグループの指導、個人カウンセリングなどの経験を積んでいましたが、２０２１年を迎えた現在でもそうした仕事を続けています。

この30年間の仕事を通じて、私はワンダラーたちのコミュニティに課せられた、人生をかけた課題、喜びや悲しみをたくさん目の当たりにしてきました。私自身としても、30年前に比べて物の見方や意見が成熟して磨かれ、より深く明瞭になっています。読者の皆さんも同じような魂の成熟を経験し、現在、かつてないほど自分の心の望みと一致した生き方をなさっていることと思います。

この『宇宙人の魂をもつ人々』ヒカルランドの新装版に向けたまえがきでは、本書を最初に執筆した当時の自分の視点を振り返り、さまざまな可能性を秘めた地球の現状をさぐり、そこでのワンダラーとしての私たちの役目について考えてみたいと思います。

まずは、本書の原型となった博士研究は１９９０年に行われているため、その当時の私や私がインタビューした人たちが懸念した事柄のなかには、２０２１年の現在ではもはや当てはまらない事もある点を心に留めていただきたい。

具体的に言うと、１９９０年代半ばに、私自身も含めて多くのワンダラーや魂の求道者（スピリチュアル・シーカー）、ニューエイジの人々がとても心配していたのは壊滅的な地球変動でした。巨大地震、太陽の崩壊、滅茶苦茶な気候、沿岸洪水が今にも始まると感じていたのです。今も地球物理学的な状況は不安定で破壊的なままですが、その規模は私たちが予期していたものを遥かに下回っています。

数え切れないほど大勢のサイキックが予知していたにもかかわらず、事態が軽減されたのは、人間という共同体の大きな愛と光の意識のおかげだと信じている人々も多いようです。その可能性もあるとは思いますが、いわゆる地球変動が終わったとは私には思えません。〝三次元（３Ｄ）の周期が終わる〟まで、地球にはまだたくさんの紆余曲折が待ち構えているのです。

１９９０年代、私たちは三次元における魂の進化のフェーズが終わりを告げる〝次元のシフト〟が今すぐにでも起きて、イエスが仰せられた「地上の天の王国」が始まることも期待していました。現在でも、まだ多くの人たちがいつ次元のシフトが起きるのだろうかと心待ちにしていますが、私の同僚たちの大半は近い将来に起きるとは考えていません。

実際、ラー文書には、地球のエネルギー転換プロセスには数百年かかるだろうと記されており、私たちが気に入ろうが気に入るまいが、そうした極めて重大な転換（だと私は思います）の正確な時期は人知を超えたものであり、未解決の問題であり続けるでしょう。

現在、日本やアメリカ、そして世界中で、人類はいわゆる〝コロナウイルスのパンデミック（大流行）〟に直面しています。コロナウイルスとは何なのか、それがどれほど危険なのか、そして各国政府や、このパンデミックと〝グレート・リセット〟（世界経済フォーラム《WEF》が主催する2021年8月のダボス会議のテーマ）を求める声の高まりとを結びつけようとしている権力の座にある人々の本当のところの思惑はどこにあるのかについて、さまざまな意見が交錯しています。

多くの国が社会経済的に非常に厳しい状況にあります。旅行や自由な移動が大幅に制限され、多くの人が恐れと抑うつ、そして将来に対する不安のなかで暮らしています。国による専制的な権力がどんどん増していき、個人の自由が失われていっていることに多くの人が気づき、果たして〝物事が通常の状態に戻ること〟があるのだろうか、あるとすれば、それはいつなのだろうと訝《いぶか》っています。国々は東側と西側のグループで大きく分断され、ソーシャルメディアでは激しい対立が起き、人と人同士の敵意や家族内でのストレスで溢れています。

今日、1990年代に私たちが感じた地球変動や第三次世界大戦の懸念は減った一方、多くの人々のなかで不確かな未来に対する恐れが高まってきている。少なくとも、大都会から離れて台湾の片田舎で暮らしつつも、仕事を通じて世界中（12近くのタイムゾーンを横断して）の人々と繋がっている私の目からは、人類の姿はそう見えます。

ワンダラーである私たちは、その特殊な状態ゆえに、片方の足を人間世界に、そして、もう片方の足を遥か宇宙に置いているように感じているかもしれません。これまで以上に、社会的な疎外感や〝ここに属していない〟という感覚に苛《さいな》まれ、どうやって他の人たちを助ければよいのかと戸惑い、自分に課せられた人生の目的に迷いが生じているかもしれません。
あなたがそうしたストレスを感じていないとしたら素晴らしいことですし、かつてないほどすっきりした良い気分でいるとすれば、あなたが心を開くために費やしてきた努力に拍手を送ります。しかし、まわりの大半の人たちが、あまり良い気分で過ごしていない現状では、私たち〝悲しみの兄弟姉妹たち〟(ラー文書で用いられている用語)が、社会とともに苦悩することは免れないでしょう。

私たちは、とことん正直に、真実と信憑性と誠実さを旨に、自分自身とその倫理観に忠実であり続けること、そして自分自身を大切にすることが大事です。魂の学びと定期的なメディテーションを継続し、自分の身体をいたわり、仕事と休養とのバランスを保つことも欠かせません。
そうすることによって、私たちは心を開き続け、他の人々に手を差し伸べるための体制を整えることができるのです。〝世界に対する奉仕〟というのは、概して、私たちが日常生活で出会う皆を親切に助けるのと同じくらい簡単なものです。

そのためには、私たちが自分自身を信頼し、揺るぎない信念を持ち、人間としての地球上での生活と宇宙での多次元的な生活の両方を俯瞰《ふかん》する〝全体像〟を理解することが極めて重要です。私たちはきっと、癒しを通じて大いなる幸福を目指し、そしてバランスがとれた愛と叡智への魂の学びと成長を続けることができるはずです。より高次元の〝善意の存在〟や、私たちの故郷の世界の仲間たちも常に私たちと共にあり、地球と人類を助けてくれています。

そして普遍的な魂の進化についての基本原理は、これまでと何ひとつ変わっていないのです。つまり、私たちの文明は現在、危機的な状況に瀕しているかに見えますが、同時により深い自己回復と意識を拡大させていくための絶好の機会でもあるということです。

私たちが最善を尽くし、柔軟な姿勢を保ち、心を変容させることができる自分たちの力への信頼を失わない限り、困難を抱えた今の地球上で生きることは、心・身体・魂の成長を促す強力な起爆剤でもあります。いろいろな意味において、**現在の課題に立ち向かうことこそが、ワンダラーが地球へやってきた理由**なのです。私たちは、**地球という惑星の転換期に苦闘している文明に愛と光をもたらすためにやってきたのです。**

これから先も、皆さんが幸せな生活を送られることを祈ります。本書を読んでくださってありがとう。なにより今ここにいてくださることに感謝します。

2021年2月11日　辛丑の年、台湾にて

スコット・マンデルカー　Ph.D.

オンライン情報源：

1. ホームページ・アーカイブ（英語と日本語）
http://www.scottmandelker.com ‖ http://www.scottmandelker.com/jp

2. YOUTUBE チャンネル、プレイリスト
https://www.youtube.com/user/TWSMandelker/playlists

3. TALKS WITH SCOTT MANDELKER（全トピックスを扱うポッドキャスト）
http://talkswithscottmandelker.blogspot.com

4. LAW OF ONE PODCAST（ラー文書に関するポッドキャスト）
http://thelawofonepodcast.blogspot.com

5. 書籍、エッセイ、PDF のコンピレーション
https://talkswithscottmandelker.com/pdf_files#_=_
https://www.lulu.com/spotlight/scottmandelker

6. 『UNIVERSAL VISION』オーディオブック
https://soundcloud.com/spiritual-books-project/sets/universal-vision-full

監修者まえがき

南山　宏

　西暦1千年紀からいよいよ2千年紀に入ろうとする直前の今、人々は世界破滅の予感に怯える終末論的恐怖と、新世紀での人類再生と宇宙意識覚醒への期待とのはざまで揺れ動いている。

　それを地球の自転公転の周期に基づくたんなるカレンダー上の出来事にすぎないと笑い飛ばすのは、物質としての脳は活発でも精神的感性の鈍磨《どんま》した唯物主義者だけだろう。天体の運動が生物の生理的活動を通じて精神的活動に影響を与え、また、世紀末を意識する個々人の心理的反応が人類全体の集合無意識を形成していることには、ほとんど先験的《アプリオリ》に疑う余地もないからだ。

　心と脳、精神と物質、霊魂と肉体——捉え方は人さまざまだろうが、おしなべていわゆる内的宇宙と外的宇宙との間には奥深い密接な相関関係がある、と説くいわゆるニューエイジ系の学者が輩出する中で、今ひときわ注目を浴びているユニークな存在は、本書の著者スコット・マンデルカー博士である。なにしろ、現在この地球上にはかれこれ1億人もの〝非地球出身者〟——平たく言えば〝宇宙人〟、著者独特の用語に従えば〝ETソウル（本書では「ET人格」などとしている）〟が、地球をいい方向に導くためにやってきて住んでいるというのだから！

もちろん、博士のいう〝ETソウル〟は生身《なまみ》の肉体を持った異星人が地球にひそかに移住してきているという意味ではない。高次の星や次元の世界から〝魂《ソウル》〟だけが、いわば〝意識体〟として地球に移転してきているというのだ。同じ分野の研究家によっては、これまで〝スタープル〟〝スターボーン〟〝スターシード〟などと呼びならわしてきた存在と、ほとんど同義といってよいだろう。

マンデルカー博士によれば、その〝ETソウル〟にも大別して2種類あるという。一方は異星から転生した魂が地球人の肉体に宿って誕生する場合、他方は途中で地球人の肉体に入り込んでいい意味での人格転換が起こる場合で、博士は前者を〝ワンダラー〟、後者を〝ウォークイン〟と名付けている。地球に来ているETソウル1億人のうち、95％がワンダラー、残り5％がウォークインだという。ただし、自分がETソウルだと自覚している者は、全体のわずか15％にも満たないそうだ。

1億人といえば地球総人口の60分の1、つまり60人に1人はETソウルになる計算だが、いったいどんな人がETソウルなのか、その詳しい識別法は本書巻末の「ET度自己診断テスト」にまかせるとして、ひと口に言えば、いろんな意味で疎外感（エイリアネーション）に悩み、苦しんでいる人らしい。文字どおりのエイリアン（疎外された人）ということになりそうである。

むろん、このマンデルカー博士の主張を裏づける科学的証拠は、目下のところ皆無である。正直言って、これは科学の問題ではなく、信念あるいは信仰の領域に属する問題なのだ。信じようと信じまいとそれは各人の自由である。ただ、後述するように私にはちょっと思い当たることがあって、まんざらただの空想的仮説には思えなかったのだ。それは別としても、私がとくにいたく興味を惹かれたのは、本書ではあまり具体的に触れられていないのだが、心理学の博士号を持つこの若い学者がそもそもどのような生命観宇宙観に基づいてこんな理論に到達したのか、という点だった。

幸い、私は今年の3月末、超常現象専門誌〈ボーダーランド〉の助力で、たまたま私用で来日したマンデルカー博士にインタビューする機会を得た。その席上で博士は、私のぶつけるさまざまな疑問に明快率直に答え、白板で図解までして熱心に自説のレクチャーをしてくれたのである。同誌編集部の了解のもとに、とりわけ本書の内容の理解に役立ちそうな部分を駆け足で紹介しよう——

まず、博士の考え方の基盤をなすのは、キリスト教的宇宙論と東洋的輪廻転生《りんねてんしょう》観、さらに最新のチャネリング情報を融合させた全体論的ニューエイジ哲学と呼ぶことができるだろう。

彼は宇宙の本然の姿——根本的性質とは、〝ワンネス（調和した完全一体性）〟であり、創造主の本来の欲求——万物の存在する理由とは、私たちにとって〝生きる意味〟とは、〝ユニティ（一体化）〟すなわち「一つになること」の達成にあると考える。その達成には物質的進化ではなく霊的進化——〝魂の進化〟が必要で、そのためには私たちは、経験から真の愛と寛容を学び、自己啓発を続けて進化の段階を一段ずつ上がって行かなければならないという。

博士はそこに〝次元〟の概念を導入する。ただし、次元といっても物理数学上のディメンションではなく、意味の上ではデンシティー（密度）に近いという。強いて訳せば〝精神密度〟あるいは

〝霊性密度〟ということになるだろう。

まず、基本物質の段階（彼は哲学的に4大元素、地・水・火・風と説明する）は1次元、心（マインド）と体（ボディ）を持つ動植物は2次元の段階である。心と霊（スピリット）がスパークして意識を持つと、人間のように魂（ソウル）が宿った存在になり、これが3次元の段階というわけだ。ちなみに私たちの飼うペットは、人間に愛され触発されたおかげで、次に転生するときには人間に生まれ変わるチャンスに恵まれることもあるという。

ここで私たち3次元の存在は、転生する際に〝進路の選択〟を迫られる。愛と寛容を学んで霊性を高めた結果4次元に上がれるか、3次元に留まるか、2次元に墜ちるかの三者択一だ。ただし、ここで4次元に進む人間のうち10％ほどは、一体化ではなく分離化の方向に進む者もいる。これはネガティブ（必ずしも邪悪という意味ではない）な瞑想や修行によって霊性を高めた結果だという。

さらに叡智《えいち》と光（真理）を獲得するにつれて5次元、6次元と上がり、6次元の段階まで進化すると、ネガティブもポジティブもなくなって両者は再び合一を遂げる。最後に、最高段階の7次元に到達すると、そこはもはや神仏のレベルであり、永遠の存在となって事実上、創造主と一体となるのだ。

マンデルカー博士の〝ETソウル〟は、ワンダラーもウォークインもみな4次元以上の世界から、地球人とその文明を助け、奉仕する目的で、自ら志願してこの惑星に移転してきたポジティブETだという。ただ、ワンダラーのほうは、転生してきた際に過去生（前世）の記憶を失っている場合が大半なので、多くはおのれの真の使命に気づかぬまま何らかの疎外感に悩まされ続け、中にはもっぱら自分の利益の追求に励んでいる人もいることだろう。

ところで、おそらく読者のみなさん同様私が気になったのは、同じＥＴの問題でも、ＵＦＯやその乗員はどうなのかということだ。博士の説明はこうだった――たしかに物質としてのＵＦＯもそれに乗り組んだ宇宙人も、３次元のたくさんの星から地球を訪れている。だが、大半はネガティブな性格のＥＴで、通称グレイと呼ばれる種族もそうだという。彼らはエリート志向、権力支配、競争原理などを好み、人類をその方向に手助けしている。アメリカ政府のＵＦＯ隠蔽政策も極秘のＵＦＯ試作実験も、そのせいだという。

時にはポジティブなＵＦＯも姿を見せるが、これは人類を善導する使命のために高次元のポジティブＥＴが投影する意識体なので、物質ではないという。ネガティブＥＴの存在は警戒しなければならないが、現実には９対１の割合でポジティブＥＴのほうが多いし、地球の周囲には彼らによって〝光のバリヤー〟が張られていて、ネガティブＥＴの侵入をある程度防いでくれているらしい。あるポジティブＥＴのグループは、そんなネガティブＥＴにさえ愛と光を送り続けているほど慈愛深いのだそうだ。

マンデルカー博士は普通の意味でのＵＦＯ研究家ではなく、ましてやＥＴのメッセージを携えるコンタクティーではない。あくまでも独自の理論と研究をもって精神世界の探求にいそしむ少壮心理学者である。その掲げる理論は、時としてあまりに空想的にも見える。

しかし、本書を読み、気さくで温厚寛容な人柄に接し、理論の詳しいレクチャーを受けた今、私は正直に言える――科学的な裏づけはなくとも、博士の理論に大いに惹きつけられ、信じたい気持ちに傾いていると。なぜならひとつには、いささか私事に及んで恐縮だが、私にも身近にはっきり思い当たることがあるからだ。

マンデルカー博士の理論を知るずっと以前だが、私の末娘がまだ4歳の頃、だしぬけにこんな不思議なことを言い出した——前にいた星から地球に墜ちてきて母親のおなかに入り、赤ちゃんになって生まれた、いろいろ知っていたが、バカになって生まれたのでよく覚えていないと。驚いて聞きただすと「前の星は花なんかが咲いていて楽しかった、お父さんもお母さんもいたけど、ここも同じくらい楽しいから淋しくない」とためらいもなく答えたのである。

幼女の言葉遣いどおりのメモ書きも日付入りでとってあるから、要旨に間違いはない。娘のそばでそれにほんの少しでも近い話など、私も家族も口にした覚えは全然なかった。テレビからでも偶然仕入れたと疑えばそれまでだが、ありそうにもない。それにしてもSF的な転生譚《たん》だと思っていたのだが、もし博士の理論が真実なら、無理なく説明できることになる。みなさんはどう思われるだろうか。

とまれ、この小文が本書を読まれるみなさんの案内役を多少でも果たせたとしたら、監修者としてこれに過ぎる喜びはない。読み終えた時、あなたは少なくともきっと心が明るくなり、周りの人たちに優しくなれ、自分の人生も捨てたものではないと思えるようになるだろう。私もそうだったのだから。

日本語版刊行に寄せて

1995年10月にアメリカで本書のハードカバー版が出版されて以来、私の人生は大きく変わった。当時、私はまだ「2つの世界」の真ん中にいた。といっても、地球とETの惑星という意味ではなく、仏教の禅寺と普通の社会生活の真ん中に、ということである。1995年中頃までに、私はすでに博士号を取得して、個人的なカウンセリングを行い、公の教授活動にも携わっていたが、依然としてアメリカ社会の片隅に追いやられている、と感じていた。この感覚は、ちょうど、私がインタビューしたETの魂を持つ人々（**ウォークイン**と**ワンダラー**）と同じだ。ところが、わずか2年後の1997年の春、70以上のラジオ番組と多数のテレビ番組のインタビューを受け、無数の講演やセミナーやカウンセリングをアメリカと日本とイスラエルでこなし、いまだかつてないほど社会にかかわっている自分に気がついた。皮肉なことに、ETの魂というもっとも変わった主張と信条を持つ人々のグループの研究を扱った本書が、私が社会にかかわるきっかけとなってくれたのだ。どうやら、多くの人々が精神世界《スピリチュアル》の理解を望んでいるらしい。

まず述べなくてはならないのは、この本のもともとの題名は「アメリカでETであること」（Being ET in America）であり、インタビューした人々はアメリカ人だけだが、宇宙の家族・地球外の故郷のグループと、どこの星から来たのかを発見することは、別にアメリカや特定の国に限ったことではない、ということだ。私は、公にあるいは個人的にETの魂を持っていることを認めた何十人もの日本人と出会った。日本では「**ワンダラー**」（1950年代にUFOに遭遇したジョージ・ハント・ウィリアムソンの用語）や「**ウォークイン**」（アメリカでルース・モンゴメリーによって頻繁に使われた用語）という言葉は使われていないが、**社会との純粋な違和感の根本原因はその人が地球外の生まれであることにある**、という点ではアメリカも日本も同じだ。それ以来、私は、中国、ベトナム、ヨーロッパ各国において、自分たちを**ワンダラー**と考え、人類を救うために地球にやってきたと気づいた人々と出会った。だから、宇宙起源の人格的身元を自覚することは「アメリカ的なもの」などとは思わないでほしい。まったく違うのだ！　この種の信条とこのような結論にいたった体験は、一国家に限定されるものではない。もっとも、アメリカ人のほうが公にETであることを公表する場合が多いのも事実だが。とにかく、重要なのは、ETの魂を持つ人々が**宇宙的（普遍的）な身元体験**の話をし、無限の創造の中で開示する偉大なプロセスとの密接な関係について述べ、ひとつの国家、文化、民族には単純におさまりきらない**より大きな帰属意識**を持っている、という点なのだ。私がインタビューした人々は、もはや自分たちがアメリカ人だとは考えていない。彼らは今や宇宙市民なのだ。日本にも同じような気持ちを持った人々が大勢いるに違いない。

この本は、もともと私の1992年の博士論文であった。だから、この本を社会人類学の学問的な研究書と考えることもできる。つまり、アメリカのある特定のサブカルチャーに関する社会学的考察として。しかし、インタビューに答えている人々が真実を客観的に述べている、と信じるならば、「**どこか別の場所**から来た」という発見と自己検証は、**より大きな自己を確認する形而上学的なポートレイト**なのである。これは、一種の精神的なイニシエーションとも考えられる（もちろん、それは究極のイニシエーションではないし、最高次のイニシエーションでもないが）。性別や人種といった、通常の常識的で視野の狭い身元証明（「私は白人男性だ」とか「私は日本の女性よ」といったような）の代わりに、この本に登場する人々は、「ええ、確かにそのような身元証明は時間と空間の中では正しいけれど、**本当の私はずっとずっと大きな存在**なの」と言うはずだ。だから、この本が単に奇妙な信仰を持った一握りのアメリカ人の集団について述べたものだ、というのは極めて表面的な観察だと言わざるを得ない。もちろん、あなたがそのようにお考えなら、それはそれで構わないのだが。とにかく、大切なのは、私たちがより大きな自己理解のプロセスと地球外生命と宇宙の仕組みについてのより大きなヴィジョンについて考えている、ということだ。

このような話題についての入門講義をする場合、よく言うことなのだが、自分がETの魂を持っていると自覚する人々は例外なしに「**私はなぜここにいるの？**」と訊くものだ。この問題に答えるためには、通常、さらなる魂の探求と自己反省が必要で、もう少し形而上学を勉強する必要があり、意識の発展のための宇宙の計画を理解しなくてはならない。もちろん、この勉学の道のりは遠いが、

「**ワンダラー**」あるいは「**ウォークイン**」と自覚している人々のほとんどは、**世界への奉仕が自分たちの任務であり地球にいる理由でもある、**という結論に達する。世界を助ける方法はいくらでもあるが（教授活動やヒーリングや単に人に親切にすることなど）、**今、この惑星で何か特別なことが起こっている**ことが理解できるはずだ。それをニューエイジ、黙示録《アポカリプス》（もともとの意味は「啓示」であり、より大きな現実へのベールを引き裂くこと）、あるいは愛と同情の4次元と呼ぼうが、名前は重要ではない。

私が会った宇宙市民たちはみな、地球が物質と意識の両面で変革の時を迎えている、との認識で一致している。実際、彼らは**太陽系全域**で精神化の増大という深遠なプロセスが進行中だと信じているのだ。より奥義のレベルでは、これはガイア（地球）とゾル（太陽の創造者）の両方の高次のイニシエーションだと考えられる。人類は、今、このイニシエーションに参加できて幸運だと言わねばならない。ETの魂を持つ人々の役割は、さらなる愛と光を注ぐことによって、「次の密度《デンシティー》」への移行がスムーズで実り多いものになるのを助けることにある。

ここで私自身の経験を少し述べさせていただきたい。初めにも書いたが、この本の反響には正直言って驚いている。そして今では、これまでになく活発に教授活動に精を出している。過去6カ月の間、私は、より偉大な力が私の仕事の後押しをしてくれている、という感じを強く受けた。あたかも私の仕事では全くなく、宇宙の仕事が光をもたらし、私はひとつの道具にすぎないかのようだ。「仕事に全力を尽くせば、仕事があなたを完全に支えてくれる」という言葉があるが、この言葉は正しいことがわかった。この本は、「眠れる**ワンダラー**」を目覚めさせるためのものだ。ETの魂をもち「**どこか別の場所**から来た」のにそれに気づいていない世界中の何百万人という人々（その多くは日本にいる）。もしかするとそのうちの一人かもしれないあなたが［自分のルーツ］は宇宙起源だと気づけば、あなたはより明るく光り輝くようになるだろう。そうなれば、世界中が恩恵をこうむるのだ。あなたの自己発見は世界への奉仕以外の何ものでもない。

ところで、私の仕事が偉大な力に支えられている、という感覚だが、「高次の力」に気づいている人なら誰でも知っているように、小さな自己を克服することができれば、「大いなる自己」があとの面倒は見てくれる。真の奉仕はすべてともに創造する。自己と宇宙が調和して流れる。なにしろ、この2つは初めから別々ではなかったのだから。あなたが世界に奉仕すれば、世界はあなたを支えてくれるのだ。

ここまで読まれたあなたは、私が並のUFO研究家でない、とお考えかもしれない。それは事実だ。私は仏教と中国の道教の教えを受け、瞑想を実践し、遊体離脱やテレパシー交信を含む多くの超常的な体験をし、それが現実におこったことで、混乱した想像力のなせるわざでないことをはっきりと確認することができる。いずれ、人間の科学が神秘的な洞察と多次元の現実を熱心に探求することだろう。しかし、現時点において、神秘主義は西洋では、通常、単なる東洋の幻想としか考えられていない。誰も証明できないからである。

実のところ、私は「**どこか別の場所**から来た」人々の主張を証明したり、それに反駁《はんばく》したりすることにはあまり興味がない。同時に、UFOの存在を証明することにも興味がない。なぜなら、私は精神的《スピリチュアル》な知識を得るのに別の方法に頼っているのだから。つまり直観とバランスのとれた知性を使った主観的な自己検証である。この方法はとても理にかなったアプローチだと思う。精神的《スピリチュアル》な主張には洞察力をもって対処することが肝要で、これから数年のうちには、もっと過激な信条がニューエイジの教師たちやET研究家たちによって教えられるだろう。今日ゆきわたっている信条（例えばヘール・ボップ彗星や双子のUFOなど）と比べて、自分たちを**ワンダラー**と呼ぶ人々の考えは実際は極めて理にかなっており、ふつうの常識に根差していることがおわかりだろう。彼らが真に望むのは、人類が愛を学ぶことに尽きるのだ。

この序文を終える前に、徳間書店からの日本語版を実現するのを助けてくれた方々にお礼を申し上げたい。最初に、私の編集担当の溝口立太氏と高い学識をもった研究者、南山宏氏の、本書の出版にいたるまでの正確さにこだわった献身と忍耐力に感謝したい。また、ボーダーランド誌の有澤隆氏、サバイバルグループ・ユートピアの荒川明子氏、たま出版のポール・瓜谷氏、UFO専門家の竹本良氏、日本UFO情報ネットワークの田中康之氏の親切なご支援に感謝する。最後に、SWO（スピリチュアル・ワールド・オーガナイゼーション）の東藤大輔氏、すぐれたティーチング・カウンセリングの通訳の楠宏太郎氏の偉大な仕事への献身的な奉仕に心から感謝する。

そして、読者のみなさん、この本を読み、私と旅路を共有してくれてありがとう。私の言葉があなたの自己確認のプロセスに光明を投げかけることを願ってやみません。愛に生まれ、光に育ち、喜びが花開き、私たちは無限の可能性を持っている。そして、大いなる覚醒、大いなる存在、大いなる自由への道は、我々の選ぶ意志と方向によってのみ創造される。この本の登場人物たちに賛成されるかどうかは別にして、あなたの好奇心はすばらしいし、イエス・キリストの言葉にもあるように、「求めよ、さらば与えられん」。求める強さに応じてあなたの内なる輝きも大きくなる。あなたの開示の一端を担うことができて光栄です。あなたと私はひとつなのだから。

1997年4月、サンフランシスコにて

スコット・マンデルカー　Ph．D．

はじめに

ブラッド・スタイガー

私が地球外生命《エクストラテレストリアル》（ＥＴ）に出会いはじめたのは１９６５年のことです。彼らと遭遇したことで、私は１９６７年に「星の人々《スターピープル》」調査を開始しました。１９９５年現在までの調査分類によれば、多くのエイリアンたちが誰からも気づかれることなく地球上で生活していることが裏づけられています。

過去40年以上にわたって、最先端の科学者たちを含むあらゆる人々が、地球外生命が存在するかどうかという決定的証拠を見つけることに骨身を削ってきたというのは皮肉なことです。エイリアン探しは、地球という惑星に住む、心あるすべての人々の想像力をかきたててきました。たくさんの人々が、「人類は宇宙でひとりぼっちなのだろうか？」という究極の疑問の答えを見つけるべく、その全人生、全精力を注ぎ込んできたのです。

幸運にも、私自身は30年前に人間以外の知性体が実際に存在していること、そして、この地球上で、我々の一員として暮らしていることを発見しました。

　現在、世界中で多くの人たちが、内からつきあげるような、ある種の驚くべき精神的高揚に感応し、別の世界での自分の過去生（前世）を思い出しているのです。それはまるで、魂に組みこまれた内部メカニズムが、何かに触発されて作動し心の奥底に眠っていた記憶を呼び覚まし、自分たちの本当の故郷ははるか彼方の、地球とはかけ離れた**どこか別の場所**であることを思い出させているかのようです。彼らは、地球外世界での前世の記憶に加え、宇宙規模の任務を遂行するために、地球に生まれ変わってきたのだという確信を持っています。この地球という惑星に生きるすべての人々の行く手に待ち受けている、非常に厳しい時代に、人類を助けなければならない、というゆるぎない信念をみなぎらせているのです。彼らのなかには、いずれ襲いかかってくる大洪水や大噴火、地質学上の変化、社会構造や政治体制の崩壊、地球の電磁場の逆転や磁極の移動といった光景を目の当たりにした人たちさえいるのです。

　この点について、私が会った「エイリアン」の大多数が、性別を問わず、看護師、医師、心理学者、ソーシャルワーカー、大学教授、警察官、教師、カウンセラー、軍人、指圧師、聖職者など、いわゆる人々を「助ける」職業にたずさわる専門家であったことは特筆すべきでしょう。

　この本で、スコット・マンデルカー博士は、これら**どこか別の場所**からやってきたと主張している人たちについて徹底的かつすばらしい考察を行っています。そして、我々のなかにいるこうした、いまだ自らの内にある宇宙の遺産に目覚めていない「眠れる」エイリアンたちは1億人をくだらない、と博士は見積もっています。もし、博士が焦点を当てて取り上げた2つのＥＴグループ、**ワン**

ダラー（Wanderer）と**ウォークイン**（Walked-in）が本当にそんなにたくさんいるのなら、それを我々現代社会の「サブカルチャー：下位文化」と名づけたのは正解でしょう。

学識豊かなマンデルカー博士ですが、これら地球外生物の自覚を持つ人々へのインタビューに際しては、長い間堅持してきた理知的な先入観を捨てて心を開いて臨み、彼らが決して神経をぴりぴりさせて敵愾心《てきがいしん》をむきだしにした人々ではなく、正直でよくしゃべり、寛容であることを知ったのです。博士がインタビューした相手はおおむね、精神的な価値や人知を超えた意識が全世界中で復興するための触媒として働きたいと願っています。つまり、彼ら地球にいる異邦人《ストレンジャー》たちは、私たちを助けるためにここにいるのです。

この本の随所にちりばめられた珍しい個人記録を通して、読者は多くの推論や仮説にいきあたるでしょうが、この現象全体を説明する最終的な答えは示されません。なぜならマンデルカー博士がアドバイスするように、その答えは我々が自分自身で見つけるべきものだからです。いずれにしても、この本に取り上げられている主張を絶対的に証明することは誰にもできないのです。

もし、読者であるあなたがこの特異な問題にマンデルカー博士と同じように偏見を捨て心を開いて臨むなら、人間の精神の奥深くへの魅惑的な探検があなたを待っていることを私は保証します。そうした公平な立場で耳を傾けた後で、「あなたが嘘をついていないのはわかるけれど、だからってあなたを信じるわけにはいかない」と本書でインタビューを受けた人物が口にしたような結論を下すとしても、それはあなたの自由です。

もしかすると、あなたも自分が本当に「**どこか別の場所**から来た」と認識するかもしれませんよ。

まず何よりも初めに、この本の構想、執筆にあたって力となってくれた
ロス・クラバン氏と出版に尽力してくれた私の代理人、ステファニー・エバンスに
特に感謝したいと思います。
また、変わることのない無償の愛を注いでくれる私の両親、祖母、伯父に。
そして、親しい友人たちに感謝します。彼らの叱咤激励で今の私がいます。
最後に、私の進むべき道を照らし出してくれた
仏教、ヒンズー教、道教の導師たちに深い感謝の念を捧げます。

カバー&CGデザイン　荒木慎司

【新装版】宇宙人の魂をもつ人々——目次

第1章　素　性
――いまだ眠りから覚めないワンダラーに向けて

読者はこれから、今日アメリカでもっとも過激な確信を抱いている人々の一群と出会うことになる。

彼らの生き方は、控えめに言っても、非常に並外れた主張、文字通り一般社会からかけ離れた考えに立脚している。

世の中がいくら進歩したといっても、彼らの主張は依然として内輪の、ニューエイジ文化の周辺に埋もれた、曖昧模糊《あいまいもこ》とした地下運動でしかない。それは漠然と大衆化され、時には魅惑的ですらあるが、事実は自分自身を地球外出身だと信じる人々の、現実的で活気に満ちたひとつのサブカルチャーなのだ。

そう、彼らは地球外生命（ＥＴ）なのだ。

現在地球上には、おそらく1億人程度の地球外生命が住んでいる。彼らの多くは眠りから覚めていないワンダラー［さまよえる人］と呼んでいいだろう。

UFOによる誘拐や地球の外からやってきた奇妙な生き物たちとUFO以外の形態で接触したと主張する人たちについて言っているのではない。この本で接近遭遇するのは、自分たちは訪問者であると主張しながら、地球での日々の生活を営む人々なのだ。

私は**ワンダラー**という言葉を、生まれながらの宇宙人でありながら自分が何ものか忘れてしまい、本当の姿にベールをかぶせられたまま生活しているが——運がよければ——ゆっくりと目覚め始める、ETの魂を持った人々をさして使うことにする。

眠りから覚めていない**ワンダラー**の数については、次のような計算で得られた。1981年1月、ラーとして知られるET団体（ルイビル大学物理学教授のドン・エルキンス教授とチャネラーのカーラ・ルカート、そしてジム・マッカーティーが中核となって、ラーと名乗る情報源とコンタクトを続けているグループ）からの第12回チャネリング・セッションの情報のなかに、地球上にはおよそ6500万の**ワンダラー**がいることが記されていた（詳しい情報は付録3を参照）。さらに計算してみれば、今日その数はさらに多いはずだ。あれからほぼ15年たち、新しい大年／ニューエイジへの移行を助けようと、たくさんのETの魂が押し寄せているところなのだから。予測では、この6500万という数字は、今日では1億に達しているとみられ、もっとも不思議な宇宙の謎のひとつとなっている。

さらにもっと不思議なのは、彼らがあまりにも人間くさいことだ。

彼らが普通の人々と同じように、喜び、悲しみ、希望、落胆といった感情を経験していることは、奇妙かもしれないが紛れもない事実なのだ。彼らの大部分は――子供は含まない――自分たちの本当の素性には気づかず、おそらく、ただ「見知らぬ国の見知らぬ人《ア・ストレンジャー・イン・ア・ストレンジ・ランド》」であるという漠然とした感覚を持っているだけなのだ。この本のために私がインタビューした人たちは、混乱した疎外感から出発してＥＴ人格へとたどりついた幸運な人たちで、全体のＥＴ人口から言えばほんの一握りにすぎないのである。

ベールをかぶせられたままの**ワンダラー**たちのほとんどは、他の人と何か違っているという深層意識が、自分たちが**どこか別の場所**からやってきたという事実に由来するとは決して認めないのだ。そこで私は、彼らをいまだ目覚めていない**ワンダラー**と呼ぶことにしよう。そしてこの本は大部分、彼らのために書かれたのだ。「彼らの思い出に」捧げて書いたのではなく、むしろ「彼らが思い出すために」、彼らのＥＴとしての過去のおぼろげな記憶をつついたりゆすぶったりしたのだ。

眠りの長すぎた**ワンダラー**たちのなかには、実際には地球外生命の存在についてもっとも懐疑的で不信感を持つ者さえいる。混乱した物質的な人間生活のなかを長い間漂って幻滅を味わった後では、ユートピア風の理想主義的な意見に辛辣《しんらつ》でうたぐり深くなっており、危機に直面した人類を救いに**どこか別の場所**から地球にやってくる情け深いＥＴたち、という発想は、まったくばかげたものに映るのだ。もし、あなたがＵＦＯやＥＴに興味を抱きながらも、それを激しく打ち消そうとしているなら、あなたもこうした懐疑的な**ワンダラー**の一人かもしれない。

さて、そうなるとこうした「隠れたＥＴたち」を私たちはどうやって受け止めたらいいのだろうか？ 人間の姿をしていながら、自分たちが何のためにどうやってここにやってきたか忘れてしまっている地球の救済者たちを、どうやって理解すればよいのだろうか？

1981年1月のチャネリング・セッションで、ドン・エルキンスはこうした**ワンダラー**が直面しがちな問題についてラー（付録3参照）に質問した。ラーの答えは次のようなものだった。

彼らは一般的に、ある種の困難やひどい疎外感といったハンディキャップをかかえている。このなかでも疎外感はもっとも顕著なもので、それは地球というこの惑星の波長に対する反発が、いわゆる人格障害という形で表れたり、地球の波長に適応しにくいために肉体面にも複雑な病気にかかるといった形で表れている。

この返答にあてはまる人々は膨大な数にのぼると思う。しかし、すべての精神病患者、長期セラピーを受けている人、あるいは花粉症の人が誰でも実際はETだと言っているのではないのだ。もっとも私はなかにはETも含まれていると堅く信じてはいるが。地球以外の**どこか別の場所**からやってきたという意識をすべて精神障害の兆候と見なすだけでなく、ケースによっては、障害そのものが地球のパターンや波長に合わせようとしているETの辛い努力によって引き起こされている、と見なすこともできると思う。「正気を失った」といわれる人々、あるいは慢性的に「精神を病んでいる」人々のなかには、実際に**どこか別の場所**からやってきて、自分たちの実在自体が否定され、あざ笑われ、単なる狂人というレッテルをはられるこの世界で必死に闘っている人々がいるのだ、と私は堅く信じている。

どれだけの人々が根強い疎外感にさいなまれているのだろうか？　何かまわりとは違うといった感じを持ち続け、決してしっくりこないと感じている人々はどれだけいるのだろうか？　物質的環境に適応できないことから起こる、アレルギーやその他の症状といった慢性的な病気に悩まされている人々はどれだけいるのだろうか？　その数は数百万、いやおそらく1億にはなるだろう。

結論を急ぐ前に、私は何もすべての人がエイリアンだと言っているのではない、という点だけは、明らかにしておきたい。私が言いたいのは、疎外感というものが純粋に心理学上の問題だとか、子供時代の精神的外傷に起因する人格障害だという紋切り型の医学理論は単なるひとつの側面、地球を基準にした見方にすぎないということなのだ。これらの問題を別の方向から見ることもできるのだ。そしてそうした方向から見たとき、ある人々からは、従来の解釈を超えた別の深遠な答えが返ってくるのだ。

それは、もしかするとある人々の人生を百八十度変えてしまうかもしれないのだ。

もちろん心理学は、人々が自分自身を理解したり、否定的な感情パターンを解放することを学ぶ有効な道具だ。私自身もカウンセリングの修士号をとるときに学んだコミュニケーション技術はとても評価している。それは、私がある時期過ごした仏教寺院では見いだすことができなかったものだ。セラピーは、個人やカップルや家族のそれぞれの健康的な成長のために有効な力となるが、だからといって現代の心理学ですべてのことが説明できるわけではないのだ。

自分たちの把握した西洋寄りの精神モデルこそが唯一のモデルだ、と心理学者や精神科医が過信しだすとき、問題が生じる。彼らは、人間の自我は頭の先からつめの先までの範囲のもので、生と死は正反対のもの、人格形成に一番影響をあたえるのは遺伝や社会的境遇である、と信じているのだ。残念なことに、精神のはたらきについてのこうしたモデルは、彼らの宇宙観と同様、せせこましいものと言わざるを得ない。そのために、多くの臨床セラピストたちが、ミステリーサークル［クロップ・サークル］やET目撃談、エイリアンによる誘拐、ESP［超感覚的知覚］、テレパシー、遊体離脱といった体験をすべて「心理学的な事象」として片づけるにはどうしたらいいか、懸命に時間をさいているのだ。

そうした超常体験を心理学的に説明しようというセラピストたちの努力はしばしばばかげている。彼らの専門的意見はこうである――エイリアンに誘拐されたと主張する人々の身体的な傷跡やもっともらしい放射線による吐き気は、単に「集合無意識の吐露」にすぎない。世界中で見つかっている幾何学的に精密なミステリーサークルは「局地的な暴風」によって偶然つくられたか、誰かの悪ふざけである。遊体離脱は、生まれつき「夢想がちな」人々の鮮明な幻覚にすぎない。

こうした一派の論文では、「異常外傷シンドローム」とか睡眠麻痺とかが持ち出され、最近、マスコミにもてはやされている。これらについては後の章で取り上げるが、今の時点では、心理学的な理由づけはそれがいくら的を射たものでも、一面的なものにすぎない、ということだけ心に留めておいてほしい。それだけが唯一の見方ではない、ということだ。

人間が未知のものに対して抱く拒否反応と恐れは、大変なもので、しばしば権威という仮面の後ろにひそんでいるものだ。体裁の良い西洋風の結論に到達したそうした研究者たち、いわゆる「心理学的解釈家たち」による研究を読んでみるといい。

世の中には、我々西洋文明の基礎であり、今や世界の文化の基礎でもある、合理的、物質的世界観ではとらえきれないものがあるのだ。専門家たちが、超自然的で非日常的なものすべてを心理学的に解釈しようとやっきになるのも無理はない。

ＥＴの魂を持つ人々は常に社会の片隅にいるのだと誤って考えないために、数回にわたるチャネリングを通して、ベンジャミン・フランクリンとトーマス・ジェファーソンが新生アメリカを導くために生まれ変わった**ワンダラー**であったことが判明したことを心に留めておいてほしい。ベールに包まれた自分たちの本当の人格的身元に気づいている、いないにかかわらず、多くのＥＴが世界中の権力の座についていると思われる。彼らの中には国際平和、正義、経済均衡、環境保護を推進させようと模索している者もいるのだ。たくさんのＥＴが、他人への奉仕の場である医療現場や心理学、教育、市民運動に身を投じている。人間の境遇を向上させる可能性をひめた場所には、**ワンダラー**であるＥＴの姿があるのだ。もっとも、本当に天与のＥＴ精神に気づいて目的に邁進《まいしん》している者はわずかで、**どこか別の場所**から来ているということすら考えてもみない者もいるのだが。

そこで、私は本書を探検の旅としたいと思う。我々が探検するのは陸でも海でもなく、いわんや宇宙空間でもない。実際のところ、それは非常に他と異なった存在への旅、いやむしろ、さらにもっと宇宙的な存在への旅である。

この旅の乗物にもっともふさわしいのは、心を開いておこうという気持ちだ。精神と心が開かれていれば、あらゆる種類の洞察力がはたらくのだから。

ＥＴの存在については、これまでほとんど、本気で分析したり真剣に研究されていない。ＥＴ人格を持つ、ということについてはほとんど注意が払われず、奇妙で魅惑的なおとぎ話のひとつとして葬り去られている。地球人でないことによる人格的な葛藤、もがき、混乱、それらを通しての確信にいたる道のり。これらすべては、研究者や一般の社会からあまりにも無視されてきた。しかし、本書ではまさに、実際にＥＴ人格を生きている人たちの話やケーススタディーを通して、これら無視されてきた問題に光を当ててみる。アメリカでの例を見ていくことにしよう。

状況は好転してきている。

私は最近ロサンゼルス在住のビデオ・プロデューサーに会ったのだが、彼は数年前に強烈なＥＴ体験をしており、ＥＴがいるという意見に賛成だ、と打ち明けてくれた。彼にはかつて、自分のことをＥＴだと自称するガールフレンドもいたそうである。私は、若いときにＵＦＯ体験をして、自分が別の世界からやってきたという考えをすんなり受け入れている、物腰の柔らかいリムジン運転手とも親しくしている。この本のために私がインタビューした多くの人々と同様、彼はこの惑星地球の出でない自分の身元を、特別不思議に感じていないのだ。私はさらに、ＥＴと**ワンダラー**についての私の考えを耳にして、サンフランシスコ出張の最中にラー文書（ラーがチャネリングによって伝えた文言集。付録3参照）を買いに走ったという、ある有名なパリのデザイナーのアシスタントにも会った。彼もまた、ＵＦＯ体験があり、きらびやかなハイファッションの世界に生きる地球の同僚たちに、非常な違和感を感じていた。

自分の研究をするにあたって、私は文化人類学の方法論と手法によった。高名な人類学者ブロニスラフ・マリノフスキーの言葉にあるように、私は「土地の人の物の見方、人生との関係、自分の世界の理解の仕方をつかむ」よう努力した。

「自分の世界の理解の仕方」という言葉通り、この本では地球だけでなく他の惑星も含めて考え、特定の国や特定の文化に固執しないよう努めるつもりだ。これら「土地の人たち」の「違い」を真剣に考えることこそが、理解の鍵を握っているのだ。私は常にこの違いを尊重するよう努めてきた。さもなければ、自分たちの固定観念や偏見、「地球中心の」地球人の見方を、少なくとも一時でも脇に追いやっておかなくて、どうやって本当にこうした人々を理解できるだろうか？

もっとも重要なのは、この本がいかなる人の体験をも証明したり反証したりするためのものではないということだ。

事実か空想かという問題は、全体の議論の争点かもしれないが、まとめとなるべき最終的な軍配は、どちらにも上がらないことは心に留めておかねばならない。

どちらにもだ。

そこで、本書の核心として次のことを検討する。ETであるということを認識することで、彼らの人生がどのように影響され、決定づけられたのか。

具体的には、何が彼らに**どこか別の場所**から来ていることを「認識」させたのか？　ETだと認識した後、正確には何が起こったのか？　こうしたアイデンティティ証明は何を意味しているのか？　同じように**どこか別の場所**から来ていながら、それに気づいていないすべての人たちについてはどうか？　といったことである。

この本のなかでこれらのことをETたちに自ら語ってもらっている。

私は数年間をかけて、アメリカの西海岸から東海岸、そして南西部に足を運んで現地調査を行った。調査対象も25名以上にのぼり、あるものはきちんと平均的な生活を送り、あるものはいかにも尋常でない暮らしぶりだった。定職についているもの、無職のもの、ニューエイジ思想をかかげ、他をカウンセリングしながらET援助グループを運営するものなどさまざまに及んだ。

先に述べたように、そのうちの何人かは自らを、実際にETの魂を持って生まれ、後で徐々にそれに気がついた**ワンダラー**と見なしていた。またあるものは自らを**ウォークイン**と呼び、人生のある時点で劇的な突然の「魂の交換《ソウル・エクスチェンジ》」を経験していた。

私はこれらの人々にインタビューし、知己を得ることを楽しんだ。薄っぺらで子供じみた気まぐれ屋とはほど遠く、彼らの大半の考えと話は真面目で筋の通ったもので、**どこか別の場所**からやってきたという信念に、特別当惑しているふうでもなかった。彼らは狂信者でも何でもなかったのだ。

彼らは一般的に柔和でよくしゃべり、礼儀正しくおだやかで、従来の宗教グループの多くの指導者とその信奉者たちと比べて、はるかに寛容だった。こちらを自分たちの思想に転向させたがっている人はごくわずかで、いまだに自分たちが「ニューエイジの栄誉ある使者」とか、惨めで哀れな虫けらのような地球人にほどこしをさずける優れた者といったふうに考えている人たちなどほとんどいなかった。

普通とは違う自分の身元と折り合いをつけ、それが引き起こすさまざまな問題に直面した後では、彼らのほとんどは社会の大勢に受け入れてもらおうと切望しなくなる。彼らはただ他にわずらわされずに我が道を進み、必要な世俗的仕事を大切にしたいと願うのみである。そして彼らの「世俗的仕事」とは、この惑星地球と自分のまわりの人々に変わることなき奉仕をすることなのだ。

私の調査はもともと、サンフランシスコにあるカリフォルニア統合学研究所（ＣＩＩＳ）で東洋－西洋心理学の博士号を取得するために行ったものである。私はすでにカウンセリング心理学の修士号を持ち、数年間にわたる個人開業を経験し、長い間さまざまな精神的問題について講演してきた。

私自身ニューエイジ思想の新参者ではないので、ここで自分自身の個人的見解や個人的経験についてまとめておくのも不適切ではあるまい。

私個人としては、他の惑星や他の次元に属する魂が、特別の目的のために地球に生まれ変わる現象は存在論的に有り得ると信じている。それを信じている人たちだけに有り得るのではなく、事実として、私たちの宇宙は、そのようにできていると確信している。

このことに明確に気づいている人たちもいる、と私はいつも思ってきたが、彼らはそれを他の誰かに証明したり、その形而上学的意味を説得力をもって説明できないでいるのだ。説得が下手だからといって、その人が信じている現象が本当でないとは言えまい。

私はまた他の人たちが、想像と希望、読書や映画の記憶をごちゃまぜにしてしゃべっていることにも気がついた。中には明らかに精神障害による混乱をきたしている者もいるが、それは特殊な例だ。

他の惑星出身であるという自分の特殊性や地球での特別な任務について、ありのままに理解し、認識する人はほとんどいない、と私は思う。この種の詳細な情報を思い出すには、明らかに、並外れた知性とESP的な感覚が必要だからだ。しかし私は、これらの一見「奇妙な考え」は、その意識が鮮明で、成熟し、精神的に調和のとれた人物によって実際に確かめられていると信じる。これもまた、他人には証明できないことなのだ。

今これらを読みながら、あなた自身、好意的なETとの接触という非常にとらえどころのない話は、実際は**ワンダラー**を目覚めさせる次元間の目覚まし時計のようなものだと思われるかもしれない。もしあなたに「自分の人生を永久に変え」、新たな希望や展望、信念、意味（あるいは少なくとも精神的な探求心）を与えてくれたUFOないし遊体離脱の経験があるなら、あなたは確実に**ワンダラー**だろう。

確かめるすべはない。最終的に何が「正しいと感じられる」かはあなた自身にかかっているのだ。気分とか感情（通常の感じ方）ではなく、形をなすのに時間がかかり、葛藤を生み出し、現在のあなたのライフスタイルに要求をつきつける、もっと深い内部からの感覚に従うのだ。そうすることで、**どこか別の場所**から来たという認識は「正しいと感じられる」だろうが、それは必ずしも気分を明るくしたり、あなたがかかえている問題すべてを解決するわけでもない。

ET人間はすべての社会的階層に見いだされる。地球の基準で言えば、成功し影響力をもつ人たちがいる一方、ありふれた歓びと悲しみに包まれて生きている人々もいる。本当に社会の「はずれ」にいる人たちもいる。対人関係にひどく障害を持っていたり、病院施設に収容されている人すらいる。

そしてもうひとつ……。

私も、**ワンダラー**がたどったのと同じ経験をたくさんしてきた。

およそ20年という歳月、私は彼らとほとんど同じルートをたどって旅をし、自我への疑問を掘り下げていった。私にとって、この旅は途中でたくさんの停車駅に立ち寄った旅であった。主流派の心理セラピー。仏教や禅、道教への傾倒。アメリカ、インド、タイの僧院での集中的な瞑想。アカデミックな訓練。神智学、タロット、手相占い、易経、ニューエイジ・カウンセリング、チャネリングの研究。左脳と右脳の2つの半球の震動モードをシンクロさせ「より高次の意識」に直接到達するハイテク手段である「半球体の同調化」の体験、といったところだ。ご覧のように、私も閉塞状況でもがいてきたのだ（そしておそらく宇宙のまわりを巡ってきたのである！）。

最後に、「手がかりとヒント」を注意深くつなぎあわせることを通して、私も自分が**どこか別の場所**からやってきた、という結論に達した。そして、その発見によってもたらされたさまざまな結果とうまく折り合えるようになるまでには、何年も費やしたのだった。

第2章　目覚め
――ワンダラー、ウォークイン、そして地球人

あなたは始終、まわりのみんなに違和感を抱いていた。

あるときは自分が特別なのだと思い、そして再びまた自分が変なのだと気に病み、自分が場違いな人間だと思う。あなたは気持ちがどうしてもしっくりこない。

自分の家族や親しい友人たちのなかにいてさえ、あなたは心からくつろぐことができない。実は自分が両親の子供ではないのではないか、とまで考えてしまうこともある。おそらくあなたはひとりぼっちだと感じ、意味のない孤独へと逃げ込んでしまう。そしてあなたが一人っきりで過ごそうが、まわり中の人気者だろうが、どうしたわけか、私は他の誰とも違っている……という執拗な感覚に常に悩まされ続けている。

もちろんこういったことはすべて、ごく「普通」のことだ。そこで、多くの人たちは「誰でもみ

んなそんなふうに感じるものさ、気にしないほうがいいよ」と言ったり、無難で合理的な「普通の」解釈をしてみせたりするのだ。「大人になっていく証拠だ」というのが彼らの常套句だ。

たぶん、あなたは彼らの言うことを信じようとした。

しかし、心理学や、既存の宗教や、単なる常識にそったこれら「普通」の説明に、いったんは納得し「その通りだ」と同意した後でさえ、あなたは内心、彼らの「答え」が実際には何の答えにもなっていないことを知っているのだ。あなた自身を形作るジグソーパズルは、まだたくさんのピースが見つからずじまいなのだ。あなたの人生は、意味のない、辛く混乱した謎のままだ。

そこであなたは、もう誰にも何も言わずに、一人でその謎に挑戦していく。それは一心不乱に行われる奥深い探求――自分が誰なのかという疑問に答えるための苦闘――となる。たとえあなたの求めようとする対象がわからないとしても、あなたは断固として探求者なのだ。

謎はつきることがない。特定の場面、そう、例えば子供の本にでてくる未来の水晶都市《クリスタル・シティ》の絵を見たとき、突然、心の中に奇妙な感覚があふれ、激しい郷愁にかられるのはなぜなのだろうか？

あるいは何の理由もなく、人間の身体構造はヘンだと思ったりするのはなぜなのか？　何を根拠に、自分のまわりの人々がただ無性に間違っていると確信したりするのか？　一体どうしてなのだ？　一体全体どういうことなのだ？

あなたの深層意識に漂いつづけるぼんやりとした記憶が、信じられないことだが、あなたの人生、別の種類の文明に属するあなたの人生、を呼び覚ましているようだ。

それは本当に私の人生なのだろうか？

そうしているうちに、あるとき、荘厳な幻影と教示の声が語りかける驚嘆すべき鮮明な夢が訪れ、時空を超え、愛と安心感にあふれた感じに満たされるのだ。それはどこか懐かしく……すばらしい。ついに何かが起こったのだ。

そうしてだんだんと、あるいは突発的に、答えが提示される。それは、あなたにとっておそらく驚くほど奇怪な、あるいは信じがたいものかもしれない。あるいは、あなたには用意ができていて、すべてが、カチッというスイッチの音とともに突然はっきりとしても、あなたは全然驚かないかもしれない。いずれにせよ、あなたは全身全霊を傾けて、それこそがまさに受け入れられる唯一の解答であることを悟るのだ。

自分は地球生まれではない!?

もっとも一般的なET体験は、普通、まさにこうした自分の正体探しと人生の意義を熱烈に探し求めることから始まる。自分たちが**どこか別の場所**から来ている、という自覚を持つ人々との数々のインタビューのなかでも、それがもっとも一般的な出発点となっていた。

ほとんどの人々は、根深くて不可解な違和感という感覚によって、自分が本当に誰であるかを探し出す旅に駆り立てられているのだ。

もちろん、著しい例外はあるにせよ、以下にあげるソーレンの話は、「長くて昏《くら》い魂の夜」を切り抜けて、いかにして自分は地球生まれではないという人格を受け入れ、自らを完全に変えていったかを示す、格好の例である。

　初めてソーレンに会ったとき、私は一目見て彼が南カリフォルニアのサーファーだと確信した。事実その通りだった。背が高く髭をはやしたこのブロンドの男性は、30代半ばで射抜くような鋭い青い目をしていた。彼はたまに、俳優のパトリック・スウェイジと間違われることはあるが、外宇宙からやってきた奇妙な小さな緑色の生物に間違えられることはまずあるまい。

　しかし、サンフランシスコで医療技師をしているこのソーレンは、彼の表現によれば「荒れ狂う目覚めの小道」を通って、ついに自分が地球人ではなく本当はETであるということを「完全に悟った」のだ。

　子供の頃、彼は常に他人と「違っている」というひどく根深い感覚に悩まされていた。学校でもほとんど親しい友達はおらず、ノートに「火星人たち」を描きなぐったり、授業中でもひっきりなしに宇宙船の絵を描いていた、という。

　しかし、ソーレンに最初にショックを与えたのは、この自分で描いた作品ではなく、誰か他人が描いた想像力豊かな絵柄だった。

　ソーレンが2年生のときだった。彼が教科書をめくっていると、水晶都市のイラストが目に入った。そのとたん、ソーレンの目は本に釘付けになり、辛くうずくような望郷の念にとらわれたのだ。彼は今にも泣き出しそうになった。自分自身のこうした反応を理解するには、彼はまだ幼すぎたのだが、それからというもの、ソーレンは自分の宇宙船の絵の背景に、この水晶都市の稚拙で子供っぽい模写を描かずにはいられなくなった。

た。手当たり次第にSFタッチの絵を描きなぐっていく彼を見て、そんな絵は二度と描かないようにと、先生は彼を厳しくしかった。先生は、つぼみのうちに、「常軌を逸した妄想」の芽を摘みとってしまおうとしたのだ。この子供がそこまで取りつかれているのはなぜなのか疑いもせずに。

旧態依然とした学校教育のなかで、ソーレンは心理的に抑圧され、自分の殻に閉じこもっていった。

しかし、ソーレンの両親は自分の息子の行動に問題があるとは考えなかった。子供特有の敏感な想像力による一時の熱病のようなもの、と非常に現実的に受け止めたのだ。彼らは息子に優しく接し、したいままにさせた。しかし、こうした両親の協力にもかかわらず、事態は好転しなかった。少年は相変わらず孤立感にさいなまれたままだった。

ソーレンは自分が感じている違和感について、両親にはほとんど告げず、自分の身に起こっている他のこと――彼が「友達」と呼ぶ人々との、定期的な夜の「旅行」についても口に出さなかった。その旅行でソーレンは自分の体を離れ、輸送機のようなものに乗って、地球や**どこか別の場所**の人々を訪ねるのだ。温厚な自分の両親にさえも打ち明けられず、彼のこうした冒険談を聞いてくれるのはたった一人、それは彼のぬいぐるみの子犬だったとソーレンは振り返る。

孤独な子供ソーレンは、やがて超然としてどこか醒めたティーンエイジャーに成長した。

思春期はソーレンにとって特に辛い時期だった。彼は人生に価値があるとはとうてい思えなくなっていた。まわり中から誤解され、遊離してしまっているように感じた。そしてこのティーンエイジャーのとき、彼の真剣な「本当の自己」探しが始まったのだ、とソーレンは言う。彼の本棚は哲学、心理学、そして彼と同じような探求者たちの物語で埋めつくされた。

ソーレンは、彼の言い方によれば「幻滅的で、単調で無彩色の二次元世界に住んでいた」。彼はこの世界が描き出すものに深い不満を抱いた。

18歳から20歳にかけて、ソーレンの疎外感はあまりにもひどいものになり、麻薬を大量に常用しはじめた。とうとう彼は麻薬を多量摂取して自殺しようとした。1回目に失敗すると、また2度目をくわだて、3度まで敢行した。彼は激しい精神の苦痛から逃げたいという一心で、本当に死にたかったのだ。

ソーレンは病院に入れられた。そしてある夜、3回目の自殺未遂から回復し精神病棟に入院していたとき、一連の鮮明な遊体離脱体験《アウト・オブ・ボディ》を味わったのだ。

最終的に自分がETだと自覚した人たちにとって、こうしたことは少しも珍しいことではない。ソーレンにとって、これは人生のターニングポイントとなった。もっとも衝撃的な遊体離脱体験は次のようなものだった。彼は、ふわふわと体を離れ、全能の神のように宇宙から地球全体が見わたせるところまで浮かんでいった。しかし彼は一人ではなかった。地球から漂い流されながら、ソーレンは肉体を持たない「生命体」のグループと一緒であることを感じた。奇妙なことに、ソーレンは彼らに地球では感じたこともない深い友情を感じた。彼は自分自身もこのグループの一員であることを知った。

そして彼の魂はこんな言葉を聞いた。

我々は集まっている……。

ソーレンは直感的に、これは本当に地球にいるすべてのETたちの間の霊的交渉の反映であり、

ＥＴ来訪は転換期にある地球を助けるためだ、ということを悟った。彼は自分もこの集まりの重要な一員であることを理解した。

しかし、鮮明で確かなこの経験は、段階的な目覚めの第一歩にすぎなかった。

ソーレンはこれによって、すぐに自分が**どこか別の場所**から来たと結論づけたわけではないが、あまりにもリアルで確信を抱かせる体験だったので、彼はさらに情報を集めにかかった。それはまるで、彼がこの意味不明な体験をなんとか意味づけようと決意したかのようだった。私は時としてこのような出来事を「蒔かれた謎の種」と呼んでいる、なぜなら私がインタビューした人々の多くが、たびたびこの種によって邁進していくからである。

ソーレンは、ルース・モンゴメリーやブラッド・スタイガーといった人々の本はもちろん、ＵＦＯやＥＴ、遊体離脱に関するものは、片っ端から読みあさった。そしてとうとう、ラー文書を手にし、突然何かがパチンとはじけるようにすべてを理解したのだ。

ソーレンは次のような結論に達した。それまで彼が想像していたような単なる漠然とした形而上の領域からではなく、実在の地球外文明から「この地球に」やってくることは可能だ。地球を超えた生命というのは、彼がそれまで考えていたような「天空に漂う形のないもの」を意味していたのではない。

彼は自分と同じような体験をした人々を探しはじめ、それが彼の人生の指針となった。

ここで読者が抱く疑問は次のようなものだろう。

ソーレンはもっと伝統的で、「地上的な」アプローチができなかったのだろうか？　彼は彼のか？

「普通の感覚」を解釈するのに、通例のカウンセリングの助けを借りようと考えなかったのだろう

当然彼もそうした道を通ってきたのだ。事実、ソーレンの話を聞くかぎり、彼は私が会ったどの人物よりも心理学的な教養を身につけているように思える。広範な個人的セラピーは別としても、彼はカウンセリングと心理学の修士課程に数年間在籍していたのだ。彼は本気で「納得いく別の考え方」を探し求めたのだ。彼はこうした方法では、ときどき自分が個人的失敗を犯したようなひどい罪の意識に襲われ、しっくりいかなかったのだ。

世俗的な解釈は、彼にとっては調子はずれの音楽のように、薄っぺらで納得のいかないものだった。ソーレンは絶えず、自分自身を場違いなものに一所懸命合わせようとしていることからくる、表面に現れないある種の不快感を感じていた。

自分ではうまく表現できないが、発露を探している何か深い知覚に突き動かされ、ゆっくりと何年もかけて、ソーレンは自分の人生をまるで名画のジグソーパズルの色のように、なめらかにつなぎあわせることができたのだ。もちろん、地球上でETであることから生じるさまざまな問題と折り合いをつけるのには長い時間がかかった。その作業は今でも続いているのだ。

ニューエイジについて研究することは、「単に霧を晴らすのに役立つだけで、自分は誰なのかという核心的な問題は常に存在しつづけ、変わらなかった」と彼は警告する。客観的な研究は、彼が主観的に知り得たものを確証したにすぎず、それを体系的に説明することはできなかったのだ。

ソーレンは言う。ETであることは今では「自分の体よりももっとリアルなことだ」と。

「ワンダラー」と「ウォークイン」の2つのタイプが存在する

ソーレンはいわゆる**ワンダラー**である。

簡単に言って、ET文献には2つの主なタイプのETが登場する。「**ワンダラー**」と「**ウォークイン**」である。

彼らはハリウッド映画にでてくる、きらびやかなUFOのタラップを降りてくるようなETではない。むしろ地球人に転生したETたちなのだ。

ワンダラーは、我々と同じように、人間の両親のもとから生まれてくるが、生まれながらのETなのだ。

彼らの目覚めは、ほとんどの場合、長期にわたる孤独と厳しい疎外感を味わった後に、徐々におとずれる。それはゆっくりと進行するが、目覚めた後はあらゆる自暴自棄の気持ちが取り除かれ、まるで長い鎖の最後のつなぎめがついに現れたような感じである。**ワンダラー**はしばしば、自分たちが実際にはいつも知っていた何か――とても古い真実についての新しいビジョン――を探し出しているように感じる。

人間でないのに地球に住む人、としての人格を受け入れていくこのプロセスのことを「ベールをはいでいく」と表現する**ワンダラー**もいる。読者が想像するように、これは非常に難しいことだ。

ワンダラー、という言葉は、ET関連のたくさんの本に登場する。ETに関する精神的問題を扱うもっとも洗練された機関のひとつであるラーグループのラー文書も、**ワンダラー**について詳細に記している。**ワンダラー**とは、別の世界からやってきていても、生まれた後、身体的にも精神的にもまったく普通の人間であるＥＴのことである。彼らは長い精神的な模索を経て、初めて自分の本当の正体――ＥＴの魂を持っているということ――を知ることができるのだ。

ここでもっとも重要なのは、**ワンダラー**は、人類を助けたい一心で、自ら進んでこの地球に生まれてきた、という点である。

「奉仕」が切実に必要な惑星（この惑星地球はたくさんの助けを必要としているのだ！）に直接生まれる、という並外れた名誉に浴するのと引き換えに、**ワンダラー**は自分のＥＴとしての自我を忘れ、「故郷」で享受していた「魔術的な力《マジカル・パワー》」を放棄することに同意しなければならない。そのため、彼らは地球の流儀にはまりやすいのだ。事実、そこら中落とし穴だらけの世の中で、それに巻き込まれないというのは非常に難しいことだ。何しろ、彼らの願いのひとつは、「ともかく馴染む」（人類への奉仕と自らの精神の平和のために）ことなのだから。

生きているあいだ中（あるいは何回もの転生のあいだ！）ずっと記憶喪失のまま、というのがほとんどで、そのうちのわずかの者たちが、心にわだかまる不満の種を少しずつ少しずつ解き明かして、自分の正体を理解していくのだ。「ベールをはいでいく」というのはこのことで、私がインタビューしたのは、こうしたベールをぬいだ人たちである。

彼らの自分探しの旅は、それまで、彼らにのしかかっていた個人的苦痛を和《やわ》らげ、無意味な空虚感を満たしてくれるのだ。それは、彼らの人生に秩序をもたらし、「慢性的な違和感」の謎を晴らしてくれる。ソーレンの物語が、まさしくこのプロセスを要約してみせている。

一方、急激な危機的状況に見まわれるのが、**ウォークイン**と呼ばれるもうひとつのタイプのETである。

ウォークインというのはぴったりの言い回しで、ある実体（ETの魂）がまったく突然に、選んだ人物の体と心に「入り込む（walked-in）」という状況をよく表している。この状況を、苦痛をともなう予期しなかった魂の交換《ソウル・エクスチエンジ》あるいは魂の乗り換え《ソウル・トランスファー》と表現する人もいる。これはいわゆる憑霊とはいっさい関係がなく、完全に双方の自由意志によって行われる、ということを心に留めておいてほしい。

この**ウォークイン**という言葉が最初に一般に紹介されたのは、1979年、ルース・モンゴメリーの著書『我々の中の異邦人』の中であった。彼女は、**ウォークイン**をこう定義している。

> 自分の体を離れたがっている人間の体を引き継ぐことが許されている高度な精神的実体……動機は人類への博愛……最初にその体の以前の持ち主の果たさなければならない仕事を完了させ、その後、自分自身のプロジェクト遂行にとりかかる……。

彼ら**ウォークイン**と「新生」は切っても切り離せないもので、彼らの話には死と再生のイメージが満ちあふれていることを私は発見した。ほとんどの場合、彼らの覚醒は突然で、精神的外傷をともないやすい。そのため、その人格変容のプロセスを一種の人生における破滅的な出来事というふうに感じるのはもっともなことだ。何しろ、自分の魂を別の魂と入れ換える、ということ以上に人を混乱させる出来事があるだろうか？　それまでの暗い無気力な心の動きに代わって、新鮮で活気に満ちた魂が自分のなかで躍動しているのを感じること以上に、人を困惑に陥れるものがあるだろうか？

ボブの覚醒は、まさにそうしたケースだ。

ウォークインの「魂の乗り換わり」体験

ボブのケースは、**ウォークイン**現象の好例と言える。彼は精神的なことや哲学的、心理的なものにはいっさい関心のない男だった。ETについてもほとんど気にしたことはなく、熱心に読む本といえばあの「ハスラー」誌といった具合だったのだ。

現在30代後半のボブは、今でも、みっともないくらい太った、だらしないもじゃもじゃ頭の風采のあがらない男だ。私と会ったときも、不精髭をはやしていた。何年ものあいだ、彼は仕事を転々とし、インタビュー当時は失業中だった。

彼は13歳のときに麻薬に手を染めはじめ、20代の頃には「毎日どころか瞬間ごとに……朝目が覚めてから夜眠るまで、それこそひっきりなしに」麻薬漬けになっていた。

この頃の自分のことを、ボブは「すさんで荒れ狂っていた」と評する。彼は暴力的で口ぎたなく人をののしり、他人を嫌な目に遭わせるのを楽しんでいた。一言で言えば、本当に嫌な奴だった！

しかし、ボブが37歳のとき、数カ月ですべてが変わったのだ。

その頃彼は「麻薬駆け込み寺」の常連で、ある晩その集会から戻る途中、近くの図書館に行ってすぐに哲学書を読み始めるようにと告げる声を聞いた。ボブはそれをテレパシーの衝撃、と理解している。

彼はその通りにした。その後も足繁く図書館に通った。そんなある日、図書館帰りに友達と一緒にいたとき、ボブは、彼の人生を変える劇的な超常体験をしたのだ。事の詳細は些細なつまらないものだが、その衝撃は大きかった。

それは、地元のコーヒーショップで相棒としゃべっているときに起こった。ボブは図書館で借りたばかりの本を、相棒のショルダーバッグに入れさせてもらった。ランチをとりながら本を取り出そうと手をのばすと、奇怪なことに、その本は忽然と姿を消していた。どうやって消えたのか、誰も説明がつかない。

ほんのちょっと前に自分自身でバッグに入れたその本がなくなったのを知った瞬間、彼は一種の幻覚症状のようなもうろうとした状態に陥り、呻《うめ》きはじめた。それから「感情的に高ぶって」震えだし、自分では抑えられないすすり泣きを始めた。長年にわたる苦しみと苦悩が、まるで決壊した巨大ダムから水がほとばしるように、彼のなかから吹き出していった。

相棒の持っていた新聞を見ると、そこには奇妙な言葉が、白昼夢のように浮かび上がっていた。

おまえは料金を払った、橋を渡ってよろしい。

今まで味わってきたすべての苦しみからついに解放されたことに、ボブはまだ気がつかなかった。その代償である「料金」をやっと支払い、彼はもっと楽しい人生へと自由に橋を渡っていけるのだ。そういうことだった。

その後4日間、それまで知らずにいた、そしてその存在すら信じていなかった感覚とエネルギー、強烈に研《と》ぎ澄まされた精神を経験した、とボブは言う。ここでもう一度、彼が精神的な事柄についてほとんど関心がなかった男だということを思い出してもらいたい。

この時期、ボブは予知力と精神的感応（テレパシー）の力で自分が彩られるのを感じ、まるで体中が「電気的な充電」をされているようだったという。その力はものすごく強力で、毎晩2時間の睡眠でも平気だった。彼は満ちあふれるエネルギーを全身に感じた。

それと併行して、ボブは、それまで自分には無縁なものと思っていた感情に圧倒された。それは歓びや平和、優しさといったものの強烈なうねりだった。彼はまた、「愛で満たされている」とも感じた。

ボブはこのことを「魂の乗り換え」と説明するが、本当のところ何が起こったのか、完全にはわからなかった。

その瞬間から、24年間におよぶ麻薬の乱用をやめ、以来どんな麻薬にも手を出していない、と彼は言う。その事実だけでも驚くべきことだ。現在の人格について言えば、彼も昔の癖がいくらか残っていることを認めているが、それは「ボブはまだここにいて、その記憶もここにある。でももうボブのようではないんだ」といった感じだ。これはすべての**ウォークイン**がとらえられる根本的な困惑なのだ。彼の次のような最終的結論も、あまりなぐさめとはならないだろう、「俺はボブだが……ボブじゃない」。

いわゆる接近遭遇とは程遠い覚醒

ボブの覚醒の話にはドラマチックなUFOによる誘拐や小さな緑色の生物、スティーブン・スピルバーグが描き出すようなすばらしい創造物は登場しない。ここに、私の研究しているETたちと、宇宙の彼方からやってきた訪問者たちと接触したという他の地球人との大きな違いがあるのだ。

おもしろいことに、私がインタビューした一連の人々は、巷のUFO論争を、自分たちの経験とは何ら関係ないことだと見なしている。私が会った**ウォークイン**と**ワンダラー**の大半は、そのような議論に興味を持っていなかった。彼らは、地球的発想から逃れられない懐疑論者たちに、UFOの存在を主張したり立証したりする必要はないと感じているし、一方の政府によるUFO隠し説も、あまり気にかけてはいないのだ。

その代わり、彼らはよく、自分たちがいかに「肉体を持たぬ生命、偉大な意識、超絶性、霊性、あるいはある種の高次の意識から伝えられたり授けられたりした情報」によって生き長らえているか、について話す。高次の意識とは、大いなる支配者であったり精神的指導者であったりETグループであったりする。

時折は宇宙人の来訪を受けたという話にも巡り合うが、そうした「遭遇」は通常、次のようなものだ。これは、私がピーターと呼んでいる35歳の建築家がしてくれた話である。

ピーターは、重大な苦難に直面していたとき、知的で意識を持った「光の球体」が繰り返し彼の部屋にやってきて、ついに彼の言う「精神の砦の感覚」に導いてくれた、と言うのだ。

この妙な出来事は、彼が学生時代に非常に落ち込んで、その精神的苦痛を癒すために瞑想をしていた時期に起こった。実際には、「瞑想して死にたかった」のだと彼は打ち明けてくれた。自分の体を離れ、存在にともなうひどい苦痛から解放されたいと願ったのだ。この点で、彼は非常にソーレンに似ている。ソーレンもまた自分の人生を終わらせたがった。こちらのピーターを「救った」のは、何度も彼を訪ねてきた空中に舞う光の球体であった。それはまったく予測しなかったもので、ほとんど瞬時に彼の落ち込みを和らげてくれたのだった。まるで「謎の強い一服」が彼に生きる気力を充電し、決してひとりぼっちではないという事実を知らせたかのようだった。

とはいっても、人格の転換は突然には起きなかった。ピーターはすぐには、もっと精神的で調和のとれた人にはならなかったのだ。彼はなお孤立感を抱き、社会生活のがけっぷちに立っていた。

人格の調整にはほとんどの場合、長い年月をかけての内面探求が必要で、ピーターの場合も**ウォークイン**ということに思いいたるまでは、「ジグソーパズル」を完成することはできなかった、と言っている。その他の「ヒント」とともに、**ウォークイン**に関する情報を受け取ったことで、彼は自分の経験の意味を理解することができたのだ。それはまた、彼を「宇宙市民」へと導いていった、段階的な人格の移行と新しい思考形態を理解することでもあった。

宇宙人による「訪問」は、夢の中の体験として起こりがちだ。これも、**ワンダラー**と**ウォークイン**と、あからさまに物理的なUFO遭遇を経験する地球人との、もうひとつの大きな違いである。

思い出してもらいたい。**ワンダラー**と**ウォークイン**は一般的に、ありふれた、表面的で物質的な宇宙船の実在というものを証明しようとは思ってもいないのだ。他の惑星の宇宙船や生物は、ひんぱんに夢に現れるし、ET人格を持っていると自認する人々は非常にオープンに、それらの夢がETとの接触体験の証拠だと認めているのに、である。事実、夢というのは、善良なETたちが眠っている**ワンダラー**に、その宇宙的身元を思い出させるために利用する、重要な手段だと思われる。

そして、こうしたことがまさしくビッキーの身に起こったのだ。

彼女は30代のセラピスト。私がインタビューしたなかでは、誰よりもゆっくりと穏やかに目覚めていった人物だ。ビッキーは、自分が**ワンダラー**であるということをいかに疑うことなく、精神的苦痛も困惑も感じずに受け入れたかを、とてもにこやかに話してくれた。そしてETであることを、こうさっぱりと言ってのけた。「別にどうということもなかったわ」

15年前、彼女は宇宙船や地球外生物そして別の世界が登場する、びっくりするほど鮮明な夢を何回も見た。そして、ご多分にもれず、自分がそのETたちの仲間であるという思いで満たされ、強い絆のようなものを感じたのだった。彼女はとてもうれしかった。それは「彼ら」と会えたからではなく、自分も彼らの一員だとわかったからだった。みんなが一緒に、ひとつのコミュニティに属している、という感覚だった。

どこか別の場所から来ている、ということは、何もある静止している一地点からやってきたとは限らない、と彼女は言う。今やビッキーは、惑星間旅行や生まれ変わり、アシュタール司令部と呼ばれるＵＦＯ連盟との幅広い関係、といった自分の長い歴史を、すらすらと言える。アシュタールとはこのＥＴ総連のリーダーの名前で、多くのニューエイジ本や広報は、この「司令官」の監督下にあるのだ。

しかしここで、確認しておきたい。**ワンダラー**や**ウォークイン**の体験を理解するためには、我々の言語と彼らの言語とは似て非なるものだということを、明確にしておくことが重要だ。共通の意味で使っている言葉は数少ないのだ。本当は何を言わんとしているのか、理解するのは難しいのだ。言葉の表す概念は水のように移ろいやすいものだ、ということも忘れてはならない。

また、ハリウッドの古いＳＦ映画を安直に焼き直した出来合いのイメージや、社会への不適応とか心理的な問題点を「発見する」ことしかできない解釈は、よせつけないことも大事だ。私がインタビューした人々は、宇宙マニアでも複雑な神経症患者でもなかった。普通のことを話している分には、彼らが自分たちをＥＴだと思っていることすら気がつかないだろう。あらゆる面で、彼らは極めて普通なのだ。

例えば、アシュタール司令部のことを話し、鮮明な夢や精神的・物質的な体験、そしてチャネリング情報によって司令部と交信している、と言うＥＴたちもいれば、ＵＦＯや神秘的感覚についてはまったく口にしないＥＴたちもいる。「私は別の惑星からやってきたＥＴである」という自覚は、時としてうぬぼれや妄想を引き起こす。私が会った**ワンダラー**と**ウォークイン**のなかには、ビッキーのように自らの宇宙的素性をとても謙遜して受け止めている人もいれば、自己を確認することはせずに、大いなる宇宙の連邦の意義のみを強調する人もいた。

UFOの着陸やハイテク宇宙人が登場する代わりに、彼らのETへの覚醒は、深く感情的で個人的な体験であることが多く、超常的だったり神秘的だったりしがちだ。そうした出来事は、内容の差こそあれ、一人の人間の生き方をすべて改造し、人生のすべての面を徹底的に変えてしまうのだ。

HIV感染を乗り越えさせたものは何？

トラブルは前触れもなく、だしぬけにクリスティンの人生を襲った。

40近くになろうというゲイの彼は、同棲相手が自分のもとを去りたがっているという、つらい時を過ごしていた。そのうちに教師と理事としての仕事にトラブルが発生し、追い打ちをかけるように金銭問題に見舞われた。そして最後に、HIV感染のもっとも一般的な症状12個のうち6つを自覚するようになったのだ。彼の人生は音をたてて、まっさかさまに急降下していった。

もうすぐ死ぬことが確実になると、クリスティンは心の救済を求めて毎日祈った。しかし、成果は表れず、彼は自殺という考えをもてあそび始めた。

セラピストの友人が、何とか彼に自分の人生をコントロールする意欲と、神との大事な関係を思い出させてくれた。彼の失意はほんの一時、「生命力の爆発」を見せた、とクリスティンは言う。彼は精力的に散歩したり、星を見るためにぶらついたり、山登りに行ったりした。

しかし、まるで暗黒のぶあつい嵐の雲のように、失意が蘇るのだった。

そのうちに、予告もなしに、「内なる声」を聞くようになった。その声は彼に、自宅近くにある特に美しい地域に行ってその風景を見つめたり、座って瞑想したりすることを指示した。気味が悪い命令や恐ろしい命令はひとつもなく、すべて精神を高揚させてくれるようなものばかりだった。

とはいっても、依然として失意が重くのしかかっていた。

とうとうある夜、友人たちとレストランで食事をしていたとき、クリスティンは今まで味わったことのない実に奇妙な痛みと一時的な精神の麻痺に襲われた。「複数の何ものかが同時に私の中に入ろうとしているようだった」という。まるで、ラジオを同時に3つの局に合わせたように、彼は感じた。

雑音の向こうから、彼の心に言葉が聞こえた。この瞬間を忘れるな……

その後、彼はおびえ、あまりにもひどい痛みと麻痺のために、体を2つに折り曲げて叫び、死にそうになった。友人たちはすぐに彼を病院へ運んだ。その途中で、クリスティンはみんなに別れを告げはじめた。最期が本当に近づいていることに驚きはしなかった。

そのときだった。彼はまた別の内なるメッセージを受け取った。今度のは、彼に家に帰るように告げていた。

今すぐ家にもどれ！

猛スピードの救急車のなかで、クリスティンは、「永遠の平和と静寂」としか定義しようのない、遊体離脱状態を経験したのだった。まるまる1分間、彼は息をしなかった。彼は、生きるか死ぬかの選択をせまられていると感じた。このとき、あの声が、まるで父親のような口調で語りかけてきた。

生きたいのなら、息をするのだ。

クリスティンはこの言葉を受け入れた。彼は本当に生きたかったのだ。その後数カ月間、クリスティンの心は定期的に「私はあなたに新しい魂を授けた」という言葉を聞いたという。彼は死んで、生き返ったという奥深い感覚を得た。そのときから、彼の人生のすべてが地に根をおろし、花開いたのだった。

8年前のことである。

友人たちや支援グループ、それに読書と瞑想の助けを借りて、クリスティンは**ウォークイン**としての、自分の「普通でない」人格と折り合っていった。この覚醒は、自分を優しさ、慈愛、情熱にあふれた人生に導いてくれた、と彼は言う。彼は「理知的な意図を持った精神的・物理的エネルギー」を吹き込まれた、と感じている。そのエネルギーによって彼は癒され、生きることへのうらやましいほどの情熱を手にしたのだ。

現在クリスティンは、世界規模の奉仕組織で働き、自分と同じような問題をかかえている人たちのカウンセリングを行っている。彼は今では300人以上にカウンセリングを施し、コミュニティの大切なメンバーであり、**ウォークイン**の覚醒の完全なる成功者である。

彼のユニークな物語については、また後で取り上げる。

３つ数えたら、あなたはすべてを思い出します

ベティーは62歳。私がインタビューしたなかでは最高齢者だ。彼女は、よくおとぎ話に描かれているような、長いグレーの巻き毛をした優美なイギリス人女性だ。

ロンドン近郊で生まれ育ち、看護師、歌手、ニューエイジ講師、人格開発の教師として働いてきた彼女の人生は、充実しはつらつとしていた。

もし、ＥＴ人格に完全に馴染んでいる人に会いたいなら、そして心理的外傷《トラウマ》によってではなく、催眠術で退行中に、突然自分のふるさととの天体を確信するにいたった人の話が聞きたいなら、彼女は最適だ。

インタビュー中、ベティーは「さそり座のアンタレスの出身」であることを、何の気負いもなく言ってのけた。それがわかったのは子供のときで、彼女には自然の精霊と話し、オーラを読み取り、瞬時に空間を移動したり、自分の体温を調節するといった力が備わっていたという。これらはほとんど、チベット仏教の神秘主義に通じるもので、いくつかの寺院で過ごし、長い間仏教に親しんできた私にとっては、非常に興味深いことだった。東洋の宗教観とＥＴの意識が彼女のなかで混然一体となっていたのだから！

年を経るごとに、超常的な力は衰えているが、その代わりに、彼女の人格の中核をなす精神的要素はますます強くなってきているのだという。超能力は本来、人間の精神には未開発の潜在能力が眠っていることを彼女に忘れさせないためのものなので、それ自体はなくなってしまっても、大して重要ではないのだ。彼女は我々すべてに驚くべき力が隠れていることを知っているのだ。

ベティーは自分が**ウォークイン**だということも、喜んで口にしてくれるだろう。ずいぶん大人になって、催眠セラピストが彼女を6歳まで退行させたとき、初めてそれがわかったのだ。

その年（ベティーがセラピーで回想した年）、彼女は恐ろしい食中毒にかかり、重い内耳の感染症を併発した。こうした病気の治療法は、1930年代にはまだ現代ほど進んではいなかったため、ベティーの両親は最悪の状況を覚悟するように告げられていた。

その通り、寝たきりで死にかけていたベティーは、ついに臨床的な死を宣告された。数分後、医者や気遣う家族たちに囲まれて、彼女は命を閉じてしまった。悲しみに包まれた沈黙が部屋中をおおった。

「お気の毒です」医者は職業的な口調でそう言った。

「ああ、あの子が戻ってくるわ」ベティーの母親が微笑みながら言った。

「何を言っているんです？」医者が尋ねた。

「私には見えるんです。大きな河の向こう岸に立って、全身真っ白な着物を着た誰かと話しているあの子の姿が見えるんです。あの子は帰ってくるはずだわ」

当然のことながら、医者は相手にしなかった。

しかし、数分後、ベティーの体は動き出し、もう一度「生き返った」のだ。母親の予感は的中した。何回にも及ぶ催眠セラピーを受けている間、あるとき、深い退行に陥ってはるか昔に戻っていたベティーが、突然この病気のときの詳細を思い出した。彼女はセラピストに訴え始めた。「あそこにいる女性は、私のママじゃないわ！」

「どういうことかしら？」セラピストが問いかけた。「肉親のことを言っているの？　あなたは養子だったの？」

「違うわ」

「そう、ではどういうことかしら？」

その時、ベティーは魂の乗り換わりを思いだし、その証しをたてるようにこう叫んだ。「私の本当のママはアストリッド！」

ベティー自身もセラピストも、ぎょっとした。

アストリッドとは誰なのか？　この疑問は、実際には、ベティーがまだ幼い頃、すでに答えを見つけていたのだ。「アストリッド」とは本当の故郷であるＥＴ社会にいる母親だ、と彼女は教えられていたのだ。

私がインタビューしたときベティーは、ＥＴとしての自我も、「定期的に眠りのなかで母星を訪ねる」ことも、まったく快適なものだ、と語った。彼女は「夢」を通してさそり座に帰省しているのだ。彼女の人生は常に神秘的なものに囲まれていた。他の人ならびっくりして困惑してしまうようなことも、彼女にとっては、全然平気なのだ。

ETの自覚が「情報の乗り換え」体験によって生まれた

大病がベティーのET体験への試金石だった。

そのとき本当は何が起こったのか。幻覚や幻想、夢、正真正銘の魂の乗り換え、といった言葉でいくら説明しようとも、それがベティーの人生に大きな影響を及ぼしたことに変わりはないのだ。それは彼女を変えてしまった。ベティーは自分をまったく違ったふうに感じるようになった、それは個人的な出来事であり、自分以外の人には「証明」しようがない何かだ。「本当だったと主張する」方法はないのだ。どちらにしろ、彼女はそれを証明しようとは微塵《みじん》も思っていないのだが。

クリスティンやソーレン、ボブも、みんな打ちひしがれ、とうてい打ち勝てないような困難の時期を経て、覚醒と魂の変換を経験している。生と死……死と再生……古い道程の終わり……そして新しいサイクルの始まり……。

しかし、いつもこんなふうとは限らない。

ポーリンの場合、人生は順調に進んでいた。ニューエイジ思想に興味を持ったこともなかったし、ETへ覚醒するなどとは考えたこともなかった。

自分に起こった出来事を、彼女は、標準的な心理学の教科書で使われているような言葉を使って説明してくれた。声をひそめながらも几帳面な態度で、自分の人格変容は意識の力と無意識の力の微妙な相互作用の結果起こったのだと言った。ポーリンは自分自身の「内面的なプロセス」によって導かれたと信じており、何が起こったのか自分勝手にレッテルを貼らないように、非常に気をつけていた。誤解を避けるためである。彼女はまた、何が起きたのか、すべてを完璧に正しく把握する必要もない、と感じていた。おもしろいことに、それが本当に起こったという事実（そして彼女の人生を良いほうに変えた事実）のほうが、どうやって起こったかよりも彼女にはもっと大事なのだ。私がインタビューした人々の大半も、そのような考え方に賛同するだろう。

ポーリンの場合、変容の媒介をしたのは「魂の乗り換え」ではなく、もっと奇妙で唐突な情報の流入、いわば「情報の乗り換え」といったもので、彼女の人生をすっかり変えてしまったのだ。それが、もっと大きな魂交換の一部だと気づいたのは、後になってからだった。

ポーリンは40代初めのやせた活動的な女性で、**ウォークイン**となった１９７９年当時は、カリフォルニアで宝石業をいとなんで成功していた。そんななかで、何の前触れもなしに、一連の超常体験が起こり始めたのだ。

夜ベッドに横になると、必ずすさまじいエネルギーのうねりを体験した。不思議なことにこの現象は、彼女が起きなおるとやむのだった。数カ月もそんなことが続いたある夜、今までに取り上げた他のＥＴたちにも起こったことだが、彼女は自分の体を離れてしまったように感じた。信じられないような至福と歓びに包まれた、奇妙な非肉体的な状態に陥ったのだ。

この体験は彼女をひどく混乱させた。そして数週間後、非常に驚くべきことが起こったのだ。

ポーリンは決して仕事をさぼったことがなかったのに、その朝は深い眠りから覚めると、ラフな服装に着替え、いつものようにまっしぐらに仕事に向かう代わりに、病欠の連絡をいれた。そして裏庭に繰り出すと、安楽椅子をひっぱりだし、「内なる焦点《インナー・フォーカス》」という主題で2日間分のセミナー原稿を、6時間かけてテープに吹き込んだ。

まったく妙なことだった。ポーリンはそんなセミナーを開く予定などなかったのだから。事実、彼女には何かを講義した経験もなかった。恥ずかしがりで、人前で話すのは苦手ですらあった。また、自分が論じた精神的で難解なヒーリング知識など、まったく持ち合わせていなかったのだ！

一体何が起こったのだろうか？

その驚くべき朝からほどなくして、ポーリンは別のエネルギーが流れ込んでくるのを経験した。彼女はベッドに横たわったまま、事のなりゆきにびっくりしていた。しかし今回は何か別のことが加わっていた。ある声が、彼女にこう語りかけるのを、はっきりと聞いたのだ。

いい、いい、いい、あなたは癒されつつある……

これも奇怪なことだった。彼女が肉体から抜け出た声を聞くのに慣れていなかったから、という意味だけでなく、ヒーリングが必要とは自分自身さえ思ってもいなかったからだ。「私は元気だったのよ」何を癒すというの？

そのときからポーリンは長い時間をかけて研究し、内省し、最終的に精神世界の導師たちの著作に答えを見いだした。私がインタビューしたとき、彼女はついにこれら奇妙な体験を自分なりに把握していた。それを言い表す用語は独特で、ポーリン独自のものだった。

ポーリンは、これら10年以上も前の奇妙な事件を振り返って、今では「ある霊気がわたしの古い人格パターンに入り込んで、それらを変えた」と信じていると言う。そして自分が**ウォークイン**だと思ってはいるものの、心から確信するにはいたっていない。

ポーリンは、自分の意志で精神世界の教師になり、誰かの成長をサポートする必要を感じれば、どこへでも出かけていくという。彼女はとうとう、自分にチャネリングして「内なる焦点」のセミナー原稿を筆記させた、あの最初の衝動と調和したのだ。

ここで、ＥＴの覚醒について検証する際の最後の疑問が浮かび上がってくる。

普通でない夢とか奇妙な声、エネルギーの流入、超能力、遊体離脱の旅、ＥＴの訪問などのこうした経験をした後、どうやって最後にＥＴ人格を持っているという結論に達するのだろうか？　どうやって、このもっとも風変わりな考えを受け入れるようになるのだろうか？

新しい魂が招いた人格の変容

ライターでセラピスト、ニューエイジのセミナー主催者でもあるルーシアは、いまだに自分自身が**ウォークイン**体験をしたことを信じられないでいる。その体験がどんなものかについては熟知していながら、自分に降りかかるとは思ってもみなかったのである。

１９８９年、30代半ばだったルーシア（その頃はシャーロット）は、アリゾナ州セドナのＥＴ促進グループを招いて、自分の家でワークショップを開く準備にかかっていた。このグループは、以前ＥＴ地球指令グループにいた人々だが、地球人でない人格を有していると自認する人々――特に**ウォークイン**――を導いて援助するリーダーと言い切るには、少々議論の余地がある。

その朝、ルーシアがシャワーを浴びていると、「彼女の頭の中で」突然声が語りかけた。

あなたは今日、ウォークイン体験をすることになる……

それから数時間、こんな言葉が彼女にささやき続けた、「今日は、これからのあなたの人生の第1日」。彼女も言うように、魂のお告《つ》げに使われる広告文句のような、どこかのB級作品の台詞《せりふ》のようだが、これが彼女が鮮明に受け取ったメッセージなのだ。

その声は、始まったときと同じくらい唐突にやんだ。

沈黙が訪れた後、すぐにその声は、彼女の形容によれば「内面的な導き」の瞬間をもたらし、ルーシアに近くの野原へ行って座って休むようにと指示した。安堵《あんど》と加護を感じながら、ルーシアは言われた通りにした。びっくりしすぎて何が何だかわからないまま、野原に座ってぼんやりと草を摘んでいると、「影を投げかけてくるようなとてつもない実体」と何かが押し上げてくるような感覚を感じた。それはまるで、すべてのエネルギーが彼女の体を離れ、新しいエネルギーが入ってくるのに道をゆずろうとしているかのようだった。

彼女は「新しい魂」が自分のなかに入ってくるのを感じた。そしてだんだんそれに馴染《なじ》んでくると、その魂は彼女の体と声を使って名乗った。

私はルーシア……

それは、当時の彼女の名前ではなかった。

それから3週間かけて、彼女は晴れやかに澄み切った精神や一定のテレパシー能力、ETとしての身元の裏づけ、地球での目的といったものを与えられた。ボブとクリスティのように、彼女は

「栄誉に浴した」のだ。

しかし、長くは続かなかった。

ウォークインの多くからは、これらの能力がすぐに消えてしまうのだ。とはいっても、その経験が中心となり彼らの明らかな土台となっていくのだ。インタビューの最中、ルーシアは自分をETとして話を進めたが、「自分自身について私が考えていることはすべて間違っている、という意見にも耳を傾けている」と言った。

「まやかしの邪悪な存在」が彼女をもてあそび、ETであるという「魅惑的な幻」を見せてそそのかしていることだって有り得るのだから、と彼女は続けた。私は彼女の心を開いた態度に感銘を受けた。ポーリンのように、彼女も独断的になっていない見本だ。

ETであるかETでないかは問題ではないというのが、私がインタビューしたほとんどの人々の答えだ。自分たちがETの魂を持っていることを認識することは、始まりの終わりにすぎず、次のステップへの第一段階にすぎないのだ。

ルーシアの場合も含めて、ETであるという認識は、普通の人々が自分の人格を認識するのと同じ方法を通じて、最終的にたどりつくものなのだ。自己確認である。彼らはみんな、自分自身でこの結論を確認したのだ。

どこか別の場所から来ているのだ、と宣言することが重要なのではない。他の人々が自分の個性を主張するときと同様、もっとも重要なのは心理的な完成度なのだ。洞察力が自分のものになったとき、その個性は本物になるのだ。そして洞察力を持ったとき、その人の人生の質は向上し、豊かになっていくのだ。このことは我々すべてに当てはまる真実だ。

　生まれながらのETで、徐々に自分を理解していく**ワンダラー**は、外からの援助や確認をほとんど必要としない。ET人格を他の人に証明する必要などないからだ。彼らは最終的には、自分が誰であるのか深く知覚するにいたる。それは自分たちが常にうすうす感じていたことを確証してくれるだけなので、そんなに驚かないのだ。

　世俗的な人生の途中で突然人格を変容する**ウォークイン**は、いくらかの助けを必要とすることが多い。他の解釈に耳を傾けつつ、この地球のものでない「魂の乗り換わり」を宣言する**ウォークイン**も珍しくない。あまりにも面食らう体験なので、独断的な結論は不可能なのだ。彼らの人格がよって立つ一番の基礎が差し替えられ、ならべ直されたのだ。

　乗り換わりを経験したとき、20年以上にわたる麻薬常用をやめたETのボブは、今でもこうコメントしている。「時々本当に神経過敏になるんだ」と。そして前にも書いたように、彼は自分のことを「ボブであってボブでない」と認識している。これは奇妙な自己変容を経験したばかりの**ウォークイン**におしなべて見られる、アイデンティティの混乱である。

「知性を持った光の球体」を目撃した建築家のピーターは、もはや自分のET人格に困惑することなく、「古い人格と新しい人格」の間に明確な線をひいている。ピーターが自分に起こったことを、もしかしたら「こちらが出て行か《ウォークアウト》ないのに乗り入れられ《ウォークイン》て」しまったのではないかと不思議がっているのには笑った。どうやらピーターは、自分の「古い人間の魂」がETに乗り換えてもまだ残ったままだと感じているようだった。しかし彼はボブのように「神経過敏」になるとは言っていなかった。

私がインタビューした圧倒的多数の人々は、ＥＴという立場の重要性は強調せず、一般的に自分たちをエイリアンだと思っていなかった点も、またおもしろい。

このことをもっとも端的に述べてくれたのは、おそらく、私がリンダと呼んでいる女性だろう。彼女は、**ウォークイン**の社会的役割について世界中を講演してまわっている。リンダはカウンセラー兼作家で、オクラホマの精神的《スピリチュアル》コミュニティのリーダーでもある。私が会ったなかで、もっとも実際的で足が地についている一人だろう。

自分は数年前に**ウォークイン**体験があり、シリウス出身であることを確かに知っているとリンダは言うが、自己紹介するときに、このことを強調したことはない。**どこか別の場所**から来ているというのは「単なる情報の一片にすぎない」と言うのだ。

「**ウォークイン**体験は、ある人物に自分たち自身の愚かさを直視させる」とリンダは言う。

彼女によれば、この愚かさとは、結局時空にしばられた人格を重要視しすぎる頑《かたく》なな信仰だという。我々は本当は独立した人格ではない。本当は絶対的に神聖な全体性を具現化しているにすぎない、というのだ。これは「地球の人間」だとか「ＥＴエイリアン」であるという意識より、はるかにもっと解き放たれた考え方だ。そして誰が誰よりももっと神聖だ、といった意識を超越している。我々はひとつ。つまり、みんな神聖なのだ。

ワンダラーであろうと**ウォークイン**であろうと、ＥＴ人格を持つ者はすべての人々の前にひらかれている体験を切り開くのだ、とリンダは言う。それは自分たちが宇宙と一体であり、森羅万象の宇宙の綴れ織りの輝かしい糸だという体験なのだ。

第3章　主観的認識：ET人格の証明
——私は誰？　我々は誰？

地球人の成長を促す「触媒」として生きる

もし本気でETという存在の実在性と向きあうつもりなら、我々はまず実在性そのものに対する新しい見解に心を開かねばならない。これは語るのも行うのも容易なことではない。

そこに旅立つまえに、科学者でイルカ研究家のジョン・カニンガム・リリーの言葉をひいておこう。

常識的な実在性の範疇を超えた、神秘的で超越的な恍惚とした体験をすべて精神的に異常をきたしたものとして定義しようとするのは、考え方が狭すぎる。それは臆病心から生じることであって、誠実で開かれた心を持つべき探求者たちのとるべき態度ではない。

私たちがＥＴの存在を探る上で、こういった心を開いた状態はさらにもっと重要になってくる。**ウォークイン**や**ワンダラー**たちの、神秘的で超越的な恍惚とした初めての体験こそが、普通の考え方では理解できない世界の発見へ我々を導いてくれるからである。心を開くことで、人格を検証するということ自体に疑問がわいてくる。人は、超自然的な体験が存在することは肯定できるかもしれない。しかしその体験によって自分がＥＴだと結論するものだろうか？

誰しも相手の身元を確かめたいものだ。

ＥＴ人格を立証したり「証明」したりしようとすると、我々は実在というものへの疑問の核心へと、直接投げ込まれることになる。どこを自分の故郷と呼んでいるかにかかわらず、すべての人々の実在への疑問である。それを立証しようとすると、我々は哲学的な迷宮にはまりこんでいってしまうのだ。我々は誰なのか？　という疑問だけでなく、我々はどうやって自分たちが誰かであるということがわかるのか？　という疑問である。本気で考えていくと、それは、ＥＴの乗り換わり体験よりは確かなものとされるありふれた日常の実在性への信頼をくつがえしてしまうのだ。

禅の哲学者アラン・ワッツはかつてこう記している。「自分自身を明らかにしようというのは、自分自身の歯を噛もうとするのと同じである」

ここに引用したワッツの言葉には、多くの含蓄があるが、もう一言付け加えることで、さらにその心髄を強調することができるだろう。自分自身の歯を噛もうとするのと同じである、にもかかわらず……と。

自己の本質を確認しようという試み、言いかえれば「自分自身の歯を噛もうとする」つかみ所のない試みは、まさに、ETであろうがありふれた凡人だろうが、私たち全員が毎日毎秒、いつもしていることなのだ。私たちの反射的な無意識の日々の生活は、どんなに些細な行動であっても、「私は誰?」という疑問の潮の満ち干のなかで営まれている。そして、次から次へとこの問いを発し続け、答え続けていく。何も特別な実体を云々するまでもなく、私たちは自分自身を永久に再確認し続けているのだ。にもかかわらず、絶え間なく続く経験に流されて、私たちは自分が誰なのか、何なのか、十分に考えられずにいるのだ。私たちは、経験に彩られ、豊かになっている「私」というものを立ち止まって、振り返らないものなのだ。

ごく普通の平凡な人格を自認する誰かが、いざ、これが本当の自分です、と証明しようとしても、自分たちがETだと言っている人々が自分を証明しようとするときとまったく同じ困難に直面するだけだ。

ただし……。

ただし、当局、すなわち客観的な外部の社会によって「本当だ」として承認されている考え方や話、記録に対する我々の無条件の信頼は別である。自分の人格を裏づける確固たる証拠がなくても、外部の助けを借りて適当な記録を見つけたり、誰かに保証人になってもらいさえすれば、ジョン・スミスという人物は自分がジョン・スミスだと証明することができるのだ。それですべてOK。社会的に取り決められた境界線を超えてしまうまでは大丈夫。でも、いったんそれを超えてしまうと、彼は本当に大変なことになってしまう。

ある日突然、私は誰？　という疑問に、まったく突拍子もない答えが返ってきたらどうなるだろう？　私は**ワンダラー**だとか私は**ウォークイン**だ、とわかってしまったら？

そんな、日常の世界ではあぶない、非論理的でまぎれもなくおかしな言い分を、どうやって証明できるだろう？　誰が納得するだろう？

唯一、確かな方法は、「主観的な認識」と呼ばれるプロセスを踏むことだけである。

私はこの「主観的な認識」という言葉を、多くの人々を不安にさせる、完全に異なった考え方や感じ方を伝えるときに使っている。それは、外の世界から認められるということをぬきにして、私たち自身が私たち自身のために、何かを理解するためのプロセスである。私たちは自分たちの考えを経験的な証拠ぬきで確かめるのだ。主観的な認識は、我々をもっと個人的な実体に結びつけてくれるのだ。

主観的な認識とは、「証拠は必要ない」とか「あなたがそうだと思うなら、そうなのだ」といった意味ではない。正直なところまったく自覚もないのに、ひやかし半分でとんでもない人格を仕立て上げようとする人に用はない。主観的認識をするには、アーチストや俳優、作家、あるいは音楽家になったつもりで自分自身という素材を取り扱わなければならない。まるで自分が検察官のようになって、すべての考えや感覚を被告席に座らせて、自分で自分を裁くようなスタイルとは程遠いものなのだ。

ワンダラーや**ウォークイン**が我々に伝えようとしているのは、私たちは**どこか別の場所**から来た、という言葉だけではない。彼らは、地球に魂の価値と偉大なる意識が復活するための触媒となることを望んでいるのだ。既存の宗教の教義と違う点は、彼らは天国へ至る道がたくさんあり、魂の成長への小径もたくさんある、という可能性を受け入れていることである。そのような成長への鍵は、例によって、内なる静かな声に耳を傾けることだ。耳を澄ませて、自分の内面の声に従うことは、専門家の意見や外部の権力に従おうとするのとまったく正反対のことだ。残念なことに、我々の多くは個人的な責任をいくらか、あるいは全部放棄し、安全と引き換えに自分自身の考え方を売り渡しているのだ。そのために、私たちは内面からの導きという貴重な力をなくしてしまっている。世の中に蔓延する、こうした軽率に「指導者に従う」社会的風潮は、往々にして悲惨な結果を招くのだ。そのことに気づいている人はほとんどいないし、人間の個々の魂に宿るすばらしい英知を認識している人は、さらに少ない。

そこで、思い切って、実在を見きわめる別の道に飛び込むことが必要になってくるのだ。それはまわりの両親や先生、上司たちの歩む道と違っていることが多く、また型にはまった智恵といったものとも異なっている。

禅の哲学者、鈴木大拙は優れた著作集『禅の心髄』のなかで、この幅広い見きわめ方への第一歩となる態度について、こう概略している。

実在は、素手であつかわなければならない。言語や理想化、抽象概念、概念化という名の手袋をしていてはいけないのだ……。

実在は実在によってのみつかむことができる。これは、私たちが、哲学や神学その他の立派な体系すべてを完全に、少なくともしばらくの間は、放棄しなければならないことを意味する……服を着ること自体は問題ないが、それによって私たちは自分自身よりも他の何か、つまりまわりを意識しすぎるようになるのだ。社会的関心に異議を唱えているのではない。むしろ、そうした外部の物事によって私たちがコントロールされ、奴隷にされるようになることを警告しているのだ。

私がインタビューしたＥＴたちは、自分たちの実在を証明することによってではなく（すなわち、ＥＴの同胞たちに「ホワイトハウスの芝生に着陸」してくれ、と陳情することによってではなく）、自分たちの考え方を示すことによって、我々を助けようと願っている。彼らは、次のような展望に立っている。プロセスこそが目的である。私たちの人生の旅は、私たちの人生の核心をなすものだ。つまり、旅自体が目的なのだ。それは、すべての経験から学ぼうとする気持ちだ。

まわりとの日々の摩擦を通して、真実をおおい隠すベールを通して、人間の持つ強い探求心を通して、私たちはより偉大な意識へと導かれていく。そしてこのプロセスを支えるのが、主観的な認識なのだ。それはすべての奥義の中枢へ「分け入る」重要な作業であり、私たちの生命の意味とその不滅さへの命綱に他ならない。また、**ウォークイン**と**ワンダラー**の世界へと続く、王道でもあるのだ。

何かを見たり聞いたりしたとき、謎めいた内なる精神のプロセスを通じて、まるで「自分の内部から答えが出てくるようにそれを理解する」こと、それが主観的な認識ということなのだ。自分ではいくら理性的だと思っていたとしても、私たちはみんなかなりの範囲で、無意識にこのプロセスを活用している。実際に、心の病のひとつの定義は、自分自身で何も判断できないことであり、それが人を暗黒の混乱に突き落としているのだ。

しかしある日、自分自身へ問うた「私は誰？」という疑問に、予期せぬ答えが返ってきたとしたらどうだろう？「私はETである」初めてこんなこの世ならぬ、尋常ではない、奇怪でさえある考えにぶちあたったとき、見なかったふりをして真剣に追求しないでおくのが、もっとも一般的な反応だろう。

だとすれば、我々は当然のようにそんなことを言う人々を慰みものにしたり、侮辱したりするだろう。たわごととしてあっさり片づけてしまうだろう。自分がETだと本気で信じた人は、普通の考え方からあまりにも急激に離脱してしまうので、気がふれたと思われても無理はないからだ。「もし本当にETだと言うのなら、消えてみせてくれ！　私の心を読んでみろ！　おまえの宇宙船を見せてくれ！」我々は、そうしたマジックのトリックのようなことを身のあかしとして要求し、それ見ろと言わんばかりに、**ワンダラー**や**ウォークイン**に気がふれているという判決を下すのだ。

あざ笑い、脅す。これが一般的な反応なのだ。そして、ありふれた日常の世界と魂の世界をいかに理不尽に混同し、いかに我々が間違った道具を間違った目的のために使いがちかを、集約して見せてくれるのだ。そんな意固地な嘲《あざけ》りが、本当に我々の助けになるのだろうか？　私はそうは思わない。それは我々を防御し、その疑問に立ち入らないようにさせ、そして「コントロールされた」ままにしておくだけだ。すでに体得している世俗的な見方を学ぶことしかできず、どこか新しい場所へは、決して冒険に出られないだろう。

自己への疑問は、すべて、この種の単純で現実的な態度で扱われるのが普通だ。自己というものは更新する必要のない運転免許証のようなもので、固定したいつまでも変わらないものだと思われている。国籍や仕事、人種や信仰している宗教。そういったものが私たちが誰かを証明する「ノーマルな」ＩＤカードなのだ。本当は、そんなものは、単に、外面的、社会的な証拠にしかすぎないのに。自分が誰であるか、それに最終的な判決を下すのは「仲間の陪審員」というのは、悲しいことだ。こうした傾向が先祖代々もたらされてきたのには、何の不思議もない。部族で集まり、動物の群れと共存していた時代から、個人は明白に個体化する代わりに単なる「グループの一員」にすぎなかったからなのだ。

あなたが警察官だということは制服が証明してくれるのであり、医者だということは免状が証明してくれる、といった具合だ。今までの歴史の中で、国家の実体が脅かされるという理由だけで、どれだけの無数の命を閃光のように散らした悲惨な戦争が起こったか、列挙する必要はないだろう。そして、失業したり財政的に破綻したりした後に、自分の価値を根底からゆさぶられる、悲惨で苦しい危機にほうり込まれた友人たちの話を、どれだけ聞いたことだろう。彼らの人格は、外部の物に拠《よ》っていたのだ。

ＥＴの魂を持っていると信じている人々の主張は、人々が根深く堅持してきた先入観をゆさぶり、世の中の価値観をひっくり返してしまう。目に見える証拠を見せろ、と人は言う。しかし、ＥＴの一人が批判家たちの目の前で本当に消えてしまったり、突然頭からアンテナを出したりしたとしても、懐疑論者たちはすぐにもっともらしい説明をつけて、疑うことをやめないのだ！　決して受け入れられないのだから、彼らが納得するような目に見える経験的な証拠を出すのは不可能なことだ。心地よいありふれた現実感が我々に及ぼす威力とはそういうものだ。それがなくてはやっていけないという気持ちにさせておくのだ。

ＥＴたちは、そんな窮屈な型にしばられなくても、もっといい方法があると言っているのである。我々はすでに実在の本質を知っている、というありがちな間違いのひとつを投げ捨てたとき、私たちはさらに先へと進めるのだ。

高得点や最終解答を得ようとするのをやめれば、我々はもっとたくさんのことを学べるのだ。自己体験は、冷ややかな一直線の思考や単純なロジックの狭い境界線上での、あるいは私たち自身の疑念を裏書きするためだけに仕組まれた秘密の進行表にそった議論にはおさまりきらないものなのだ。我々は全宇宙がどんな仕組みで動いているかさえ、本当には知らないのだ！　ということを理解することが、おそらく先決だろう。

私たちは俳優や作家がキャラクターを作り出すのと同じようにして、自分の内面へと入っていくことができる。宇宙的な体験をした人々の心と精神へもっと踏み込み、彼らが言っていることの意味を理解しようとがんばるべきだ。彼らの言葉だけでなく、我々の人生に及ぼす彼らの意味合いも感じとるべきなのだ。必要なのは、すばらしい想像力を駆使すること。そうすれば、どんなに頑固な懐疑論者も引き下がるだろう。彼らは持説を取り下げないだろうが、何かは学ぶはずだ。

ＥＴたち自身もそのようなアプローチを勧めている。彼らは、心の非常に深い奥底に自己確認能力があること、そして私たち一人一人がもっと統合された包括的な実在の見解に達するには主観的な認識によるしかないことを知っているのだ。私たちの個人的成長に手を貸したいという好意的なＥＴたちに許されているのは「触媒《カタリスト》」であること、つまり私たちの深い好奇心を鼓舞するミステリー・サークルのような、謎の断片であることだ。あるチャネリング・セッションで、「連邦」メンバーの一人が次のように語っている。

我々は彼ら（地球人）に具体的な証拠は与えない。自分で確かめさせるためだ。我々は真実のみを与える。証拠なしの真実を与えること、それが、我々の重要な任務のひとつだ。証拠を出さないことで、個人の内部から知りたいという動機を起こさせるのだ。このことによって、個々の波動が増加する。真実の証拠や痕跡を与えて、受け入れざるを得ないような形にしてしまうとその者の波動に有効な影響を及ぼさないのだ。友よ、これがあなたたち地球の人々に対する我々のアプローチの秘密なのだ。

つまり、好意的なＥＴたちは私たちを大人として扱っているのだ。新しいパラダイム「思考の枠組」のひとそろえを押しつけることなく、私たちの好奇心を利用しているのだ。そして、隠された真実のふたを開ける準備ができている者には、行く手を阻《はば》む大きな石を倒す道具が与えられるのだ。

私は、自分が知らないということを知っている

さて、私たちは一人で旅をしなければならないことがわかったが、私たちがさまよっている背景について、もう少しきちんと検討してみよう。

ここでは、古い自己の「死」の後に目覚ましい覚醒体験をした人々に焦点を当てる。彼らはみんな新しい自意識が根づくと同時に、それまでまったく「エイリアン」のように相入れなかった説に傾倒するようになる。心理学者のスタニスラフ・グロフがこれと同じようなプロセスについて詳細にわたって話したことを、彼と対談した物理学者のフリッチョフ・カプラが著書『非常の知《アンコモン》―カプラ対《・ウィズダム》話篇』（工作舎）の中で紹介している。

> 完全な死―再生のプロセスは常に魂の解放をもたらします。その体験をした人たちは極めて重要なものとして存在実体の精神的次元を常に高く評価しています。そして同時に、物理的な世界に対するイメージが変わるのです。彼らは孤独感から解放され、個体について考えるのをやめ、エネルギーの様式《パターン》について考え始めるのです。
>
> 彼らには「原初的」とでも言うべき意識が見られますが、それは他の何ものによっても説明できないもので、ただそこにあり、結局のところ唯一の実体、といった何かなのです。私にもあなたにも、そして我々のまわりのすべてのものに顕在している何かなの

です。

主観的認識とは、まさにそうした意識を確認する唯一の方法なのだ。

逆説的だが、時としてこのプロセスは主観的にはわからない状態、あるいは何が本当でないか大いに半信半疑な状態に導いてしまう。ルーシアは、最近経験した**ウォークイン**への覚醒について話しているなかでこう言っている。それはシャワーを浴びているときに聞こえた内なる声によって始まったのだが、「連続的な経験で、私がたまたま運悪くこの惑星にいるような感じ。それは連続的な内面の声だった」。

私がインタビューしたほとんどのＥＴと同じく、自分がＥＴであることを突然、取り消しようもないほど確かに感じたある決定的な瞬間はなかったと、ルーシアは言う。最終的な人格変容は、「内面的に知っていく感覚」をともなって、時間をかけてゆっくり起こったのだ。

「でも私にとっては大覚醒だったわ。まるで別の生命の流れのように感じたの」

ルーシアと話していて私がもっとも興味深かったのは、他の多くの**どこか別の場所**からやってきたという人々と同じように、確証、といったものに重きを置いていなかった点だ。それにこだわっていたのはむしろ私のほうだった。ルーシアに何回も、どうして自分がＥＴだと思うのかと尋ねたところ、とうとう次のような答えが返ってきた。「とても主観的な問題ね。確かに、１００％確かだとは言いきれないけれど、どんなことでも１００％確かなことなんてないでしょう」

「でも、**どこか別の場所**からやってきたと主張している人々のセラピーやカウンセリングをしている君だって、最後には『確かなの？』って聞くんじゃないかなあ」

「ちょっと違うわね、もっと微妙な問題なのよ」とルーシアは言った。ETの魂を持っていることを確信しつつある人へ、今すぐに確かめてみなさい、とはアドバイスしないと言う。その代わりに、内面を深く見つめてどうして自分がそんなふうに感じるのかを突き止めるようにカウンセリングするのだという。実際には新しい人格を、どれくらい強く感じているのか？新しい人格を生きていけそうなのか？もしＯＫなら、社会からは徹底的に排斥される自己をかかえて地球で生きていくことを、どう捉えていくのか？といったことをカウンセリングするのだという。

同じような主観的にわからない状態については、ボブも口にしている。彼も、とても深いレベルでこれでいいんだと感じている自己の過激な考えと引き続き取り組んでいく「プロセス」の重要性を強調した。

自分は何年もかけて、**どこか別の場所**から来ていることを個人的に受け入れたが、「何もケリがついた」わけでもなく、今でも「俺は成長し続けている」とボブは言った。「実の所、自分はノーマルだと思ってるんだ。……まあ、この社会でやっていける範囲でノーマルっていうのかな」という彼の告白めいた言葉には微笑みをさそわれた。

インタビューの性質上、私は相手の言うことがまったくわからない、といったふうを装って、ルーシアにしたのと同じ質問をしてみた。私はしつこく同じ点をつき、答えを引き出していった。自分で確認できる確かなものもなく、「ケリのつかない」状態で、どうして一連の超常的体験を認めることができたのか。非常に重要なポイントだ。

「それって難しいことじゃないかな？」私は訊ねた。

「そんなでもないさ」ＥＴたち特有のさりげなさでボブは答えた。「ＥＴの魂を持っているかいないかなんて、そんなに大した問題じゃないんだ」

まず、魂の「乗り換わり」のすぐ後で重要に思われたのは、ある種明確な「終結」だったが、

「時がたつにつれて、俺がもっと安定してくると、終結、つまり終わりがないことに慣れたんだ。今はどうかって？　自己は現在進行形のプロセスだ。それは人生を探検していく道のりなんだ」と彼は言った。

「たとえどんなふうでも大丈夫っていう結論に達したんだ。どんな状態であろうと、俺は俺。それだけのことだ」とボブは結んだ。この言葉は、ＥＴやはるか彼方《かなた》の故郷の惑星を信じる、信じないにかかわらず、人間の心理的な成熟を示しているように思える。

同じような質問をユナにもしてみた。彼女はビジュアル・アーチスト。彼女の言葉によれば、「植物たちや動物たちと特別な関係」を保ちながら、牧歌的なカントリーライフを送る30代半ばのとても無邪気な女性だ。

自分に自分の身元を突き止めさせたのは、正確には何だったのか聞いたところ、「何かいっぺんにドカーンと起こるっていうのじゃないのよ。出来事の積み重ね。認識が変わったっていうのもそのひとつね。今では全然違った目で世界を見ているわ。長い時間をかけて少しずつ、たくさんの疑惑が晴れてきたの。ある日起きて『そうよ！　これだわ！』なんて一瞬にしてわかったわけじゃな

いの」。

ユナによると、同じような経験をしたことのある同僚に自分の感じていることを話したことで、少なくとも自分が気がふれたのではないという気になれて、余裕をもって自分に起こっていることを理解できるようになったという。

同じ境遇の人からの助けもそこまで。結局は、自己確認につきる、と彼女は言う。誰かが認めてくれる、くれないにかかわらず、自分自身の体験を信じて生きていく意欲、それがすべての人のアイデンティティの鍵を握っているのだ。アメリカでは多くの人々が喜んで、辛い自己開発をするために血と汗と涙を流しているが、ごく自然にいつも起こっている自己確認こそ、精神のプロセスを解明する道なのではないか。精神のプロセスとは、我々ががんばりすぎても妨げてしまうもので、放っておきつつも自分のかたわらにおいて、受け入れるべきもの。古い道教の言葉にもあるように、無為自然《むいじねん》である。自己確認はあなたの問いかけに扉を開いてくれるのだ。

ユナが言ったように「人は精神的な意識が豊かになると、自然にもっともっと自己洞察力が確かなものになるの。すべてのことを内面でダイレクトに捉えられるようになるわ。自分では気づいていなくても、どう言い表していいかわからなくても、自分のなかで、自己確認は続いていくのよ」。

この原理によれば、人はもっともっと意識が鮮明になっていくはずだが……。

あなたは嘘をついてはいない——でも私には信じられない

ここでビッキーのケースをみてみよう。

「他の人たちがあなたを精神異常って言ったらどうしますか？」私は彼女に尋ねた。

「笑うだけね」彼女は笑いながら言った。「私は自分の知っていることを知っている、というだけで、どう言われようと何ともないわね。自分の考え方はとても気に入っているの。それに、私は自分のことも笑えるしその考えをからかえる。自分のことを笑い飛ばせるなら、その人は狂っていないっていうことでしょう、一般的にはね」

覚えているだろうか、ビッキーは私が耳にしたなかではもっとも平和的で、波乱のない覚醒を通り抜けてきた一人だ。小柄でやせているが、茶目っ気がある本当に快活で健康的な30代後半の黒髪の女性だ。ノース・カロライナ出身で、カラーセラピーやサウンドセラピーやボディセラピーなどを自営している。私が話したＥＴを自認する人々のなかで、ビッキーは自分のＥＴとしてのルーツをもっとも気楽に受け止めているように見えた。時々、そのことを前向きに楽しんでいるようだった。

「話してみさえすれば、ほとんどの人たちはキツネにつままれたようになって、同意こそしなくても、ある種の力や確かさ、引き込まれるようなエネルギーを感じてくれるの。たくさんの人がこう言ったわ。『あなたが嘘をついていないのはわかるけれど、それだからってあなたを信じるわけにはいかない』ってね」

奉仕の精神をかねたビッキーのこうした自信に満ちた言葉は、人々の賛同を得るのが一番重要なことではないことを意味している。

「私の人生に他の人々にかかわる目的があるのだとすれば、それは彼らの目隠しを取り去る助けをすることね。私に賛同してくれる必要はないの。自分たちの境界線を動かし、心と気持ちを外にほんの少しでも解放してくれるなら、十分奉仕したことになると信じているわ。そういう面では頑固ね。さしずめET小僧っていうところかしら」

ビッキーは言う、自分自身をごまかさないこと。特に自分の「内なるビジョン」をごまかさないことが大事なのだ。その点では彼女は「みんなと一緒で私にはたくさんしなければならないことがあるけれど、何が起こったかではなく何が真実かを話そうと努力している」と言う。ビッキーにとっては真実と結果のどちらかが問題なのではなく、真実と結果の両方が問題なのだ。

普通でない自分に対するビッキーの自信にあふれた態度には、明るさと陽気さが満ちあふれ、随所に楽天的なものの見方が見られる。ひとつの好例として、彼女の話をもうすこし詳細に取り上げようと思う。ビッキー自身もこう言っている、「例をひいて教えるのが一番いい方法ね」。

ひとつの角度から見ると、インタビューを通じてビッキーが言わんとしていたのは、宇宙的な考え方を得るのに、大きな衝撃的な場面設定とかドラマチックな主張など、本当はいらないのだ、ということだと私は理解している。

「本当の感覚と単なる感傷やドラマチックな感情との間には大きな違いがあるの」と、彼女は言う。

「私は頭と心のバランスをとるのが上手なのよ」

　もちろん精神的問題にはたくさんの誇張がつきもので、私もたくさん耳にしてきた。ビッキーは、ＥＴ人格を持つ人々のまわりに作り上げられたＳＦドラマのような話の多くは、まったく偽りの見せかけにすぎず、注目され人気を得たいという人々によってでっち上げられたものだ、と言う。自分を魅惑的に見せたい、という誘惑に負けないよう気をつけないといけない、なぜなら何が本当に重要かをわからなくさせてしまうからだ。我々の人生に疑問を投げかけ、自己表現や学び取る力を与えてくれる、かなめの出来事があるものだ。ビッキーはこう信じている、彼女の言葉を借りれば「自分自身のなかにある引き金」に耳を澄ますことを学ぶこと、そして自分自身で旅を続けていくことが一番大事なことなのだ、と。

　ビッキーの人生では、「自分自身の旅」を続けることは、最終的に勉強に打ち込み、人々を助ける新しい方法をマスターすることへと向かわせていった。彼女はさまざまなボディセラピーを熟知するようになった。精神世界や哲学、密教などの本を夢中で読み始め（週に2冊は読み、小さな図書館でもできそうなぐらいだった、と彼女は言う）、ついには直接体験で宇宙の真実を体得して悟りを開いた人々と話し合えるようにまでなったのだ。

　こんなふうにしてビッキーは、自分が**ワンダラー**であることを受け入れ、彼女の自分を探る旅は信じられないほどエキサイティングなものとなった。それは、地球に生まれ変わるときに失ってしまった、自分のＥＴとしての考え方や本来備わっている力や智恵をとりもどしていく道なのだ、と彼女は説明する。集中的な勉強に裏打ちされたこうした非常に的をしぼった努力によって、ビッキーは自分でも超えられるとは思ってもいなかった境界線の向こうへと進むことができたのだ。彼女は「違う世界間を旅して往きかう」のがだんだんと楽になったのだ。

事実、15年前、初めて**どこか別の場所**からささやきかける「内なる引き金」に注意を払い始めた頃、自分はETやUFOの本など読んだこともなかったし、SFのファンというのでもなかった、とビッキーは言っている。そして、ご多分にもれず、もっとも鮮明な引き金は夢だった。その夜を迎える前までは、眠りはやすらかで、ほとんど夢など思い出したこともなかったのだ！　しかし、その晩と、それに続く2晩、彼女はまったく同じ場所で終わる、まったく同じ夢を見たのだ。

ビッキーはこれらを、異なった精神的実体のなかで起こった客観的な経験と信じ、「明晰な夢」と呼んでいる。それらは、UFOによる誘拐談のように、我々が知っている普通の物質世界で起こったのではない、と彼女は注意を促した。その夢は、地球自体のもっと精神的で微妙な次元が「舞台」になっており、彼女は高次の自我がそれを象徴的な伝達手段として「利用した」のだと考えた。

その夢はビッキーの育った家で起こった。彼女が一人で巨大な窓の絵の前にいると、突然地面がゴロゴロ音をたてて揺れ始めた。彼女は地球に問いかける叫びをあげた。いったいどうなっているの？

地球は答えた。訪問を待て。

ビッキーには何のことかわからなかった。十分に考える間もないまま、奇妙なウィーンという音が窓の絵から聞こえはじめ、庭の芝生の上に宇宙船が着陸するのを目撃した。恐れはしなかったが、心配になったビッキーは自動車の鍵をつかむと正面ドアから飛び出した。ところが表に出てみると、彼女の車は跡形もなく消えてしまっていた。

その後、彼女は家の近くの丘まで走り、登り始めた。見晴らしのいい頂上まで来ると、別の家があり、ワンピースのスーツを着た、彼女が「女性のヒューマノイド」と呼ぶ二人の生物が自分のほうへ歩いてくるのを発見した。そのうちの一人はバッグのようなものを持ち、まるで庭いじりでもしているかのように、種のようなものを草のまわりに蒔き続けていた。

ビッキーはまた地球に尋ねた。彼女は何をしているの？

地球は答えた。実験さ。

それを聞いて彼女はとても憤慨してこう思ったと言う。なんてことを！

そのときヒューマノイドたちがビッキーに気がついた。

彼らは向かってきた。丘の反対側に上がってくると、彼女の前に立った。そこでビッキーが言うには、驚くべきことが起きたのだ。

彼女は突然、自分が3つの体《たい》の中にいるという感じを理解したのだ。「すくんで」しまった彼女の物質的な体《フィジカル・ボディ》（肉体）、ヒューマノイドたちが催眠術をかけようとしていると警告している彼女の精神的な体《メンタル・ボディ》（遊体）、そして彼女の手をあげさせ、「神の名において、私に危害をあたえてはならない、私は光である！」と呪文をとなえさせた魂の体《スピリチュアル・ボディ》（霊体）の3つである。

その宣言と同時に、彼女の手から飛び散った稲妻がヒューマノイドの頭にふりかかり、二人の目を完全に眩《くら》ませた。

主導権を握ったビッキーは、テレパシーで来訪者たちに言った。さあ、これで大丈夫。一体、何がお望みです？

答えはこうだった。あなたは、私がここへ来た目的を変えさせました。私がお見せすることを、あなた方に分かち合ってもらいたいのです。

この言葉を聞いて、ビッキーの気持ちは変わり、彼らがかわいそうになった。このヒューマノイドたちが誰かに見つかっては大変と心配した。人間はショックと恐怖を感じて、このヒューマノイドたちを襲い、傷つけたり殺したりしてしまうだろう。彼女は来訪者たちを彼女の家に招き入れた。

そこで彼らは情報を伝えはじめた。

もっとも、彼らは話し始めたが、ビッキーのほうはものすごい勢いで部屋の中を走り始めた。こう叫びながら。テープレコーダーを見つけるまでしゃべっちゃダメ！

その瞬間、3夜とも、その同じ場面で、彼女は目が覚めたのだった。

それだけではなく、最初の朝には、切れていたはずのラジオつき目覚まし時計で起こされると、ＤＪがしわがれ声で笑いながら「昨夜はみんなお祭り騒ぎでもしていたのかい。ＵＦＯを見たという報告が3件も入っているよ！」と言っていたのだ。

次の朝は30分ほど早くラジオ時計に起こされ、彼女は政府によるＵＦＯ文書の検閲についての討論番組を耳にした。

3日目の朝は、ハワイにいる女友達からの電話で、いつも通り夢の物語のまったく同じ場面で起こされたのだった。その友人は、自分の知人がいかにして宇宙船に乗せられたのかを話した。彼女によれば、その出来事を聞いて「急いでビッキーに知らせなければ」と思って電話してきたのだという。

ビッキーの語る話を聞きながら、できすぎた話だと思わずにはいられなかった。そして彼女に率直にそう伝えた。ユング理論の用語でいえば、彼女は自我からの明確なメッセージを意味する「大きな夢《ビッグドリーム》」を見たのだ。実際、誰の中にでもいる「２００万歳の男に向かって」患者を呼びかけさせていくのがセラピーをすることだと評したのはユングである。我々のもっとも大きな困難は、自分たち自身のはるか昔の知識とのコンタクトを失ってしまったところからきている、と信じていたのもユングだ。

これはビッキーが夢の中で与えられた「メッセージ」を理解した方法と、そんなに違っていない。「それが引き金だったの。私はそれに注目したわ」彼女は微笑みながら続けた、「実際の物理的なＵＦＯ現象についてはほとんど気にならない、というのはおもしろい点ね。でも、私には物事に対する一種の物わかりの良さがあるの。私はほとんど驚いたことがないわ、だって自分にこんなことが起こっても、もうそのことを知っているような感じがするのね。私の世界観には、すでに存在している、っていう感じ」。

何が起こって、自分がどう捉えているかをビッキーが家族——地球での——に話したとき、みんなはとても協力的だったという。彼女は自分の家族のことを「非常に堅実で誠実」だと評した。そのおかげで、自分は何かを隠さなければいけないように感じたことは一度もなかったし、芽生え始めた好奇心やどんな仕事をするか、あるいは自分をどのように認識しているかなどについて「どんな秘密もなかった」と言う。

「本当の父も継父も、私は少しいっちゃってる、と思っているようだけれど……気にはしていないみたい。母は信じられないほど感情豊かな人で、同類っていう感じかしら」

「宇宙的奉仕に身を捧げる」歓び

大人になる前のティーンエイジャー時代のビッキーは、星を見上げたり、空想にふけったりするようなことは決してなかった。自分がそんな普通から外れた、彼女の表現を借りれば「宇宙的奉仕に身を捧げる」大人になろうとは、考えてもみなかったに違いない。現在こうして我々といる彼女は、果たして自分が正確にどこから来たのかわかっているのだろうか？　地球を故郷と呼ぶのだろうか？

「私が故郷と呼ぶところは、それこそ、きら星のごとくあるわ」とビッキーは言った。「この言葉を単純に物理的な実体として受け取らないでほしいけれど」

言葉をかえれば、と彼女は続けた。「生まれ変わった魂」や「ETの魂」が「他の惑星」から来たのではなく、「他の傾向」つまり完全に違うタイプやレベルの現実からやってきた、というふうに言うことはできると。例えば、ビッキーは長年、アシュタールの最高支配権のもとにある外惑星文明連邦、アシュタール司令部に取りつかれているという。私はここで、調査の目的上、部外者のようにしてビッキーの話を聞いた。私が、もう少し詳細にわたってその話を伝え、アシュタールの実体についてもっと説明してくれるように尋ねると、話はまるで神の神学的概念についての議論のように込み入ってきた。実体ではない、そうかといって空想でもない、たぶんその中間（あえて言うなら）……そしておそらく言葉で言い表すことができないもの。

「そんなもの、どうやって確かめられる？」ビッキーは笑った。「最後には、何が確かで、何が決して解決しないのか、はっきり見分けられるようになってくるの。この惑星における苦痛のもっとも大きな原因のひとつは、人々に見分ける能力が欠けていることだと思うわ」

　最後にビッキーは、ある人物の人格を確認するための議論としては考えうる一番シンプルな結論を出してくれた。その結論は、後でインタビューした数名の口からも聞くことになった。それは我々を、「自分というものをどうして本当に知っているのか？」というもともとの疑問にたちかえらせる言葉だった。

「最終的には誰かがＥＴかＥＴでないかは問題じゃないの。そんなこと、どうでもいいの。彼らはここにいて、地球でしなければならないと感じることをしている、ということに変わりはないもの。ＥＴであると宣言することで誰かがほっとしたり、大きな理解を得ることがあるかもしれない。でもそれは、絶対的に必要なことでもないの。今ここにこうしているということにはまったく影響がないことですもの」

「それじゃあ」私は尋ねた。「重要なことって何なの？」

「自分の心に従うこと。バランスをとって進むこと。ものの見分け方を身につけること。自分の言葉で話すこと。そして勇敢であること」

　ＥＴ人格の確認をめぐる疑問についても一言あると、彼女は言う。人々は**どこか別の場所**から来たと言う人たちには懐疑的で、自身が深い体験をしている場合でさえそうだ。彼らはたいてい、非常に少ない情報をもとにして相手を疑う。**どこか別の場所**から来た人についての知識は、ほとんどの場合、真剣な問いかけや学習、自己発見によって得たものではないのだ。人気の映画とかゴールデンタイムのテレビ、作家や脚本家の豊かな想像力からいただくのだ。

人々の疑問はそっくり逆にできる。どうやってわかるの、どうやって本当に、自分がETではないとわかるの？

人々がもし、自分の内面に分け入り、心をくまなく検証し、自分たちがETでないということを真実自覚したのなら、「それはそれで結構なことだわ」とビッキーは言った。薄っぺらな証拠をもとに並外れたものの可能性を議論するのは、——すなわち、我々の時として合理的すぎる文化の、何でも疑う態度は——非論理的なだけでなく、自己欺瞞というものだろう。

覚えていてほしい。**ワンダラー**は、通常スムーズな道のりをへて、普通でない自己を確かなものとしていくのに対し、**ウォークイン**は、しばしば茫然自失の状態に投げ込まれるのだ。そして私は**どこか別の場所**から来たのだろうか、精神異常をきたしたのだろうか？　私はこの体で何をしているんだろう？　といった激しい疑問にとらわれるのだ。その衝撃は時として、この夫は誰なの？　とか、この子供たちは誰なの？　といった形に表れ、往々にしてこんなふうになる、これは全部本当じゃないんだ！

しかし前にも述べたように、基本的には自分を**ワンダラー**だと思っていても、ビッキーは、自分の考えとETである自分について驚くべき自信を示した。彼女は自分の本当の正体は究極的には問題ではないという力強い感覚を、言葉と態度の両方で発散させていた。彼女が真実を語っていることは、その確かな眼差《まなざ》しに見てとれる。彼女はありのままに感じ、ありのままに行動しているが、それは自己意識と自己認識のための感動的な努力のたまものなのである。

そのことを踏まえて、私はビッキーに最後の言葉をかけた。すべてのポイントは、ＥＴであるなしにかかわらず、歓びと充足に生きることではないのか、と。

「本当にそれに同感だわ」彼女は私の見解に理解を示した。「まったくの自由意志なので、何も後悔していないわ。それは何か別のものをもたらしてくれた。今私が得た一番のものは歓び。実際に、私はいつも人生の歓びをめいっぱい感じているわ」

第4章　宇宙の精神分析

——ETの心理学

初めて彼らと話したとき、私は本当に知ったのだ、これは精神医学的に説明できない何かだということを。精神医学的な起点を持つものの仕業《しわざ》には感じられなかった。それは精神的外傷《トラウマ》のような機能を果たしていた。

医学博士ジョン・マック

（1994年3月20日付「ニューヨークタイムズ・マガジン」に引用。なぜ、UFOに誘拐された幾人かの話が幻想でも妄想でもないと信じているのかについての一節）

各メディアでETはどう扱われているのか

おかしなことだが、別の惑星から来たということは、実際には、それが生みだす問題よりももっと多くのことを解決できるはずなのだ。もちろん、我々が既存の枠にはまった狭いレンズを通して世界を見たりしなければの話だ。そうした見方をすれば、ET人格を口にする人は、控えめに言っても、心理的障害や情緒不安定と映ってしまう。

「ふうん、いいんじゃない？　そう、君は確かにETだよね」（冷笑）といった具合である。

普通、真顔で自分はETであると主張すると、あまりにも現実離れして突飛で、「現実」の域を超えたものと受けとられ、明らかな精神障害の症状を呈していると思われてしまうのだ。またもや、「民主的」多数決原理の弊害である。

そうした理由から、先に引用したジョン・マック博士の驚くべき発表は、あっという間に多くの伝統ある機関から奇怪だとか、お話にならないとか、こきおろされたのだった。その後を追うように、メディアの画面から大学のホールまで、いたるところで嘲笑的な声があがった。非難は発表の中味だけでなく、ETによる誘拐を告白した人にまで及んだ。

ピューリッツァー賞を受賞した伝記作家でもあるジョン・マックは、ハーバード大学の精神科で経験をつんだフロイト派の精神分析学者である。言葉をかえれば、非常に学識豊かで、本流をなす権威派集団の尊敬すべき一員なのだ。彼は、超常現象であるUFO体験やET人格の主張といったものを、世俗的に説明することを要求される、権威ある社会科学の分野で評価されている人物だ。要するに、マックは、ETが本当に人間を誘拐しているなんて信じるとは思われない人物なのだ。

そこで私は、この主流派の視点からETの心理学を検討しはじめたい。

マック博士が著書『誘拐』――この本の中で彼は、UFOによる誘拐体験のうちいくつかは実際に起きたという考えを述べている――を出版しようとしていると、いちはやく「偏見のない」世論を味方につけて、権力者側が反撃に出てきた。どんな評論でも大いに結構だが、我々が庇護する範囲をあまりにも超えすぎた、ばかばかしい乱暴な冒険は困るね、というわけだ。先に紹介した、「ニューヨークタイムズ・マガジン」の記事では、マックの上司であるハーバード大学精神医学部の学部長代理の談話が出ていた。彼女はこう言っている。「誰もそれを信じないでしょう。彼が何か他のことをしてくれるのを望みます。これはあまりにも荒唐無稽です」

研究題材の自由を尊重する観点から、大学側はマックの研究をやめさせたりはしなかったが、「タイムズ・マガジン」の記事は、この上司が、UFOやETが実際に存在すると信じるマック博士についてのインタビューを受けるよりは割れたコップを飲みこむほうがましだ、と困惑しきっている様子を報じていた。

これらの経緯は、まあ有り得ることだ。

同じ記事の中で、UFOやETの鮮明な体験はおそらく幻覚で、科学的に説明できる人間の心の作用だ、という見解を有名な科学者カール・セーガンがよせている。「タイムズ・マガジン」と「パレード・マガジン」両誌で、セーガンの言葉は「幻覚症状は一般的なもので、普通の環境にある完璧にノーマルな人にも起こる」ということを示唆するために引用されていた。彼によればこうした幻影は、時として、めったに起こらない「睡眠麻痺」と呼ばれる状態の結果引き起こされるが、この症状は全人口の約８％にしか現れない。

実際、睡眠麻痺は、主流派の大学関係者や科学者グループが、ＥＴやＵＦＯ体験の「原因」としてもっとも頻繁に引き合いに出す言葉のひとつだ。

睡眠と目覚めの中間で、もうろうと浮遊しているような「入睡眠状態」になるこの睡眠麻痺は、それに陥った８％の人々に、日常生活から恐ろしいほど隔たった経験を引き起こす。被害者たちは、自分の脳が酸素欠乏に抗《あらが》いながら働こうとしている間、文字通り動けないままベッドに横たわっているのだ。そのとき、性的な興奮や、ある奇妙な超自然的な実体が近くを舞っているような感覚と一緒に、恐怖の幻覚が起こるのだ。

人によっては、この幻覚がＵＦＯによる誘拐体験だったりする。これらの幻覚には、ＥＴたちがある形態の技術的な装置を人間の体に埋め込んでいるという医療実験の妄想が含まれていたり、場合によっては宗教的なお告げに近い光景が含まれていることもある。

主流派の権威者たちの多くは、すべてのＵＦＯ体験の本当の発生源として睡眠麻痺を引き合いに出しているが、精神異常の症状や幻覚誘発性の麻薬によって引き起こされる体験、麻薬をやめたことによる「フラッシュバック現象」、ただの夢、悪夢、その他日常の現実で起こるハプニング、といった可能性を加味している人々もいる。それらすべてを合わせて、あなたの前には信用できそうな説明が、感動ものの大きな一覧表として残されるのだ。これらの一覧表はすべて、誰かがＵＦＯ

に遭遇した場合だけでなく、誰かが自分はＥＴ人格を持っていると主張したときにも、実際には何が起きているのか「説明」するために利用することも可能で、現に利用されてきたのだ。

そういうわけで、こうしたまったく単純な心理学の判断によれば、ＥＴとの遭遇やＥＴ人格といったものは、生化学的作用によって自然発生する幻覚や妄想あるいは薬――普通は麻薬がやり玉にあがる――を服用したことで起こる空想ということで片づけられてしまう。しかし、私たちはそれで納得せずに、このほどほどに納得のいく世界にもう少し分け入り、ＥＴ体験に対するもっと深い心理学的解釈について見ていくべきだと思う。その手始めとして最適と思われるのが、Ｃ・Ｇ・ユングが提唱した見解である。

偉大なスイス人心理学者のユングは、「空飛ぶ円盤」（１９４０年代後半に使われていた造語）の幻影は、集合無意識の投影であると信じていた。ＵＦＯの像は、疲れ切った現代に蔓延している引き裂かれた傷を癒そうとする、集合的な魂《サイケ》にもとをたどることができると信じたのだ。独創的なＵＦＯ研究家の中には、誘拐された人によく見られる肉体的な傷でさえ、集合無意識からの「漏出物」の産物と理由づける人もいる。ここでは想像と象徴性、そして物理的な事実の境界線が、かなり曖昧になっているのだ。

それはフロイト派の見解にも通じることだ。

その中には、ＥＴやＵＦＯ体験は破壊的な心の傷に対処するための鎮痛剤であるとする、主流派心理学者たちの考えも含まれている。こうした見解では、よく子供の頃の近親相姦的な心の傷について言及される。ＥＴ人格やＵＦＯによる誘拐は、こうした性的虐待を受けた被害者たちが精神を苦痛から心理的に守るための方法、と見なすのだ。誘拐された人々は、空想的な、あるいは自我を満足させる幻覚を通して、子供の頃の外傷を再訪する幼児虐待の被害者だというのだ。彼らは、その犯罪と暴行から身を守ることの両方を表す「空想」を創り出すのだ。その際、犯罪はベールにつつまれた形（ETの性的な調査という偽りの「記憶」のようなものを使って）で進行し、ET像は怒りとおそらくは欲望の感情を表しているため、鮮明に思い描くのはあまりにも苦痛をともなう。それだけではない。ET像は実際の犯罪者――母親か父親の場合が多い――の「がまんならない」代役だ。被害者たちは外へ投影した犯罪者像を、自分から可能なかぎり遠くに置こうとする。つまり外宇宙の生物ということになるのだ。

もうひとつ別の、主流派による心理学的見解がある。1983年の「精神分析評論（Psychoanalytic Review）」（第70巻、第2号）に掲載された、「ET：喪失のオデッセイ」という題の記事である。このなかで著者のカリフォルニア大学ロサンゼルス校の精神病理学者であるジェフリー・E・デズナーは、かなり直線的な精神分析のレンズを通してスピルバーグの映画『E．T．』を俯瞰《ふかん》し、「内なる子供による、親の喪失感を表す劇的な隠喩」だと説明している。

ここで私たちが研究しているのは、ETと接触した人についてではなく、主に、自分たち自身がETだと信じている人々についてである。両者には明らかに大きな違いがある。しかし、この記事は主流派の考え方のいくつかに光をあてているのだ。例えば、ETのキャラクターが何を表しているのかというデズナー博士の記述にそれを垣間見ることができる。

デズナー博士はこう書いている。映画『E．T．』は、父親の責任放棄と不在という事実と折り合いをつけようともがいている主人公の少年エリオットの話である。彼はETというキャラクターに象徴されるプロセスを通して折り合いをつけようとしている。ETは、全能への憧れ、魔術的な思考、不思議な力、といった「内なる子供《インナー・チャイルド》」を映画的に投影したものだ。

デズナー博士が示唆するような受け止め方でこの映画を見るなら、ETというキャラクター像は「我々はすべて心の中に、死によって失い、あきらめたと感じる何ものかを持っている」ということを表すことになる。そうなると、ET人格は、その人物が親や配偶者といった重要な人への痛ましい喪失感を癒すためになりきっているのであり、落胆を克服し、自尊心を取り戻すのを助けるのだ、ということになる。

この映画のラストで、ETが去り際にエリオットの頭を指さし、自分はいつでもそこ（心の中）にいることを保証するのは、こういった理由からで、現実の世界のさまざまな悲しい出来事を否定することなく、子供時代の鮮明で流動的な想像力をたもちつづけていいのだ、ということをエリオットに授ける行動なのだ。

標準的な精神分析論法には、男の子が抱く、父親に対する無意識の嫉妬という考え方が数多く登場し、その結果として母親を独占したい子供が無意識に父親の死を願うとしている。ここで、父親の失踪や死は、あらゆる種類の困惑と実際に耐えられないような反応をその子供に引き起こすのだ。罪の意識と恍惚としたうれしさ、サディスティックな歓喜、自分を阻むものは何もないといった感覚である。こうした残忍な感覚は、子供には恐ろしくて、荷が重すぎる。そこでこれらの感覚とうまく折り合いをつけるために、その子供は別の人格、例えばETになってしまったりすることで、自分の心の奥底に潜むものを拒もうとするのだ。

主流派の心理学では広い範囲にわたって、「死への拒否反応」を表すものとしてET現象を説明している。つまり、過去生［前世］や未来の魂の乗り換わりを主張することは、地球にいつまでも生き続けたいという人間の根本的な欲望に通じている。この「死の恐怖」はすべての人間に普遍的に存在する、と見なす人々もいる。人間文化のすべての側面を「死の恐怖」と結びつけて説明する作家たちすらいるのだ。

ET体験については、さらに、もうひとつ別の見解がある。宗教的な改宗と見るのである。

私自身の調査では、ある人物が別の惑星の生まれであることに目覚めることと「宗教的な改宗の現象学」の間には、多くの類似性がみとめられる。どちらの経験も、突然、安全で心地よい日々のありふれた生活を破壊し、世界観をすっかり変えさせてしまうものだ。そして、その後は人格を完全に作り直さなければならないのだ。このように両者は、その一歩一歩進むプロセスに著しい類似点が見られるものの、重要な違いは、ETの覚醒には宗派のようなものはなく、ほとんどの場合、この惑星の進化に尽力するための一種の奉仕を目的とした、新しいET人間になったり、持って生まれたETの魂に気づいたりする点だ、と私は思う。そして、多くの宗教的な改宗と違って、**ワンダラー**や**ウォークイン**は、一般的に奉仕してよいかどうか誰かに許しを乞うたりしない。彼らのほとんどは、聖職的な権威や公の機関の言うことを避け、標準的な諸説にとびついたりはしない。また、**ワンダラー**と**ウォークイン**の覚醒の仕方にも大きな違いがあることも覚えておいてほしい。

最後に、地球外生物の存在は信じているが、今現在すでに地球上で、我々にまじって存在していることは否定している、科学分野の人々の見方も紹介したい。カリフォルニア大学サンタクルーズ校の天文学・天体物理学の教授、フランク・ドレイクの意見をもとに、彼らの見解をまとめてみたい。「USAトゥデー」紙（1993年12月16日付）に引用された発言のなかで、ドレイクは次のように述べている。

宇宙にはほとんど数え切れないほどの生命体系があるという考えは、証拠によって裏づけされている。我々の銀河系だけでもおそらく幾万もの文明があり、もっと原始的な状態でなら、その数はもっと多いはずだ。

太陽系や惑星、そして地球上の生命の形成と進化について我々が知っているすべてのことは、あらゆる出来事の連鎖が完全に正常であり、事実、必然的な過程を経た結果であることを示している。つまり、我々の太陽系と地球で起こったことは、もっと数多くの場所で起きているはずなのだ。

筋が通っているように聞こえるが、地球上にいるET生命についてはどうだろう？ドレイクは、疑わしいと言っている。この懐疑的な意見は、他の文明が我々から数千光年も離れているということから導かれている。つまり、かけ離れた世界間の気の遠くなるような旅行は、ほとんど不可能だ、と言うのだ。彼は、現在地球上にいる私たち人間の科学者たちが理解している移動手段以外は、考えてもいないのだ。

しかし、これら「数え切れないほどの生命体系」、あるいはこれら「幾万もの文明」のひとつに、我々が夢にも考えていない銀河系間の旅行の形態がある、とするほうがもっと有り得ることなのではないのか？　我々よりはるかに進んだ惑星種族が、我々と同程度の技術すら持っていないと仮定するのは単純すぎると思う。惑星地球をちょっと見てみれば、おそらく我々がこの宇宙でもっとも進化した種族ではないことは、誰の目にも明らかだろう。例えば、私たち地球人が「精神の力」と呼び、「オカルト」というレッテルを貼って放り捨てているものが、もっと進化した文明によって数百万年もかけて発達させられてきたかもしれないのだ。そうなれば彼らの能力は恐ろしいものになっているはずだ。そして、物理法則の理解がすべての可能な知識の頂点ではないかもしれないことも、心しておく必要がある。

さて、ここまでつきあってくれた読者は、誰かがなぜ「私はETです」と言うのかを説明するための、主流派専門家の型にはまった意見のいくつかを、ざっと簡単に見ることができただろう。私はこれらの見解をできるだけ尊重して紹介しておきたかったのだ。なぜなら、すべての側面を考慮し、可能な限りの情報を集め、そのうえで結論を導き出すのが一番だ、と信じているからだ。おそらく読者は、ETでない人々が、この奇妙な現象をどう見ているのかを説明しているある特定の考え方に、賛同したかもしれない。そうならば、もう少し先を読み進むことをおすすめする。別の側の人々がどう考えているのか、もっとよくわかるからだ。

あるいはまた、読者は不満を持つかもしれない。伝統的な解釈のひとつふたつには賛成しつつも、もっと何かあるのではないかという疑惑がこうるさくまとわりつくのを感じるかもしれない。それは多分、専門家の意見が、あなた自身の経験としっくりこないからだ。

いずれにせよ、他の実在にアプローチし続けていることに変わりはない。そして、**どこか別の場所**からの呼びかけのようなものについて、もっと理解する方向へ、じりじりと進んでいるのかもしれない。

ETの魂をもつ人々の心理的な苦痛

さて、ET人格への標準的な心理学的解釈のいくつかを検討してみて、ここでひとつ疑問を呈してみよう。もしそれらが間違っていたら？

あるいは、次のように言ったほうがいいかもしれない。それらが正しいとして、しかし全然かゆいところに手が届いていないとしたら？　伝統的な科学の見解は申し分がなく、時として大当たりをするが、我々が感覚を通して知覚する宇宙が唯一の実在だという前提そのものによって限定づけられているとしたら？

次のことも覚えておくことが大事だ。普通でないと呼ばれるすべての経験は、白か黒かという窮屈な範疇《はんちゅう》を超えたものなのだ。ETの魂を持っているという主張もこれに含まれる。物理的現象の枠を超えた実在の可能性は、心理学的解釈で説明がつくからといって、必ずしも無効になるわけではない。多くの場合、この両方の世界は同時に存在しているのだ。ETの魂を持っている人々が、ここ地球で感情的な傷をこうむったとしても、それで潜在的な実在、地球がいまだ理解していない実在を排除するわけではない。感情的とか知性的とか形而上学的とかいうものは、「魂」や「精神」レベルでは単に人間の経験の異なった周波数にすぎないのだ。何かがあるレベルで事実であるからといって、別のレベルでの存在が打ち消されるものではない。ＥＴの魂がいったん地球に生まれ変わり、その人がこの惑星での人生を歩む以上、ＥＴであろうと人間であろうと、混乱したり心に傷を負ったりするのは変わりない。

主流派の心理学から例をひいてみよう。精神分析では、ＥＴ人格は親の喪失と折り合いをつけるための子供じみた方法と評されている。

この種の癒しという空想は、人間の心の取り柄のひとつと言うことができるが、**ウォークイン**や**ワンダラー**であるという普通でない主張は、子供時代にそのような悲劇をこうむったすべての大人に見いだせるわけではない、ということも思い出すべきだ。

ある子供たちにとっては、世俗的な喪失感は心の奥底に隠されていたもっと遠く、おそらくもっと苦痛を伴う別離の記憶をかきたてるのだ、と言ってもそう見当違いではないだろう。この考え方にそっていけば、惑星地球での悲しみや困難といったある特定の出来事は、奥底に隠された別の、もっと恐ろしい感情から心を守る「紗のかかった記憶」や「偽り」の思い出のような機能を果たすに違いない。そうだとすれば、地球での親の喪失が辛いのは、それが今この場での普通の意味合いだけではなく、割り増し分の苦痛も詰め込まれているからだ。それはこの惑星外の家族ともともとの故郷の惑星の仲間を失った、ひどい苦痛を思い出させるのだ。

私の調査に登場するETたちの言葉に耳を傾けるとき、これらは確かに考慮すべき可能性だ。そして、伝統的な解釈はET人格探査の旅の終わりではなく、ちょうど次にあげる『UFO乗組員』からのハンス・ホルツァーの抜粋文にあるように、おそらく始まりそのものだ、ということを覚えておいてほしい。

我々は科学的発見の最先端にいるわけでも、宇宙のよりよい理解へと導く道の終わりに来ているのでもなく、みんな知っているように、まだ始まったばかりのところ、多く見積もっても道の真ん中より先には行っていないことを、決して忘れてはならない。人類が、新しい発見などほとんどないほどの高みにまで達している、という考えは、現代科学の虚偽のひとつである。真実は正反対だ。これからなされる発見によって、これまでの宇宙の本質に関する多くの確信は、道端に捨てなければならないだろう。

もう一度言うが、ET人格を認めることは、必ずしも主流派の立場を打ち消すわけではない。地球に住む人間のように、世俗的な心理的問題をかかえるETたちがいることを、私は真っ先に認めよう。地球外生物を自認し、伝統的な精神病理学のカテゴリーに本当にぴったりとおさまるイカサマ師や精神障害者もいる。

そして、心理的に混乱した実在の向こうには、あらゆる種類の正統的でない主張をしているおびただしい数のグループがある。アル中や麻薬中毒者特有の、空飛ぶピンクの象とか、はい回るクモ、リモコン式の目に見えないスパイ・カメラといった、混乱したとりとめのない話をする人々を見つけることができる。私たちはすべての文化に受け継がれている、天使の軍団や光を放つ仏陀、踊る妖精たちといった神秘主義者たちの宗教的ヴィジョンを読んで知ることもできる。そしてより身近なところでは、紅海が裂けた話やサタンの略奪団の悪行、また神のひとり子、主イエスが処女から生まれた奇跡的な話を、すべて誠実そのものに我々に聞かせる、年老いて尊敬されているラビやテレビの説教師、日曜学校の先生など。これら「過激な」主張のなかには、議論の余地のない事実と見なされているものさえあるのだ。

奇妙に感じられるかもしれないが、これらすべての信仰の根底にある前提、そしてその心理は、あるひとつのものに集約することができる。我々が主観的認識と言っているものに、である（詳しくは第3章を参照）。これらの信仰のどれもが、我々の経験を理解するための確認方法として、主観的な認識を基盤としているのである。もっとも、ラビや神父、導師たちにとっては、自分たちがアル中や麻薬中毒者と酷似し、**ウォークイン**や**ワンダラー**ともそんなにはかけ離れていない、ということを知らされても、何の慰めにもならないだろうが。

多くの人たちは、イエスの奇跡の誕生（我々がもっともあがめている本、聖書に記されている）と麻薬によって引き起こされた奇妙な幻覚など比較すること自体ばかげていると言うだろう。しかし、事実を調査立証する上では、両者には何ら違いはないのだ。どちらの見方、考え方も信頼をもって受け入れられ、自己確証することで証明されているのだ。客観的な事実に固執する科学者たちのなかには、経験的で論証可能な仮説に裏づけられない文化的信念をいっさい受け付けない人もいる。しかし、人間が何かを真実だと信じるとき、それは客観的な経験や、個人の心理および精神的なもろもろの要素がまじり合って、すなわち主観的な認識のプロセスを踏んで得られるもの以外の何ものでもないのだ。このような条件をふまえて、心の準備をしておけば、我々はETであると言う人たちについて、もう少し偏見を持たずに考えられるはずだ。

私が自分の調査を通じて気づいたのは、インタビューしたほとんど全員が、ET人格を認識し折り合いをつけることによって、ポジティブな心理的変化をもたらされた、ということだ。

いくつかの例を紹介しよう。

私がピーターと呼んでいるETは、建築家なのだが、「光の球体」を目撃したことによって何年にもわたって沈んでいた気分が救われた。彼はまた、別に重度の精神的外傷も長年背負っていた。ピーターによれば、一連のUFOの来訪を受けた後、彼の性格は本当に良い方向に発展し、今では「明瞭にすらすらと話すことができ」、人間関係も良好で、自己修養にはげみ、時間も無駄にしなくなったという。彼は言う、「私は、何も学ぶものがないようなことはいっさいしない」と。

エリカという女性の例もある。彼女は今では「もっと協力的で、一人で仕切りたがったりせず、人の話を聞くことで手助けとなることも学んだ」のだ。麻薬漬けになっていたボブは、「正直になり」他の人々を理解することが何げなくできるようになった。そして、次々と現れてくる多くのETたちのためのワークショップを主宰しているリサーンは、こう言っている。「(**ワンダラー**と**ウォークイン**の中には)覚醒した後に自らが持っている情報にアクセスする潜在能力――あちらこちらで主観的な認識として取り上げている内なる導き――に気づき、ビジネスや専門職でより成功している人たちが多い」
どこか別の場所から来たという確信が、彼らに、自分たちを排斥した社会で非常に役立つものを与え、他の人たちと建設的で協力的な方法でかかわりあえるもっと強力な武器を与えているというのは、皮肉なことだ。

ＥＴは孤立感、違和感にずっととらわれてきた

ＥＴたちは、自分が異邦人であるという心の奥底に宿る感覚を決して失わないのだろうか？

何かが違っているという違和感に苦しみながら生きてきた**ワンダラー**にとって、自分たちの根深い疎外感には非常に論理的な要因があるのだと気づくことは、彼らの絶望感をしばしば強さへと変えてしまう。無論、その要因とは、「自分たちはエイリアンだ」という事実である。

いったんこの地球外の超越的な人格に折り合いをつけてしまうと、**ワンダラー**たちは、一般的に自分たちの困難の多くに説明がついた気がして、実際にもっと均衡がとれた人間になるのだ。

しかし**ウォークイン**にとって、道のりはもう少し厳しいものとなる。ここで重要なのは驚きである。**ウォークイン**たちはほとんどと言っていいほど、唐突な心理的変化や明らかにショッキングな精神的《スピリチュアル》出来事にみまわれて、気絶するほど驚いてしまう。最終的には、新しいＥＴの魂、あるいは高次の自己が流入し始めたのだ、と理解するようになる。そして、自分たちの人生を、惑星間の英知に適合した生活へと作り直していくのだ。

ＥＴの魂を認識するようになっていく次第も、**ワンダラー**と**ウォークイン**とでは異なっている。子供時代からの長期にわたる孤独感、それが**ワンダラー**のほとんどが口にする話である。彼らは必ずしも、とりたてて困難な人間関係に巻き込まれていたわけではないが、**ウォークイン**たちはまったく反対だ。彼らはほとんどの場合、ＥＴの魂を受け入れるまでは、ぎくしゃくした家族や劣悪な人間関係、重大な心理的軋轢《あつれき》といったどろどろのなかにつかっている。そしてＥＴの魂が乗り移るという普通でない出来事が彼らの人生を大改革するのだ。彼らの感情的な葛藤は鎮められ、一般的に新たな健康と活力、自尊心を得るが、そのアイデンティティは**ワンダラー**たちに比べて、多少不安定だというのも事実だ。

この新しいＥＴ人格に馴染むと――そうたやすいことではないが――私がインタビューしたほとんど全員のＥＴが、人生の意味合いに疑問をなげかけていった。彼らは自分の人生を再び定義しなおさなければならなかったのだ。このことは大体において、世界への奉仕ということに行き着き、彼らに社会に密着していながらグローバルな視点に立った理解をもたらすのだ。心理的な葛藤の苦痛から始まって、精神の変容、完璧な再調整そして最後に文字通り「新たな生命の爆発」に至るサイクルについて、私は耳が痛くなるほどたくさんの話を聞いた。

それでも、孤立感の影は常に残っているようだ。ＥＴとして、彼らは根本的に他の人々と違っているのだから。彼らの存在の中核には根深い違和感があり、それが、**ワンダラー**と**ウォークイン**を独特な者とし、一般社会のはじっこに追いやられている他のグループとさえも区別している原因だ、と私は思う。これらのグループはすべて、普通からはずれているという感覚を持ってはいる。しかしＥＴたちは、ニューエイジ派たちのなかですら孤立した立場を占めているのだ。私自身の経験から言っても、ＥＴたちはしばしば、水晶とピラミッドにかぶれた人たちや多くのＵＦＯ研究家たちから誤解され、時として避けられたりしてしまう。こうしてＥＴたちは最終的に、ニューエイジ派からだけでなく、一般には秘儀的とか神秘主義的とか思われているグループも含め、もっと既存の宗教グループからものけ者にされて、ひとりぼっちだという事実に直面せざるを得ないのだ。

ＥＴ人口に見られるある種の「心理的形式」や信念と一体化したこの違和感が、彼らに真の意味で特異な考え方をさせるのだ、と私は思う。次にＥＴたちに見られる特徴をいくつかあげてみよう。

- 最終的にはグローバルで普遍的な視点を得るために成長していく道が、彼らの人生の中心に据えられている
- すべての人間が物質的存在を超えた精神的な生き物になる、という展望を固く信じている
- 宇宙の一体性を信じているのに、皮肉なことに、まわりの人たちに絶えず違和感を持ち、実際にはＥＴ対人間という二重の図式からほとんど逃れていない
- 考え方や鋭い理解が常に、宇宙の時空進化というとてつもないダイナミクスに密着している
- 別の世界や惑星に住む生き物との共感や意思疎通は、ほとんどの場合物質的なかたちをとらず、ＵＦＯに限定されることもほとんどない

●そしてもちろん、彼らの第一の目的は、もうひとつの惑星ないし世界に属する非物質的な魂として存在することにあるという感覚

自分たちは「割り当てられて」地球に来ている、ここに一定の使命を達成するために来ている、と信じている点で、ETたちは外国に出稼ぎに行く労働者と非常によく似ている。**どこか別の場所**から、家と本当の仲間から遠く離れてやってきて、ひとりぼっちで孤独で、まるでアジアの民話にあるような家のない放浪者《ワンダラー》たちのようだ。このことは彼らの生活と心理的形態のすべての部分に浸透している。ETたちはその奇妙で独特な信念のうちに、どうにか喜びや悲しみ、落胆や希望といった普通の感情をたくさん味わっているのだ。

チャネリング・セッションによる目覚め

個人的な生活を見ることとは、心理的な総体であるその人物を理解するうえで、しばしばよい判断の助けとなる。

次に紹介するヴィクラムの話は、自分のET人格と折り合いをつけ、その体験を心地よくリラックスして受け止めているように見える人物の例である。

ヴィクラムは30代後半の中肉中背。思慮深い、黒髪の男性だ。ニューヨーク郊外で育ち、ペンキ塗装屋、広告営業マン、脚本家として働いてきた。1982年、チャネリング・セッションに参加

し、そのとき初めて自身のＥＴ人格の体験をしたのだった。それから10年以上たった現在、彼は自分自身を、**ワンダラー**だと認識している。

心理的には、自分がＥＴの魂を持っていることに気づく前は「私は自分に無知でした。自分自身のことをそんなには知らなかったんです」とヴィクラムは言う。

しかし、そうした自己認識は、長年にわたって誤解していたＥＴ体験、特に子供時代に忘れ去っていたある出来事を整理し、消化するまでは起こらなかったのだ。

12歳頃のこと。ある夏の晩、ロングアイランドの自宅周辺の歩道で遊んでいたとき、ヴィクラムは初めてＵＦＯを目撃した。

彼は仲間の友人たちと一緒に、みんなで自転車にのってただおしゃべりしながら街角にたむろしていた。そのとき突然、ものすごく眩しい、キラキラする白い光が反対側の木立から昇った。仲間全員がそれを見た。ヴィクラムともう一人をのぞいて、みんな悲鳴をあげながら逃げ去った。その光は「まったく音も立てずに、ものすごい勢いで」動き、その電光石火の速さはとうてい自転車にのった二人の少年など相手にもならないものだった。あまりにも眩しすぎて直視することもできないほどだったが、何とか見つめると、その光は美しい楕円形のＵＦＯから放射されているのがわかった。彼はにわかに元気づいて、激しい興奮を感じながらその飛行物体を追いかけた。だがこの世界で（あるいはどんな世界でも）ヴィクラムと友人が追いつく方法などあるはずがなかった。

12年後、ニューヨークの大晦日のパーティーで、酒の入ったヴィクラムは自分と同じ郊外の町の反対側で育った一人の女性に出会った。彼女は非常にオープンに、興味を持っていることについて正直に話し始めた。それは精神的《スピリチュアル》な事柄、超自然的なことについての話題、そしてUFOの実在についてであった。なぜ彼女はETが地球を訪ねていると信じたのか？　なぜなら12年ほど前に、生まれ育った町で実際にUFOを見たことがあるからだ、と彼女は言った。ヴィクラムとこの若い女性はお互いに、それがヴィクラムと友人たちが目撃したのと同じ宇宙船であることに気づいた。この女性は別の方向から見ていたのだった。

「その遭遇はとてもインパクトがあり、今でもあのときの驚きは覚えている。普通ではない何かだったんだ。彼女にとっても、それは人生を変える出来事だった」とヴィクラムは言った。

しかし、外宇宙からやってきて飛び回っている何かを見ることと、自分は外宇宙からやってきたと考えることとは、まったく違うはずだ。

後になってヴィクラムが自分のET人格に気づいたのは、カリフォルニアでの数回にわたるチャネリング・セッションによって癒され、自分自身を受け入れた結果である。感覚が驚くほど深くなった、と彼は言う。彼は、子供時代に始まったばらばらになってしまった経験の断片を元に戻すためにこうしたセッションに参加したのだった。他にパズルを完成させる方法はなかった。生まれて初めて参加したチャネリングは、他の人たちに勧められて行ったが、その人たちも参加者たちも「協力的で信じられないくらい優しく」、彼は何年も味わったことのない安心感を得たという。

その最初のセッションで、卓越した教師と見なされ、しばしば他のUFO／ETグループに話しかけてもいる、アシュタールとヒラリオンという存在がチャネリングに応じた。

ヴィクラムは言った。「瞬時に、私の中で心理的作用がおこり、人生でずっと感じていた断絶感のようなもの、空虚感、常につきまとっていた孤独でアウトサイダーだという感じ、それらすべてが非常に驚くべき方法で統合していったのです。私は、自分が本当にここで生まれたのではない、というように感じはじめました」

これが1982年のことで、その後80年代いっぱいをかけて、そうした感覚が次第に強力なものになり、その正当性をもっと確かに思うようになったという。

「その最初の接触の後に起こったすべてのことが、私の魂はこの惑星の生まれではないということだけでなく、銀河系間協会、つまり、一つの銀河系間意識と特別に強い関係にあることを信じさせてくれたのです」

個々の銀河系間グループに対する考えは、**ウォークイン**や**ワンダラー**それぞれによって違っているが、すべての人たちがこれらとの関係を主張しているわけではない。ヴィクラムの場合、地球にいる孤独なETからある協会のメンバーへと人格が成長したのは、多くのチャネリングの後であった。それは一種の「認識」だったと言うと、彼は後を続けた。


チャネリングを通してもたらされる情報は、ある種のびっくりするような雰囲気をつくりだし、それに陥ると、まるで家に帰ってきたような感じになるんです。そのエネルギーに何か心の底から同化していくようで、自我がなくなり、驚くような深遠な境地に達するんです！

そこでは支払いを請求されたこともなければ、もっと大きなグループが糸をひいていたのでもなく、巨額の金が動いているわけでもなく、カルトのようでもありませんでした。私はただそのチャンネルからの情報にとても清らかに慰められたのです。

自分は銀河系間協会の一部だという確信が、ヴィクラムが自分自身をながめるときの基点になった。彼は言った、このインタビューの1週間ほど前に「自分の姿と明確なコンタクトをし、それは宇宙船の指揮官に違いなかった」と。

ヴィクラムは、自分の深いETルーツがこの「協会」に根差していると確信している一方で、それとのかかわりについての解釈は、彼自身にさえ、いくぶんぼやけてはっきりしない。

ヴィクラムによれば、自分はアシュタール司令部の一員であるという最初の感覚は、後に一人のチャネラーによって確認され、彼の混乱と裏腹に、その女性チャネラーは彼が今でも司令上重要な立場にいると思うと私見をもらした。

5、6年後、彼はチャネリングをしていた別の女性と「親密」になり、十二人評議会と呼ばれるグループの呼び出しが行われる、大きな正式チャネリング・イベントに二人で参加した。ヴィクラムは彼らが何を話しているのかわからなかったが、それは問題ではなかったのだ。このセッションの間、彼は「非常に深々とした意識の変容状態」に陥り、この意識の別領域のなかで、彼は実際に十二人評議会の代表の一人で、直接アシュタール司令部と関係しているという情報を受け取った。

しかし、それだけではなかった。ヴィクラムは、この「深々とした意識の変容状態は、まるであるエネルギーが私の胸に入ってきて、1時間半の間私をずっと寝椅子に押さえつけていたような感じだった」と私に言った。彼はこれを、それまで感じたこともなかった物理的エネルギーの「もっとも信じられないような激しい体験」と呼んだ。

クンダリーニ［宇宙意識をうながすエネルギーの流れ］が私の脊柱に発生し、本当に深遠な拡張状態の意識……そして友好的にコンタクトされているというだけでなく、まさしく今チャネリングしている同一の存在との長年にわたる友情が、実際に大変歓迎されているという安堵を感じる、非常にはっきりした感覚。それは、何か迷いのあるエネルギーではなく、まるで私の家族が、私を元気づけるために訪ねてきてくれているようなものでした。

この体験の後、「すべてが変わった」と彼は穏やかに言った。

自分が基本的に、未知の意識に入り込みやすいことを知りました。自分を取り巻く領域が素通しになって、個人的には実際に体験したことのないような宇宙の意識と一体になれるような……まるで私の実体が文字通り変化していくような……私は、非常に異なった存在のバイブレーションと意識的なコンタクトをしたのです。その存在には私自身の高次の意識、高次の自己も含まれていました。

繰り返し、体のなかでエネルギーの変換が起こった、とヴィクラムは言った。ちょうどこんなふうに。

「私ははじかれていたのです。まるであるエネルギーが膨大な力とともに入ってきたり、出ていったりしているように、私の頭は小刻みに後ろへはじかれていました。時々それはあまりにも激しくて、苦しいほどでした」

それまでヴィクラムには、このようなことが起こったことはなかった。このチャネリング・セッションがすべてを変え、ETとしての魂に気づかせてくれたのだ。チャネリングが終わると、彼は世界をまったく新しい違った視点で見るようになっていた。

そして、「もっとも奇怪な」のは、それがちっとも「奇怪」に思われないことだった。自分は恐れも抱かなかったし、コントロールされているとか侵害されているといった感覚は全然なかった、とヴィクラムは私に言った。それは、もっと漠然とした親しみのある何かが戻ってきたような、いわば復活したような感じだった。彼の完全な自己が戻ってきたのだ。

今彼はこんなことを言っている。「この惑星にとってETは否定的な影響を及ぼすだけではなく、良い影響も与えると信じています」。現在彼の人生は、自分の魂が地球出身ではない、という確信のうえに築かれている。こうした信条を受け入れてくれない人々とは、親しい友人関係をつくることとは非常に難しいと感じるが、自分の信条を少なくともほんのしばらくの間は傍において、ヴィクラムの「風変わりな」考えに寛容になってくれる人もいるという。

これらの言葉だけを捉えて感情的疲労の兆候だとする主流派の心理学者もいるが、ヴィクラムにはそのような障害を示す証拠はいっさいない。むしろ彼は楽しそうで、関心事で頭がいっぱいであり、彼流に人々の意識を拡大させるのに役立つ仕事をしている。

彼は平和のエロヒム

トーマスのことをどう紹介したらいいだろうか。彼はキリスト（サナンダ。一部の人によるとキリストの別名だという）の愛弟子で、かつマイトレイヤ［来るべき救世主を表す仏教―サンスクリット語の称号兼名前で「宇宙のキリスト」と同一視される］の門人、そして他の人々からは平和のエロヒム［エロヒムはヘブライ語で神を意味する語の一つ］と呼ばれているという。

どっしりとした胸板をした、すばらしい朗々たる声の持ち主である世界的に有名な指導者の口から出たとしても、これらの主張は大げさすぎるだろう。ところが、恥ずかしがりで優しい声で話し、友人もあまりいないような（社会との接触をほとんど絶った、極端に閉ざされたライフスタイルを選んでいるような）人物がこんなことを言ったら、私たちは本当に耳を疑うだろう。そしてトーマスによれば事実、この信念のおかげで他の人たちと一緒にいることはほとんど不可能なのだという。彼は誰も真から自分を受け入れてくれない、と感じている。この6年間、友人たちと一緒に過ごしたのはたったの12回で、誰かと英語で話したのもたった20時間、女性と親しくなったこともなかった、とトーマスは私に言った。

ここで少し、背景説明をしておこう。

トーマスは20代半ばの、黒い髪をした小さなやせぎすの男性で、東ヨーロッパ出身をしのばせる軽い外国なまりがある。彼は、何か他の別世界から発せられるような声で話す。故国では文学専攻の大学生だったので、インタビューをしたときも本を執筆中だったが、建築や修繕の仕事で生計をたてていた。

ヴィクラムの話と並列的にこのトーマスの話を持ってきたのは、彼が明らかに病的なふるまいを示しているからではなく、ヴィクラムとは反対に、彼のＥＴ人格の認識が――それ以上と言っていいが――彼を心理的に度を越して内向させているように思われるからである。原因は、彼の年齢にもあると私は思う。トーマスのＥＴ魂は、私が研究した人々のなかでも、地球に来てからかなり間もないのだ。このことと、彼の強烈な精神的傾倒があわさって、「他の世界」への多くの架け橋がまだとても強いままなのだ。彼はかなり混乱している。明らかに、ほどかなければならない心理的結び目（コンプレックス）がたくさんあるのだ。

たとえそうでも、ヴィクラムが恋人を持ち、仕事を続け、「標準的な男」を装って、地球の言葉で言えばより大人の男性であり、よりこなれた大人のＥＴであるのに対して、トーマスはいまだに精神性や悟り、高次の自己の至福の感触、聖人といったものへの熱情に燃えている。修道士のように禁欲的で、己れ以外のものに自分の人生の一部を捧げているのだ。

トーマスの話はまた、ＥＴ人生に見られるひとつの中核的な心理的状態を描いてみせている。拒絶への恐れである。それは単純なことではなく、ほとんどのＥＴルーツを持つ人たちにとって、この拒絶への恐れは、決して完全には理解されないのではないかという恐れによってさらに強められれるのだ。**ウォークイン**と**ワンダラー**のほとんどは、最初、自分の物質的世界を超えた考えや精神的な体験、外惑星の人格を持っていることなどは秘密にしている。それから少しずつ慎重に、それらを分かち合うことを学ぶのだ。ヴィクラムがその好例である。その時点で、彼らはＥＴとしての自己とうまく折り合いをつけ、新しい考え方の恩恵をこうむることができるようになる。それでも彼らはしばしば、まわりに理解されていないように感じ、苦しい社会的孤立感に直面し続けるのだ。

もちろんトーマスも、かなりひどい孤立感をかかえていた。**ワンダラー**である彼は、どんなことよりもはるかに興味を覚える宇宙に、いつもひっかかりを感じていた。天文学を熱愛したが、ＳＦにはひかれなかった。この点について彼は、自分は事実に基づく重大な研究にしか興味を持たなかったのだと強調した。東ヨーロッパにいた頃、すでに彼の天体への関心はかなりなものになり、12歳になる頃にはほとんど完全に人と会うのをやめて、勉強に没頭した。このとき宗教的な研究書も読んだりしなかったのかと聞いてみたが、トーマスの答えはノーだった。祖国では共産主義以外の宗教的な教育は受けなかったし、「そんなナンセンスな事柄とはまったく無縁に育った」という。

そのころ学んだことが、後に彼にアジアの哲学に興味を持たせ、彼の世界観を完全に変えた奇怪な体験へ導いたのだ。

ティーンエイジャーになったトーマスが、ある夜夢から覚めると、目の前に奇妙な金色の円があった。トーマスはこれを目で見たこととしては説明しなかった。目を開けたとき、彼はもはや自分の部屋におらず、その金色の光は、普通に起きているときの現実感も含めて、それまでのどの経験よりもさらにリアルな体験だったという。

「それはものすごいエネルギーを持っていたので、私は衝撃をうけたが、顔を背けるにはおもしろすぎた」

しばらくして、その金色の円は消え、その後にまったくの暗黒のときが訪れた。「他のものは何もないまさしく暗闇。完璧な闇だった」という。そのときだった、彼の6番目のチャクラ（額の真ん中）が「光線の束と一緒に爆発した」のは。彼はそれを雷雨の音とながめになぞらえた（チャクラとは、「エネルギーの中心」あるいは精神的な拡張のプロセスの鍵を握る非物理的な力の渦巻きと見なされている。古代ヒンズー教徒たちは、人体にはそのような中心が7つあると記している）。彼の体は指先やつま先から輝き出た光線で満たされ、驚いたことに、彼は自分自身の体の内側まで見ることができた。

そうして光は消えた。トーマスは自分の部屋に戻っており、それまでの精神や体、感情、知覚といった自分自身の感覚が焼き尽くされてしまい、自分が人間であることに果てしない空虚感を感じた。彼は無限であり、全宇宙であった。この経験は、内側／外側あるいは自分／自分でない、といったすべての対立的考え方を消しさってしまったようだったので、そのとき知覚したことを説明するのは難しい、と彼は言った。彼の部屋は、夏の雷雨の後のように、オゾンの香りで満たされていたという。

これは典型的な「絶頂体験」を超えたもので、私には、ヒンズー教徒が「至上の神格」と呼ぶ「宇宙の意識」を実際に彼が体験したように思われた。

しかしその影響は、思ったよりも少なかった。

トーマスは心理学的助けや医学の助けを求めたりしなかったし、毎日の生活もかなり安定したままだった。とはいうものの、その夜以来、彼は日々のありふれた現実に興味を失っていった。あまりにも退屈に感じられたのだ。彼はどこか隠者のように、禅の勉強を始め、間もなく東ヨーロッパを離れてアメリカへ渡った。

数年後――私たちのインタビューの1年前――トーマスはもうひとつの「奇妙な」体験をしたという。今回はあるオカルト・グループとマイトレイヤがからんでいた。その体験は、彼が言うところの「二人の物乞いが、私に小銭を乞うために近づいてきた」夢で始まった。しばらくして、彼がいくばくかのコインをあげようと一人の乞食の手に触れたとたん、場面が切り替わり、真っ黒なスクリーンになって、その上に「再臨《セカンド・カミング》」という文字が浮かび上がった。

それで目が覚めた彼は、自分の寝室をじっと見渡した。すると突然、「誰かが自分の上のほうに浮かんでいるのに気がついた。それは「私が知っていたように思える誰か」ではあったが、それでも彼は愛着は感じなかった。その存在はトーマスの体に入ってきた。両手をトーマスの頭の後ろに置き、極度の霊的圧力をかけて「見たところ私の脳に働きかけた」ので、気絶してしまうのではないかと恐れたという。その存在は彼をコントロールしようとしているようだった。しかし、トーマスがもう限界で耐えられないと感じたそのとき、その存在は立ち去り消えてしまった。トーマスは再び一人で残された。

その後も似たような経験を何度かして、トーマスは、自分が救世主マイトレイヤと関係があることを確信した。トーマスは、自分のアイデンティティを「非常に熱心に探し求める」段階に入った。彼は過去生［前世］を調査し、チャネリングに加わり、バークレイ心霊研究所のリーディング（霊判断）に参加し、他の霊能者たちと話し合った。この時期彼は、夢のようでもあるが夢ではない、ほとんど言い表せないようなもうひとつの種類の現実感にひたり、そこでETたちによって「癒された」のだった。

トーマスの最終的な自己確認は、他のほとんどの**ウォークイン**と**ワンダラー**とは違った方法でもたらされた。特徴的なことに、彼は自分がまさに誰なのか「他から知らされる」必要があったのだ。彼は自分自身のアイデンティティを確証できなかったからだ。彼の言っていることを少し測りかねていると、トーマスはさらにこう言った。「私は他の惑星で幾多の過去生を過ごしてきたが、究極の自己はさらにもっと奇妙なものだったのです」

この時点で、私はもう何でも来い、という気になっていた。

「これは私自身の体験によって得たのではなく、他の人々に知らされたことなのです」

「OK、続けて」私は言った。

トーマスは、カリフォルニア州オークランドに住むオカルト・マスターから、どうやってこの情報を得たのか、話してくれた。彼はオカルト・マスターのところで、彼自身もまたマスターであることを教えられた——宇宙のキリストと同じレベルの平和のエロヒムであると。これは、仏陀と同じ水準にあること、あるいは「普遍的に目覚めた一者《いっしゃ》」というのとほとんど変わらないことだ。

エロヒムである彼は、太陽系の7つの理性のひとつで（我々太陽系の7つの中心的な神的存在）、このレベルに到達した二、三人のうちの一人なのだ。彼らは、マイトレイヤによる惑星地球の救済を手伝う主要な役割を担う、と信じられている。

「私自身の全感覚は、時として非常におかしな感じになるのです」トーマスはそう言ったが、私は控えめな表現だと感じた。「それはまるで、ある全的なものが私を通して表出しているような感じなのです」素人のインタビュアーを演じて、もっとそのある全的なものという考え方について教えてくれるように頼むと、トーマスはそれまで私が聞いたこともないような断固とした調子で拒絶した。「そうしておくしか仕方がないんです」と彼は言った。

彼の信念は、控えめに言っても、大げさで壮大になりすぎているように思えたので、インタビューの終わりとしては、ちょうどよかった。それでも、彼とは楽しく話せた。時として彼の主張は奇妙で傲慢ではあったが、彼は感じが良くて友好的だった。そして、その個人的な体験は、恍惚としたものではないにしても、疑いもなく深いものだった。

より開かれたアイデンティティを得て、トーマスは自信に満ちて話してくれた。彼は、言葉や名前やレッテルが、宇宙の偉大な実在の認識への大きな障害となることに気づいていた。

懐疑的な人たちに対して、トーマスは言った、「自分が誰か、探求してみたらいい」。

彼の人格的正体にまで証明をせまる人たちに対しては、こう言った、「証拠は問題ではない。知るための別の方法があるだけなのです」。

そして彼は、彼の話の奇妙なイメージのすべてと彼がケープのように身にまとっている孤独を受け止めてくれた、と私に満足を示してくれた。我々のこの世界は、もしかしたらそれまで思い込んでいたものと違っているかもしれないというような意見に耳も貸さない懐疑的な地球人のなかで、私のような存在は珍しい、と言った。

「宇宙はすべてのものによい道を用意している」私のこの変わった友人は、インタビューの最後にこう言った。「後は、その道を探しさえすればいいのです」

トーマスが少なくとも、いくつかの道を見つけたことは明らかである。

第5章　愛と性

――ひとりではない…としたら、何をなすべきか

愛という言葉は、宇宙の言葉である。そしてこの地球上では、愛や性について詩的な歌をかなでるとき、天や月や星に関するフレーズがしばしば取り上げられる。そうは言っても、私には「愛と性」をテーマにしたこの章を書くことは、大変難しい気がする。それは、親密さの問題は、ＥＴたちの疎外感の根底にあるもの、地球外生物が陥るジレンマの核心――愛の喪失――に直接触れることになるからである。

この章では、この現世でのロマンスとしての愛情についてだけではなく、故郷の惑星での愛や歓びの喪失についても取り上げたいと思っている。

この地球にいる**ワンダラー**や**ウォークイン**は、現実には二重の損失を受けることになる。彼または彼女の属する地球外生物のグループからの別れと、以前の彼または彼女自身からの別離である。

その意味では、ETの孤児たちのことを取り上げると言ったほうが正確かもしれない。彼らは、**どこか別の場所**からやってくるが、楽しい自分の仲間たちのところへ帰りたいという願いから決して逃れることはできない。完全に進化した世界に戻りたいという意識や、自分たちの魂が生まれたもとの世界にもう一度帰りたいという願望が、彼らの頭から離れることは決してない。

こうしたことすべてが、彼らの生まれたときからの運命だ、と彼らは信じている。

それだけではない。もし彼らがこうした心の苦しみを忘れようとして、地球上で、自分の相手と夫婦の契りを結んだとする。結果、こうした関係はますます故郷の惑星での思い出をかきたて、もっと辛い苦しみを味わうことになるだろう。

もちろん、こうした感じを普通の地球の心理学的な表現で解釈することもできる。事実、そういう説明で満足する多くの人々もいる。彼らはそれで納得して、より充実した幸福な生活の支えにさえすることも多い。

しかし、私たちがここで問題にするのは、そうした「ありふれた解釈」では納得できない、他の人たちのことである。この人たちは、自分たちが感じていることは、こんな心理分析的解釈では、とうてい言い尽くされないものだと思っている。

この章では、地球という枠にしばられたどんな説明をもってしても、やはりまだ釈然としないものが残ると感じている人たちに焦点をあててみるつもりだ。こういう人たちは、自分たちは進化への過程を助けるためにこの地球にいると信じている。そして、進化とはもっと豊かな愛と広い心と思いやりの世界を実現することだと信じているのだ。

多分、目覚めようと願っている眠れる**ワンダラー**の多くが、そう感じていると私は思う。自分たちが地球外生物であること、あるいはその魂を持っていることが本当にわかってきた人たち、つまり自分たちは**どこか別の場所**から来たと思いながら日常の生活を営んでいる人たちにとって、愛と親密さの問題は極めて深刻なものだ。

ここで私は、自分のインタビュー結果から、ある典型的な事例を導き出そうとは考えていない。ＥＴへの覚醒が人々に与える影響は、その人によってかなりの差があることがわかったからである。

それでも私は、いろいろな話を聞いて、世間の大部分から正気を失っていると思われている彼らが恋をするとどうなるか、また、自分たちがはるか遠くからやってきたと自覚している人々が、地球で親密な関係を持ったときどんな問題が生じるのかをうかがい知ることができた。

えっ、私はウォークインなの？

むしむしするある8月の朝早く、ところはカリフォルニア州パロアルト。そのとき、何かすべてのものが、まるで初めて見ているような気がしてきた。暑さのため、すべてのものの色合いが柔らかいパステル調になり、まだ霧がほんのりと空中に漂っていた。

その中を、バーバラという一人の女性が、２８０号線を北へ車を走らせていた。彼女は我が国でももっとも有名な大学病院へ仕事をするために向かっていたのだ。彼女は看護師の資格を持っており、疫学科の管理職をしていた。

彼女はいつも毎朝、この道を同じように車で通っていた。

しかし、今朝だけは何かいつもと変わっていた。バーバラはすっかり他のことに気を取られていた。私はちゃんと当たり前のことをしているわ。ちゃんと結婚して、経済的にも安定しているし、立派な家もあるし、車も2台あるわ。それなのになぜ私はこんなにみじめなの？

彼女は車の流れを見つめながら考えた。自分でずいぶん無理をしているわ。好きでもない退屈な仕事を、毎日毎日やってきて、お金はどんどん入るけど、何だか余計みじめになってくるわ。バーバラは病院に行かないときは、専門誌の編集をしていたが、それでも何か物足りなくて、夜は学校へ通い始めていた。

こうした状態の中で、バーバラには自分の結婚生活が、心の重荷になってきた。彼女は今朝も運転をしながら、ふと離婚しようかと考えた。この頃では、彼女はほんの表面的な幸福しか感じなくなっていた。彼女にとって結婚生活は、思っていたようなものではなかった。彼女の夫は、もう考え方も心も通じ合わなくなった、遠い存在になってしまった。

二人はおきまりのことをして、夢遊病者のようにふらふらと暮らしているだけだ。その上にまたひとつ、違う問題が起きた。バーバラは、自分のスタイルと体の健康が心配になっていた。この数カ月で、彼女の体重は急激に増え、200ポンドをはるかに超えるようになってしまったのだ。

頭の使いすぎだわ。体も鍛え直さなくちゃ……。最近、彼女はよくボディシェイプと心理療法を受けに出かけていた。

職場へ急ぎながらこんなことを考えていると、突然、いつもの朝のドライブに異変が起こった。

彼女には、高速道路のペイジミル出口のすぐ近くで、２台の車が激しくぶつかりあうのが見えた。金属の破片と、ホイールキャップが高々と空中に舞い上がり、彼女は恐怖のどん底に突き落とされた。

まわりの車は、この高速道路の混雑をかきわけて、ひた走りに走っていたが、次々に急ブレーキを踏んだ。一瞬のうちに、朝の静寂はタイヤのきしみとクラクションの音で打ち破られた。バーバラもすぐに反応した。彼女は、自分の車のブレーキを力いっぱい踏んだ。あまり強く踏んだためにブレーキがロックされて、言うことをきかなくなった。

「どうして死ななかったのか不思議だったわ」とバーバラは私に言った。彼女の車はコントロールを失って、くるっとまわった。なおも回転を続け、右左に傾きながら後ろ向きになって追い越し車線を越え、中央分離帯に接触した。次には、その反動ではね飛ばされて、また車の流れの中にほうり出された。今度は走ってくる車に向かい合う形になった。奇跡的に、彼女の車はぶつからないですんだ。

「誰かが、向かっている車の列の間を分けてくれたみたい」とバーバラは言う。「そして、その人はこう叫んでくれたみたい。〝道をあけて、彼女がやってくる！〟って」こうして彼女は、かすり傷ひとつ負わずにすんだ。救急病院へ運び込まれないですんだのだ。

「ハイウエイ・パトロールの警官が、車を正しい向きに変えるのを手伝ってくれたわ。そのときはどうにかこうにか車を運転していったわ。後で車軸が曲がっていることがわかったの。でもそれだけだったわ」

でも、正確にはそれだけで終わらなかった。

バーバラがこの話を私にしたときは、このことが実際にあってから4年もたっていた。しかし、彼女の声の調子や怯えた目つきから、この恐ろしい情景が彼女の記憶にまだ生々しく残っていることがわかった。そして、この事故のことを私に話しているとき、彼女の顔つきと声色は、その当時のことを思いだしてか、やや高ぶっていた。しかし、特に大げさな感じではなかった。彼女は、ことさらに強く印象づけようとはしなかった。バーバラはむしろ思慮深く、持ち前の魅力的な調子で淡々と話してくれた。

深く心の底にある問題を話題にする場合、私は時々、その人たちが言っていることに信用がおけないと感じたり、どうも何かを無理に売り込もうとしているな、と感じることがある。自分たちが特別であることを、何となく感じさせようとして、物事を大げさに話す人たちもいる（この本を読んでいくと、そういう話し方の人たちもいることがわかると思う）。しかしバーバラには、そういう調子はもともとなかった。それで私は、彼女の一風変わった話もゆっくり腰掛けて聞くことができた。そして私は、本能的に彼女の話は本当にあったことなんだと感じた。

ところで、バーバラはその朝、高速道路で事故に遭ってからも、どうにかその日の仕事を終えることができた。彼女は、肉体的には何の傷も受けずに家に帰った。しかし、彼女はいつもの通りの週日の朝起きた事故に出合ったことがきっかけとなって、自分の今までの生活が崩れ去っていくのを感じとった。

それから4日間というもの、自分の部屋に一人でこもって、ベッドの上で泣きたいだけ泣いた。

それからもずっと、事故のショックで放心状態が続いた。身近に起こったこの出来事がもとで、彼女の過去の生活の鎖がプツンと切れてしまったのだ。

「何だかとても悲しくて気落ちしていたわ」とバーバラは言う。

「完全に思考が中断した状態だった。今まで自分の人生の支えになってきたいろいろな夢やすべてのことが、もうこれからは何にもならないことがはっきりわかったの。私は何もない白紙の状態になっていたわ」

彼女は、これからどうしたらいいの？　とだけ考えていた。

その答えはすぐには見つからなかった。初めは、悲嘆にくれる毎日が続いた。それが終わると、初めて〝神の恵み〟の安らかな時を感じることができた。一人で泣き暮れる悲しみの日々が終わると、一瞬、静かな安らぎの日々が始まったのだ。それは詩人、エミリー・ディッキンソンが美しくもうたった〝大いなる悲しみのうちに、ひとつの幾何学的感情が芽生える〟という感じだった。それは、過去への決別と、次の新しいものへの始まりを同時に告げていた。過去への別離は、より高い〝情動〟の世界への出発点だった。自分の人生の目的に気づき、より大きい奉仕の精神に目覚め、そして、新しい覚醒へと移っていく自分自身の動きを肌で感じた。

「私はあのとき、完全に車のコントロールができなかったの。私よりずっと大きい何かが、私を怪我させないようにそこにいてくれたんだわ」バーバラは自分が見えない何かの力で守られていたと感じた。彼女は、今までこんな感じになったことは決してなかった。

あのときから何年かたった今だからこそ、あのとき何が起きたか、正確に説明することができたのだった。

悲しみの日々と、それに続く安らぎの日々が、彼女に変化を与えた。

自分の世界は、すっかり変わってしまったと彼女は、はっきり感じた。どのようにかはよくわからなかったが、彼女自身が変わったのだ。彼女にわかったことは、人生におけるすべての関係が、どうしたわけか変わりはじめていたことだ。そして、他人と何げなく交した約束や、取り決めがどのようなもので、どんな経過があったにしろ、すべてのしがらみは消えていった。密かに交したいろいろな約束事も、もはやすべて意味を持たなくなり彼女の古い日常の習慣のすべてが崩れ去ったようだった。

「事故の後で、私は外出していろいろな人たちにその話をし、当然、夫にも自分に起きたことを話したけれど、みんなの反応は奇妙なものだった。他人は私のことを、もう関係がない人の話を聞いているように冷たくあしらった」と彼女は言う。

別の他の力が彼女に作用したように、バーバラは違う人生を歩み始めた。

彼女は仕事をやめた。そして彼女とその夫は、結婚カウンセラーに相談に行き始めた。結婚して17年にもなるが、バーバラ自身の幼少期体験の後遺症のため、子供がいなかった。彼女は子供を産もうと思った。高速道路で恐ろしい朝をむかえてから1年以上たって、バーバラは最初の子供を産んだ。娘だった。こうして、事態は好転したように思われた。彼女も少しは落ち着いてきたように見えた。

しかし、ただひとつ問題が残った。バーバラは、もう昔のバーバラではなかったのだ。

彼女は、家族、友人や仕事仲間が気軽に話し、挨拶をし、毎日の生活を分かち合えたバーバラではなかった。彼女は、もう少しで死ぬところだった車の事故に遭ってから、もう前のようなバーバラではなくなっていたのだ。

娘が生まれてから1年くらいたった頃、バーバラはついにこれからどうしたらいいかという、自分の疑問に対する答えを得たのだった。

ある朝、彼女は目を覚ますと、ベッドのはじに腰掛けて寝室の鏡をじっと眺めたいというおかしな衝動にかられた。かなり長い間、彼女はそこに腰をおろして、じっと鏡の中の自分の姿を見つめていた。そうしているうちに、バーバラは独り言を言い始めた。しかし、その声は自分の体の別の部分、つまりもっと賢く、知的なところから響いてくるようだった。彼女は、いつも自分の心の底にわだかまっていた疑問を、繰り返し繰り返し自分に問いただしはじめた。すると、その疑問は、彼女が今まで使ったこともないような言葉を発した。

私は**ウォークイン**かしら？

この独り言は、彼女にとって大きなショックだった。バーバラは患者の心身両面の治療士として経験を積んだ看護師だった。そして、長年彼女はニューエイジ・グループをはじめとする多くの精神世界研究会に出席していた。**ウォークイン**という言葉は、**どこか別の場所**から来た魂が転移した人々を意味するが、実際はその魂がどこから来たのかわからなかった。

「このニューエイジ思想」と彼女は時々呼んでいたが――その思想がすばらしい代替治療法を提供してくれたのだ。苦痛を和らげ、意識を広げる技術に、彼女は興味を感じた。それは夢の分析に始まり、鍼療法、アクセシング、イメージングや瞑想にいたるまでの技術をカバーしていた。自分の人生を意味のある幅広いものにするために、バーバラ自身も毎朝10分は瞑想を続けた。

従って、彼女は**ウォークイン**という言葉は前にもよく聞いたことがあったが、まさかその言葉が自分に使われるようになるとは、まったく思っていなかったのだ。彼女は、この言葉を研究会で見たETについてのビデオテープから知った。そして、彼女のニューエイジ・グループの友人たちが、よくこの言い回しを使うのを憶えていた。

しかし、以前バーバラは地球外生物かどうかと聞かれると、いつもにっこりと笑って、とてもはっきりと「もちろん違うわ！　冗談言わないでよ！」と答えていた。

しかし今彼女は、自分の独り言で、まったく予期しない言葉を聞いてしまったのだ。彼女は突然、この奇妙な地球では馴染みのない質問に出合ってしまったのだ。

私は本当に**ウォークイン**かしら？

本当だろうか？　この自らの問いかけに対して、実にショックな返事をしてしまったとバーバラは言う。どこからかものすごいエネルギーがわいてきて「自分の内部のより高次の意識が答えているようだった」という。そして、鏡の中の自分の目をのぞいてみると、突然その答えがわかった。イエスという答えだった。

何かが、今まで味わってきたいろいろな苦しみやばらばらな不可解な体験をきれいに整理してみせてくれたような気がした。バーバラは、すぐによく知っていたニューエイジ研究会のリーダーたちに相談にいった。

彼女には、自分よりもっと経験を積んだ人々の意見が必要だった。

彼女が自分が出合った体験を話すと、リーダーたちは辛抱強く聞いてくれた上で、別に非難する様子もなく、彼女とよく話し合った。そしてバーバラが実はウォークインだったことを認めたのだ。

バーバラにとって、これが実際には3回も体験したウォークインへの覚醒の最初のものだった。しかし、地球人と同じく地球外生物にも古い決まり文句は真実だった。「はじめがいつも一番大変なのだ」

ニューエイジ・グループの友人の家を出て車まで歩きながら、自分がウォークインだということを認識したバーバラは、何か強く意識がひとつのものへ統合されていくのを感じた。彼女のばらばらだった人格が、初めてきちんとひとつに調和したのである。

この状態は「意識が結晶化される瞬間」と呼ばれるもので、新しく覚醒したETたちに起きる共通した現象なのだ。そしてこの瞬間、歓喜の渦の中で、バーバラは夫と「この知らせを分かち合おう」と思った。彼女は自分が今までに体験したもっとも重要な認識を彼にも知ってもらおうと願ったのだ。

彼女の結婚生活の話をすでに聞いていたので、私にはそれから何が起きるか、あらかじめ想像できた。

バーバラはそれでも確かめるように言った。「彼はひどく怒ったわ」

二人はあるレストランにいた。居心地のよい雰囲気で、照明も暗く、各テーブルにはロウソクが灯っていた。二人の会話を、思いやり深く優しいものにしようと、バーバラが気を使って設定したのだ。

話をかわしながら、話題の核心に触れるにはちょうどよい頃だと判断したバーバラは、自分の連れ合いにこう白状した。「私は地球外生物なの」彼は我が耳を疑った。「もし君が地球外生物なら」と彼女の夫はしばらく間をおいてから、いかにも軽蔑した調子で言った。「じゃあ、君は部屋の向こうのあかりをつけられる……、席を立ってあっちのほうへ行かなくても」

バーバラは説明しようとした。「そんなことはできないわ。そんなことをするためにここにいるわけじゃないの」

彼女は、自分がいかに真剣であるかわかってもらおうとして、自分の新しいETの名前〝アリサ〟を使ってくれるように彼に頼んでみた。彼の答えはこうだった。「いやだよ」彼はたとえそれが自分の妻でも、こんな狂気の沙汰に調子を合わせるつもりはなかったようだ。

夫は「まるで私を怖がっていたみたい。急によそよそしくなって、本当に腹を立てていたみたい。あの人が私を見る目といったら、まるで頭から触角がつきだしている生き物を見てるような目つきだったわ」彼女のショックは大きかった。

まだ二人の会話が終わらないうちに、彼女の夫は怒って、顔を真っ赤にして席を立ち、レストランから荒々しく出て行ってしまった。

このことがあってからずっと、つらい離婚手続きの間さえ、彼女の夫は彼女のETの名前を使うことを拒否しただけでなく、彼女をどんな名前でも呼ぶことを断った。それが、少しでも復讐をしてやりたいという、彼なりのやり方だった。

そして、その復讐はこの程度では終わらなかった。

たまに彼がバーバラに話をしなければならないことが起きても、彼は決して彼女に直接話そうとしなかった。彼女に手紙を書いたが、届けられた手紙には彼女のあて名も日付もなかった。もし彼が彼女の名前を使うのを快く認めることがあったとすれば、それは養育費の小切手の宛名を記入するときだけだった。その場合でもバーバラという名前しか使おうとしなかった。

事実はバーバラのほうも、もう変わった自分には何の価値もなくなった名前を使うのは、財務的な用件の場合に限っていた。

バーバラのET人格の受け入れは、他の人間関係にも影響していた。彼女はもう自分の母親には会うまいと決めた。バーバラには、当時まだ子供の頃の痛ましい混沌とした心の傷が残っていた。彼女の生みの母親は、バーバラの話では精神安定剤中毒にかかり、何回も自殺を図った。そのうえ、こうしたトラブルの責任を、みんなバーバラのせいにした。数年前に死んだ父親もアルコール中毒で、働いては全部飲んでしまうという生活にのめり込んでいた。そして、その父親に近親相姦された形跡もあると彼女は言う。これは極めて悲惨な話で、彼女は今、心の傷跡を癒すため精神治療に通っているという。**ウォークイン**に覚醒しても、今までのすべての悩みと心の傷から逃れることはできないことがバーバラにはわかってきた。

バーバラは、精神療法でこうした厄介な問題から解放される努力を始めた。そして手始めに、何の貸しも借りもない自分の母親との世俗的な関係を絶とうと心に決めたのだった。これまでの関係は、腐敗しきった不健康なものだったのだ。バーバラは、今まで両親に期待していた分を、そっくり自分自身に頼ることにした。

母親との関係は、今までのバーバラだったらできなかったような決断によって終わることになった。その後数年間、彼女は本当に自分の母親には連絡ひとつとらなかった（しかし、本書執筆中の現時点で、バーバラは3回目の**ウォークイン**体験をしており、そのひとつの目的は今までの人間関係を修復することにあった。彼女は、再び母親との関係も元に戻して、二人の女性はお互いに会話を交すようになった）。事実、バーバラは自分の3回の覚醒には、それぞれはっきりした目的があったと信じている。それぞれの機会に、やり続けること、そしてやり遂げることがあったのだ。そして3回目の覚醒の目的は、もとの家族とのわだかまりを解決することにあった。

こうした背景の中で、バーバラと娘との関係がまず問題になった。彼女が離婚したとき娘は4歳だった。そしてすぐに前夫と生活するために連れていかれた。新しく生まれ変わったバーバラは、そのとき、まだ人生に対して未熟だった。彼女は自分自身の道を見つけることだけに専念して、自分以外の誰に対しても、気をかけようとしなかった。バーバラは**ウォークイン**であるということにすっかり心を奪われて、はっきりと自分の小さい娘にこう言ってしまったのだ。「あなたはもう私の子ではないのよ」この言葉はきっと娘の深い心の傷になってしまったことだろう。

これが自分がETであることに気がついたときによく起きる、ひとつの危険な兆候である。つまり、無感情になってしまう傾向があることだ。こうした感情の硬化は珍しいにしても、私が会った多くの人たちが、一種の冷ややかさとよそよそしさを感じさせたことは事実なのだ。そういう人たちは、自分たちが普通の生活をしている人間とはまったく違うのだという意識を持っている。こうした差別的な考えは、一種の「優越感」にもつながると同時に、裏を返せば劣等感にも陥るという二重の間違いを起こす元凶にもなりかねないのだ。

２年後バーバラは、どうしても自分の娘に戻ってきてほしいという気持ちになっていた。もう一度母親として娘の面倒を見たいという願いが強くなるばかりだった。そしてついに、彼女はその願いを果たしたのだ。こうして母と娘は少しずつ一緒に生活することを覚え、お互いに愛し合うようになった。そしてバーバラは、子供を育てることが自分の人生で非常に大切な部分を占めていることに気がつき始めた。

しかしもっとも厳しいのは「自分自身との関係を調整することだ。今自分の中には、あらゆる異なったレベルの知性が働いている」と彼女は言う。

自分自身と折り合いをつけることももちろん、他の関係を修復するのと同じように挑戦しがいのあることだと彼女は思っている。

私が会った**ウォークイン**の大部分は、絶えず変化していくことに慣れっこになっていた。「どんなときも、少しずつ進歩している」と彼らの一人が言ったように間断なく変わっていくことが彼らの宿命かもしれない。しかしそのことが人間的な親愛の問題をさらに難しいものにしているのも事実である。

しかしバーバラの物語は、一人の**ウォークイン**がどのようにして多くの時間と努力を費やして、絶えず身近な関係の修復を図ろうとしているかを私たちに伝えてくれる。

彼女は、自分がＥＴであることの意味をより深く理解するにつれ、初めて自分は人とは違うという感覚で――人より優れていると同時に人より劣っている！――前へ進むことができるようになった。

そしてまたこの感覚が、再び自分自身そして親しい友人たちと家族へ思いやりをかけるきっかけになったのだ。

人間関係の冷淡さが特徴のＥＴたち

私はバーバラの話に、かなりの紙面をさいた。それは彼女の話がＥＴとしての「典型的な」内容だったからではない。むしろ彼女の非常に多くの極端な生活体験から生まれたさまざまな事例が、私たちの理解を助けてくれると思ったからだ。

ところで、特に心に留めておきたいことは、次のような点だと思う。

ほとんどの（全部ではない）ＥＴの結婚は破綻している。

いくらかの（全部ではない）ＥＴ人格を主張する人たちは、幼時に家庭が崩壊している。

わずかの（そんなに多くではない）別の惑星から来たと主張する人たちは、近親相姦の犠牲者だと言っている。

ウォークインと**ワンダラー**のすべてが、自分たちがＥＴに目覚めたことを、他の人たちにも話す必要があると思っているわけではない。そして、ごくわずかの人たちが**ウォークイン**への覚醒を何回も経験して、自分の人格が変わっていったと言う。私がインタビューした大部分の人たちは、ごく普通の人生を過ごしながら、自分たちの過激な考え方を心に抱きしめていた。しかし、このように「普通であるように」見せてはいるものの、**ワンダラー**や**ウォークイン**は、自分たちが手あかのついたカテゴリーで分類されるのに抵抗を感じているように思われる。彼らは大体、自分の意見を言うのにも慎重な態度をとっていた。

この地球に、広い宇宙的な立場と深い精神面から近づこうとしているETたちは、数多くの惑星やそこでの人生の知識を持っている。こういう人たちが、自分自身何回も覚醒することを「多重再生」、または「多重惑星」といった概念で呼んでいる。

従って、彼らはひとつの世界だけの心理学的分析で、はっきりしたレッテルを貼られてしまうのをいやがる。そして、こういうETたちは、彼らの濃密な人間関係を、精神分析用の寝台の上で、簡単に判断されてしまうことを嫌っている。それだけ、彼らをETとした初めての体験は、もっと多様化した現実的なものであり、もっと奥深い意味を持っていたのだ。日常茶飯事のように行われている心理的な分析は、彼らが実際に過ごしてきた本物の人生を言い表すには、あまりにも狭すぎる表面的なものなのだ。

例えば、この惑星地球を、世界地図でくるんでしまったとき、どのようなことが起きるか想像してみよう。多分、同じように見えるだろう。確かに形は同じかもしれないが、本物の地球と表面的な地図は、まったく違うものだ。いずれ見せかけだけのものは、ばれてしまうのだ。

ETたちが、自分たちの厳しい人間関係を分析したおきまりの表面的な説明に対して抱いている不信も、こういった感じのものである。簡単に割り切ってしまう考え方では、もっと深い疑問に対する解答にならないばかりか、彼らの苦痛を和らげる手助けにもならない。

ウォークインと**ワンダラー**の間の違いも、ありふれたアプローチだけでは、あまり差のないものになってしまう。例えば、リーサンという女性によれば、**ワンダラー**のほうが、どちらかと言えば感情面ではやや冷淡だという。彼女は、世界的にも成功している精神カウンセラーで、多数の全体論的癒し《ホーリスティック・ヒーリング》や過去生セラピー［前世療法］に関する本を書いている。

「もし彼らが地球にしばられた自分から脱皮して、本来の自分、つまり一人の地球外生物としての自分に近づこうとしても、そのときの彼らは生きていくための感情的素質をあまり持ち合わせていない。彼らは、感情的なものに対して強い拒否反応を持っている。感情的になると舟に乗り遅れると考えている」と彼女は言う。

この種のETたちは、自分たちがこの地球上で何回も人間の姿をして人生を過ごしているうちに身につけた熱烈な人間感情を受け入れるのに、大きな困難を感じているという。

一方、**ウォークイン**にも、ある程度人間関係に対する冷淡さが感じられる。その理由のひとつは、激しい動揺を伴った覚醒のあと、自分たちがこれから学んだり実行したりすることが、あまりにも多いこと、そして自分自身が納得して受け入れなければならないことがあまりにもたくさんあることを感じているせいだと思われる。

確かに「感情」はもっとも地球人らしい人々にとっても問題ではある。

リーサンは、自分の仕事上の経験からも、ETの生まれに目覚めた人たちと、まだ目覚めない人たちとの間に、感情面での違いがあるのは当然のことだという。しかし、ETたちがよく冷静すぎるとか、冷淡だとか思われているのは、ただ単に、「物事に執着しない生き方」が原因ではないか、と彼女は考えている。世間でよく、あの人は冷静で情感に乏しく、科学的な性格で固まっていると言うのと同じことだと、彼女は思っている。

　多分、こうしたＥＴたちは、単に感情的な面が少ないというだけのことで、必ずしも感性にまったく欠けているのではないというのが彼女の見方だ。そして実際に、もし自分の魂が違う星にいるとすれば、地面に足をつけるのはなかなか難しいことだ。そして、家族とのピクニックのような俗世間的な事柄に適応するのは、さらに難しいことだと思われる。

「まずもっと知りたいと思うのは、広大な宇宙のことや銀河のことで、やはり家族の生活のことは後回しになる」とリーサンは言った。

　ちょうど熱狂的な発明家が、つい彼の妻（あるいは彼女の夫）の誕生日を忘れてしまうようなものだ。こういう人たちにとって、時間は普通とは別のことに使われる。私が聞いた限りでは、読書、瞑想、チャネリング、研究グループへの参加、個人的な精神探求……というような活動に使われる時間が多かった。私が話のできた人たちの3分の1は、人間よりは自然、それも動物や植物のほうが身近だと感じている。そして、**どこか別の場所**からはるばるやってきた人たちの3分の1は、人間との関係を特に意識していないし、それについてあまり考えたこともないと言っていた。これは驚くべきことだ。彼らはむしろ、自分たちだけの孤独を楽しんで、人間との関係作りをそう強くは望んでいないのだ。

　私はそのことに強い興味を持った。自分は違うという認識が、社会での悩みを増していく。そうした悩みは、一人孤独でいることで取り除かれるはずだ。

彼らがどうしても他の人たちと接したいと思ったとき、大部分の**ワンダラー**と**ウォークイン**は、やはり自分たちと同じような身元の人たちとのほうがくつろげるのだ。これがまた、自分たちは**どこか別の場所**から来たと信じている人々が直面する、もうひとつの大きなジレンマになってくるのだ……。

ETであると言うべきだろうか、それとも黙っているべきだろうか

アメリカの離婚件数の悲しい統計結果では、結婚生活を無事続けることができるチャンスは、50：50の比率になる。

どこか別の場所からやってきたと言う人たちについては、私がインタビューした範囲内では、離婚の比率はもっと高く50％以上になる。しかし、この国自体の比率が異常に高いので、ETへの覚醒が離婚の本当の原因なのか正直なところ、よくわからない。

普通、突然「私はETである」と告白しても、思いやりをもってそれを受け入れてくれるような相手を見つけるのは難しいことだ。あるETが私に話したように「あなたがETであることをどのくらい信じ、どう感じているかということが大切なことだ。しかし、たいていの場合そのことを相手に話してわかってもらおうとするかどうかの判断のほうがもっと大事となる。それによって、これからも相手と親密な関係を続けていけるかが決まってくる」。いずれにしても、他人に話すかど

うかがすべての鍵になる。

　こういう類の説明を、私は何回となくＥＴ人格を持つと主張する人たちから聞いてきた。世界観を共有し、もっとはっきり言えば、この世界を超えた宇宙観を共有することによって、二人は前よりもずっと親密な間柄になることができるという話である。

　例えば私がインタビューした女性の一人は、親密なレズビアン関係をきずく前に、ＥＴに覚醒しなければならなかった。彼女はサンフランシスコのアパートに、同じく同性愛者のルームメイトと住んでいたが、そのルームメイトはなかなか彼女になびかなかった。ところがあるとき、二人は一緒に過去生セラピーを受けているとき、同じ惑星で「もうひとつの人生」を共に過ごしていたことを発見した。このことがきっかけになって、二人の間はＥＴの魂をお互いに受け入れる関係へと発展していった。

　こうしてレズビアンとしての生活が始まったが、それ以前は二人の間には何の関係もなく、ただわずらわしい気持ちといろいろな諍《いさか》いがあっただけだった。二人の間の強い絆は、二人とも**どこか別の場所**からやってきたという特異な状況のなかで生まれたのだ。

　さらに、普通とは違った人間関係の話もイニドから伝えられた。彼女は小柄な、茶色の髪をショートカットにした美しい女性でニューヨークで育ち、今はカリフォルニアで、彼女によればがっしりした野性的なタイプの男性と暮らしていた。彼女の夫はＥＴのことは何ひとつわかろうとしなかったが、二人の間はそれでＯＫだと言うのだ。

「彼は猟や釣りのような他のことに夢中で……自分なりに本当のものを求めているらしいの。ＥＴ

の人格を持つということに全面的に馴染むことはできないけど、今まで彼が持っていた古い考えは、少しずつなくなってきているわ。彼は協力的で、自分自身の進歩にもなると言って調子を合わせてくれるの」

彼女の夫はイニドがＥＴへの道を歩むことを受け入れてくれたので、それ以上、ことさらに自分が**どこか別の場所**から来たという意識を表に出す必要はなかったのだ。

二人の情愛の絆は、人生の他の要素に根差したものだった。イニドは、自分自身の**ウォークイン**としての人格と、この地球上での奉仕のための生活を、一緒に完全に両立させることができたと信じている。このように、両面をこなすのが**ワンダラー**と**ウォークイン**のもっとも望ましい姿なのだ。

この場合は、相手は同じＥＴ出身ではなかったが、二人の結婚生活は充実していったという珍しい例である。彼女は個人的な奉仕を、一番身近な関係者に対して行っている。夫の個人的成長の手助けをしているのだ。自分の夫は、本当に恵まれている、と彼女は言う。

もちろんＥＴであることを話して、その意識を分かち合えるかを論ずることと、実際にそれを実行することは別問題である。必ずしもすべての人が、地球外生物であることをゆっくり腰を落ち着けて心を開いて話し合いたいとは思っていないのだ。

私が実際にこの点を問いただしたとき、ほとんどすべての人たちが固くなって身震いした。

私が聞いたのは、彼らが自分たちがＥＴであることを知らせたかどうか、ＥＴに目覚めた新しい意識を友人や恋人や両親に話して、その気持ちを分かち合いたいと強く望んでいるかどうかという点だった。

しかし、こうした決断は、ひとえに個人個人の状況いかんにかかわっていた。それは話そうと思っている当人だけでなく、聞かせようと思う相手の個人的な状態によっても左右されるのだ。

こうしたショッキングな告白が与えるストレスによって、長年の親しいつきあいがいともたやすく壊れてしまうことも多い。よく考えてみると、すべてが相互の絆の強さにかかっているのだ。

歓びを分かち合えるときを待ち望んでいる

ETであることに目覚めた歓びを世間に知らせようとするとき、世間の反応はもうよくわかっている。新しく覚醒した地球外生物は、まず何をすべきかを悩み、泣きたくなるような不安にかられる。そして、とうとう彼または彼女が覚醒によって深く感じたことを話そうと決断する。そうしてみる。すると、相手の嘲笑やひやかし、当惑した態度に直面する。ときには精神病ではないかと思われたりもする。運が良ければ好奇心や寛大さで迎えられる。不幸なことに、円滑な〝軟着陸〟ができるのは極めて珍しいことなのだ。

ソーレンは前にも紹介した、俳優のパトリック・スウェイジによく似ているカリフォルニアのサーファーである。彼は自分がETだということを1、2回、自分の家族に話してみた。しかしもう十分だった。彼は焦心と失意のうちに、理解もされないまま家を離れていった。

子供の頃、彼の両親は、自分の息子が想像上の友達を持っていることは気にも留めなかった（彼にとって、その想像上の友達は実在していたことを、両親は知らなかったのだ）。

彼はまた、火星人や宇宙船についての話もしたが、彼の両親はそれも聞き流していた（彼は自分が本当に火星を訪問したと信じていたのである）。当時、彼の両親はわざと知らぬふりをして、この「子供らしい作り話」をがまんして聞いていたのだ。

この子供の頃の宇宙船での旅は「自分のまわりに何となく起きていたことよりも、よほど本当らしく思われた」とソーレンは言った。そして実際に、**どこか別の場所**から来た「夢の中の友達」とすばらしい歓喜の情を分かち合った。そのとき味わった素敵な感触は、今でも忘れられないような強烈なもので、「背中がぞくぞくして、頭が真っ白になった」ような気がしたと言う。これこそ彼が心から分かち合いたいと思っていた「歓びの情交」だったのだ。

成人してからソーレンは、両親に自分がＥＴであることを話してみた。そして、さんざん恥をかかされて家を出たのだった。最近になって彼は、自分の人格的身元を明かすときにはもっと慎重になっていた。もう決して昔のあの苦しみを味わいたくなかったのだ。私は人にショックを与えたり、干渉したりする意図はまったくないのに、私の話し相手は、私がＥＴであると語ると大きな衝撃を受け、それからというもの急に心を閉ざしてしまう、とソーレンは告白する。

ソーレンの説明によると、人々が心を閉ざすのは、彼らが人生で起きるさまざまな出来事について、既成観念にとらわれているからだという。多分彼らは、物理的に実在するものしか信じないのだろう。そして生命は、この地球上にしか存在しないと信じているに違いない。そうなってくると、彼らと意識を分かち合うことはとても難しくなってくる。しかし、あきらめてはいけない。あなたは分かち合うものを与えることができるのだから。

それができるのは、特効薬の必要もない親密な交わりだということを憶えておくべきだ。言いかえれば精神的信念を詳しく説明したりしないでも、自由に愛し、情愛を育てていくことができると感じられることだ。

ソーレンは、自分のＥＴへの覚醒についても気楽に考えられるようになり、もうそのことを他の人に話さなければ、という強迫観念にもとらわれなくなっていた。その代わり、他のことをむしろ好むようになってきた。「もちろん！　誰にも妨げられない心の交わり」だ。

しかしそれは、子供の頃経験して以来、まだ起こりそうもない。目下のところ、ソーレンは自分の素性を誰かに明かさなければという強い欲求に苛《さいな》まれることはほとんどなくなったが、後は自分の衝動にまかせることにした。

話し相手を選ぶ一番いい方法は、自分の直感に従え、自分の恐怖に負けるなということだ。これができるようになってから、相手のひやかしは少なくなり、もっと関心を持ってくれるようになったとソーレンは言う。

彼自身がＥＴとして、また地球に住む普通の人として余裕を感じるようになればなるほど、自分のもっとも奥深くにある自分だけの真実を分かち合えるときが来るのを辛抱強く待てるようになるのだ。

我々みんながさまよっている《ワンダリング》

ETであることを言うべきか言わざるべきかの問題に対する、もうひとつの解答がマシューから出された。

彼は41歳で、ニュージャージーの出身。テレビやラジオのプロデューサー兼ライターとして働いている。小柄でやせており、青ざめた肌色に真っ黒な髪が映えていた。マシューは生まれたときからETだと主張する多くの人たちと同じような体験をしてきた。早くから夢のなかにいろいろな幻影が出てきた。子供の頃から哲学的な疑問を感じていた。人間の体はまったく釣り合いのとれた形をしていないように時々見えた。とても孤独だった。**どこか別の場所**から来たような感じがしていた。そして、時々浮かんでくるある奇妙な景色のほうが今の家よりも、もっと親しみがもてた。

マシューは、これまでの人生を、地球外生物として送ってきたと感じている。彼は早くから、より深い真実に目覚めていた**ワンダラー**だったのだ。

彼は、こんなふうに話してくれたわずかな人たちの中の一人だった。「私は、自分の生まれに抵抗を感じたことは一度もなかった。他の人たちがなぜこだわりを感じているのか、私にはよくわからない。私はこうした定めに疑問を感じたことはなかった」

たとえそうであっても、彼自身は、このような考え方を人に話しても、より良い人間関係を保つことにはならないと信じている。その理由は、**どこか別の場所**から来たという事実は、できるだけ取るに足らないこととして扱われなければならない問題だからだと彼は言う。私は彼が「取るに足らない」という表現を使ったのに驚いた。

「私の身元が何であるかは、親密な交わりにとってたいした問題ではない」と彼は言う。「人間から助けてもらうことはいいことだ。しかし、時として何も言わないほうがいい場合もある。話してしまうと、不快な体験をすることも多い。まわりの人たちは私の身元を受け入れようとせず、不快な感じを持っている……それでもなお、地球やそこに住んでいる人たちに少しずつ影響を与えていく……」こうした挑戦こそ、彼にとってもっともやりがいのあることなのだ。

マシューが言ったことには、微妙な意味が含まれているような気がしたので、私はその点をただしてみることにした。ETだと主張する人たちの中には、自分の宇宙に対する考えを認めてくれないようなまわりの人たちとは、もう会いたくないと思っている人もかなりいるのではないか、と質問してみた。

「そう。だがETたちの態度にも感情的な問題がある」とマシューは答えた。他の人たちと同じように、と付け加えてもよさそうだった。

彼はこう続けた。自分たちがETの生い立ちであることを自慢する連中もいる。彼らは宇宙を我がもののように思っているのだ。また、自分は特別な存在だと思わせたいために、「宇宙船の司令官」であることを吹聴《ふいちょう》する連中もいる。でも、そうだからといって、彼らが**どこか別の場所**から来たのではないということにはならない。彼らはただ自分の立場を良く見せるために、こうした情報を利用しているだけなのだ。

この連中は、本来の地球外生物が住んでいる世界とはまったく違う世界に住んでいるのだ。ETとしての自分と人間としての自分を調和させてひとつのものにしてから、もっと大切な奉仕の仕事にとりかかること、これが地球外生物が本来行うべきことなのだ、と彼は言う。

「それはちょうど、導師《グル》の足もとにうずくまるようなものだ。これ以上直接的で、しかも公然と行われる教えはない。導師の排泄物をじっとがまんして受けて、その中から本物の体液だけを取り出す。世界の本質を選り分けることを学ぶためだ。なぜなら、人々は結局真理は自分自身の心のなかにあることを知り、導師のもとを去って、自分自身の道を進むことになるからだ」

「それから、何が起きると思うのですか？」と私は聞いた。

それから、**ワンダラー**としてみんなの模範になることだ。これがマシューの答えだった。

「自分自身に目覚めれば目覚めるほど、私たちはみんなさまよえる人間（ワンダラー）として、ここ地球にいるのだということがよくわかってくる」と彼は言う。

それでは、地球上の魂はすべて**どこか別の場所**から来たことになるのか？　私はそう思わないし、マシューもそう考えてはいない。

彼はここで地球は私たちの学舎《まなびや》であることを思い出させてくれた。私たちは、いくつかの基本的なことを学ぶために、みんなここにいる。そして次の惑星へ行くのだ。すべての魂は、大いなる宇宙意識に帰還するために宇宙を旅しているのだ。地球が自分たちの家だと思っている人たちも、地球をただ訪問しているだけだと思っている人たちも。

官能的な肉体とどう折り合うか

ニューエイジ運動の片隅には、「今までのしきたりにとらわれない親密な関係」が存在する。そこには一種のあたたかさや熱気というものがあるが、それが発揮されるのは人生のふつうとは違う領域においてである。とはいっても、愛や結婚、子供や親族関係といったものが無視されているわけではない。

ポーリンの話がそのいい例である。彼女はそれまでの人生を通して、一日たりとも仕事を休んだことはなかった。しかし、ある朝突然、彼女は病気を理由に仕事を休んだ。その直後に奇妙な光り輝く幻影が、宇宙からの知らせを彼女にもたらしたのだ。覚醒するまでのポーリンの結婚生活は、舞台に駆け上がり、またすぐに駆け降りるような、あわただしいものだった。

「私は、いつも足で踏みつけられているドアマットのようなものだった」と彼女は振り返る。

しかしETになることは、まるでそのドアマットをひっぱりあげて、いつもその下に隠れていた魔法の鍵を見つけ出すようなものだった。

「覚醒は進化の筋道だ」とポーリンは言う。「それは、光と闇が一体となった、さまざまな力が出合う場を生き抜いていけるかの問題なのだ。他のどこかへ行くまではこの世界に耐えなければならないと考える必要はない。人間として私たちは人生を生きぬくだけの潜在的な力を十分持っていると私は思っている。私は、この地球上の意識が変わるまでは、我々ETは**どこか別の場所**には行かないと信じている」さらにまた、彼女はこう考えていた。常に向上していく精神的なものと、それに制約を加える物質的なものが出合うこの地球という場所は、またとない学舎なのだと。

ポーリンは、あまりにも旅から旅を渡り歩く風来坊のようで、やせて着飾ってもいなかったので、一見して、彼女はこの地球への訪問者だとわかるほどだった。しかも、その様子はいかにも自分は旅の途中でここにいるだけだ、とでもいうようなのんびりとした感じだった。

最近、彼女は自分には長く住んでいるような家はない、とさかんに言っていたが、精神カウンセラーとして、頼まれればどこへでもしょっちゅう旅行をしていた。私がインタビューしたときも、ちょうど、もう一度大陸を横断してワシントン周辺にいる友人たちの相談にのろうとしていた。私たちのやりとりの中で、私が一番強く打たれたのは、彼女は自分の体験したことや、自分の直感に全面的な信頼を置いていることを相手に感じさせる能力を持っていることだった。その時々で、この経験は良かったか悪かったか、あるいはそのどちらでもないか、直感的に判断していた。

ウォークインへの覚醒は、自分を信じることを教えてくれた、とポーリンは言う。そして、一度自分自身に頼ることを憶えると、それは彼女の性関係まで変えてしまったと言う。

ここで、もうひとつ、つじつまが合わないことが起きてきた。彼女はいつも一番でいたいという願いを捨ててしまったのだ。「自分はつまらない人間だ。でも、そうかといって取り柄がないわけではないと思える境地に達した」と彼女は言う。「そんなことはどうでもよいことだ」

これは真のへりくだりに近いのではなかろうか。エゴからくる自己顕示的な部分が消えて初めて得られる境地に彼女は到達したのだ。これは西洋の神秘主義者や東洋の哲学の信奉者が言うところの「悟りの世界」に近い。

しかしポーリンはあくまで彼女なりの仕方で、内なる自己にただ耳を傾けることによって、この悟りに近い境地にたどりついたのだ。

「それが私のすべてを変えた」と彼女は続ける。**ウォークイン**への覚醒の2年前に、ポーリンの結婚生活は終わっていた。それから数カ月の間、彼女は大っぴらに心ない性体験と不幸な情事の谷間を遍歴し続けた。「ちょうど前と同じような過ちを繰り返し繰り返し体験した」と言う。

こうしただらしない生活に区切りをつけようと、ポーリンはしばらくの間一緒に住もうという古くからの友人の申し出を受け入れた。その友人は、カリフォルニアの海岸にビーチハウスを持っていた。そしてこうしたときに、ある朝強烈な、説明のつかない、異様に明るい光がやってきて、彼女の人格を完全に変えてしまったのだ。これは長年の**ウォークイン**への覚醒のエネルギーが最高潮に達したときだった。ポーリンは、欲望を求めるのをやめた。彼女は男女関係への強い欲求を絶ってしまった。そうして、もう以前のような不健康な生活パターンに戻ろうとはしなかった。目的意識に強く目覚め、奉仕に身を捧げたいと願った。そして、誰でも彼女の助けが必要だと思う人たちのカウンセリングを始め、必要だと思われる所へはどこにでも足を運んで、さまよっていた。彼女こそ、私たちが言う本当の意味のさまよえる《ワンダリング》**ウォークイン**だったのだ。

彼女はいみじくもETと地球人の「両方のいいところ」に近づいていたのだ。地球と人間の進化を助ける仕事のために、彼女は結果的には人生の光の部分にも影の部分にも、もっと心を開いている人々に会うことができた。私がインタビューしたとき、彼女の人生は、ちょうどこんな状態になっているときだった。この女性は、多くの人たちとの友情を楽しんでいたが、はっきりとしたロマンスはなかった。彼女は、前よりもずっと人々が好きになっていた。そして、彼女の人生で初めて、はるかに健康的な「境地」に到達していたのだ。彼女の場合は、ETの生まれへの覚醒がたどった理想的な精神的進歩の絶好の事例だったのだ。

「ウォークインへの覚醒によって、私はさらに現実的で、しかも感情に左右されない人間になった」とポーリンは言った。「私は多くのことをあきらめようとしていた。まわりのものが悪かったわけではなく、ただ、私にぴったり合わなかっただけだ。私はベッドルームが3つもある家や2台の車、他にも誰でも欲しくなるようなものを捨ててしまった。こうして、すべての関係を清算すると、すぐに私は素早く立ち直り、前に進むことができた」

ポーリンには、かなりの年になる子供が二人いた。自分が覚醒してから、彼女はどちらかと言うと抑え気味な感じで子供と接触してきた。むしろ、やや冷淡に彼らを扱ってきた。

「私は、子供たちが好きよ。いい子だわ。だけど母親としての義務感から、彼らとつきあっているの。ちょうど大人になった子供が、よく自分たちの親に感じるのと同じようにね。でもちょっと違う面もあるの。子供たちの独立心を喜んでいるのだ。子供たちは、自分たちなりの生き方をしなければならないと思っているの」彼女は子供たちの独立心を喜んでいるのだ。ちょうど彼女が自分を全うしているように。

私は、彼女が単に人々から距離を置こうとしているだけではないのかと尋ねてみた。ポーリンはとても冷静にこう説明した。いいえ、それは違うわ。近くにいようと遠くにいようと、すべての関係において異常なまでに自分の立場を気にかける、自分が考えているのはそんなことではない、と彼女は言う。深いつきあいをすることだけが、成熟した心理的進歩のしるしではない。人間関係はとても難しいものだ。その難しさは、ＥＴへの覚醒をした人たちにとっても、覚醒していない人たちにとっても同じなのだ。

それからポーリンは、マシューの答えと驚くほどよく似た話で私を驚かせた。

自分がもっとも興味を持ったのは、と彼女は言った。ニューエイジのひとつの典型的な現象として起きる**ウォークイン**への覚醒である。それは、多くの人格を、また多くの実在をひとつに統合し、精神と物質を一体化させて両者を全うさせる。

肉体について考えると、それは下取りのきかないものだ。「まず本当の交わりは、自分が入った（ウォークド・イントゥ）肉体を大切にすることから始めなくてはならない。そういう意味では、私たちはみんな**ウォークイン**と同じなのだ。肉体を切り捨てようとしたり、邪険に扱ってはいけない。あなたはこういう習慣を他の人と快適に過ごす前に身につけるべきだ。肉体は勇気を伴って生まれたものだ。それを恐れるのは、あなたのエゴなのだ」

もしあなたが、自分が入っている体のなかの生まれつきの勇気をもってことを始めれば、あなたが必要とするすべての勇気が身についたことになる。そして、他のどんな関係もうまくいく良い兆しとなるに違いない。

意識を統合する**ウォークイン**への覚醒は、ニューエイジのための良いきっかけになる。そして、同じように**ワンダラー**への覚醒は、学びながら前進するための、私たちすべてにとっての手本になる。そして、肉体が宿している生来の勇気と英知が、そのとき必要になる。こうした考え方は、時間を超越した知識、あるいは過去、現在、未来の交わる場所から集められた英知から生まれるものである。

たとえそうであっても、ポーリンが言ったこと、つまり精神的なものと物質的なものが共存する方法で統合するということは、これからのニューエイジにとってもっとも難しい課題のひとつである。

これによって、ＥＴの魂が借りている官能的で肉感的で物質的な肉体が、どのようにしてもっとも現実的な地球の楽しみごとと折り合っていくかが決まるのだ。

覚醒前はいつも性欲を感じていたのに……

ボブの話から始めよう。この男性は麻薬の常用と自己懲罰の習慣におぼれた自堕落な生活から**ウォークイン**体験（彼はそう信じている）によって、立ち直ったのだ。

この出来事と、それに続く大きな変化が身に起きる前までは、髭をたくわえ、たくましかったボブは、彼が言うところの「抑えきれない性欲」にそれこそ追っかけ回されるような人生を送っていた。その激しさといったら、ストリップショウを見たり、「ハスラー」のような雑誌を読んだり、安物のポルノ雑誌を眺めたりしてはかーっと燃え上がり、「肉体の要求が続いていて」休む間もない有様だった。彼の女性に対する態度はただただ「女をひっかけて、やってしまいたい」という具合だった。

「はっきり言って、俺はいつも欲情していた」

そして覚醒してからは？

その答え方はあまりに素朴で、直接的だったので、私も一瞬ポカンとしてしまった。

私は彼の言ったことがはっきり聞こえなかったので、多分、こう言ったのだろうと思って、もう一度聞き直してみた。

「今は、もうセックスはしていないということですか？」

「ほんの少しだけ。多分、以前の10％ぐらいかな」

今のボブの減退した性欲では、せいぜい「町を歩いている女性の品定め」をしてよろこんでいるだけだ。

それについて彼はこう釈明した。「ひっかけようと思えばいつでも……でもたいていはそっとしておくんだ」

ここまで小さくなった性欲は、目下のところ明らかに彼の結婚生活のひとつの大きな問題になっていた。そのことは彼も十分承知していた。こんなことを話していて、思わず私たち二人とも吹き出してしまった。ふと、まるであの馴染み深い「結婚苦情相談」のＥＴ版をやっているような気がしたからだ。

ボブの言によれば、「僕にとっては、セックスはそんなに重要じゃないんだ。彼女にはもっと必要らしい。彼女はもっとやりたいようなんだ」。

ボブと話をしているとき、私はふと、彼の妻は自分が身持ちの固いＥＴと結婚してしまったとは夢にも思っていないのだなあ、と思った。ボブにとっては、今では官能的なものは自分の瞑想の邪魔になるだけだ。彼は、長い時間をかけて外部のすべてのものを締め出し、自分自身の意識と体験から得たものだけを考えながら瞑想する必要があるのだ。

このように、孤独と精神集中の必要性は、家族の団らんにかける時間を減らし、「幸福で健康的な性生活」の機会も大幅に減らしてしまっていることは明らかである。

瞑想にもっと時間が必要なために、ボブはとうとう自分の妻と違う部屋で生活し始めた。そして二人ともこうした生活に慣れてしまった。**ウォークイン**への魂の転入の代わりに、彼の妻の転出という事態が起きるかどうかは、当面静観しなければならない。夫婦間のセックスと情愛にかける時間が、結婚相手が瞑想に入っている時間より、あまりにも極端に短い場合、二人の間の結婚生活はどのくらい続くのか、疑問に思っている人も多い。

ボブの話は極端な例だとしても、ETへの覚醒という異常な体験は、しばしば性習慣を換えてしまうことは明らかである。

その理由として、ある**ウォークイン**たちの場合は「エネルギーがより高い水準のものに」使われるからという説明を私はよく聞いた。あるいは、覚醒の体験後は、あまりにもしなければならない他の大切なことが増えるので、やることの優先順位が変わるのだという説明もよく耳にした。クリスティンの場合は、彼も認めているように「覚醒前も同性愛者だったし、その後もそうだった」という。セックスについては「やや少なくなった。私はそれを自分自身の状態を確かめるために使いたくない。少なくなるのは、もちろんのことと思っていた」。

またバリーは、東海岸に住む超能力者で、「スターピープル」のワークショップを主宰している。彼女はＥＴへの覚醒は、彼女の人間としての性生活には何も影響なかったと言っている。

　バリーは私にこう説明してくれた。彼女は幸福に結婚して、いつもその性生活を楽しんでいた。そして彼女の夫はニューエイジ思想にも理解を示してくれた。このように、あまり劇的な影響がなかったのは、多分、彼女は**ワンダラー**で、初めからずっとＥＴだったからだとバリーは言う。彼女は、自分が実は**どこか別の場所**から来た他の生き物であると考えることを一向に気にかけていなかった。自分が確かに**ワンダラー**だとわかったときも、それは単に昔から持っていた考えを確認しただけだった。彼女の性生活は、彼女の家庭生活の他の部分と同じように、大きな変化もなく続いたのだ。

　ＥＴへの覚醒が、性体験をさらに歓喜にあふれたものにしたという例はあまりない。ただひとつの例外は、すでに話題として取り上げたことのあるサンフランシスコのレズビアンの場合である。あの場合は、レズビアンの相手と二人で過去生のセラピーを受けたことがきっかけとなって、結果としてＥＴへの覚醒が二人の間に花を咲かせたのである。しかし、これなどは覚醒の後で性行為が進んだという、まさに得難いわずかな事例のひとつだったのだ。なぜなら、多くのＥＴたちにとって、セックスはそれほど重要なことではないからだ。

　次に、ルーシアの話がある。彼女はニューエイジ思想の指導者の一人で、ライターでもある。またセミナーの企画もしている。彼女の**ウォークイン**への覚醒は、シャワーを浴びている最中に起こった。彼女は、もともと自分が官能的だと思っていた。

ルーシアはこう言う。「私は100％、自分がETだと言えないの。だって、私が体験したことは、すべて主観的なものばかりだから。でも私にはETの魂があるとは言えるわ。その魂が女性のあそこに宿っていることもはっきりわかるの」私たちは二人とも笑い出した。

性欲の変化について、ルーシアは私にこう答えた。

「何もないわ。私は人生の一部として、いつもそれを楽しんできたわ。変化といえば、年取ったということくらいね。だから、そんなに夢中になれないだけ」

しかし私は、この章の終わりに、イニドの見解を取り上げておきたいと思う。

彼女についての詳しい話は後で紹介するとして、ルーシアのように、イニドもまた官能的で性的な面を、自分のETとしての体験に加えたいと願っていた。もっとも、彼女は別の面では、私がとうてい受け入れられないと思った考えを持っていた。例えば、彼女はあるとき、自分が地球外生物連合の地球でのただ一人の代表だと考えていた。これなどはもちろん、ややうぬぼれた考えである。しかし、それでもセックスについての彼女の考えは、確かにしっかりしたものだった。

官能的な歓びは、彼女の地球外生物としての存在の中でも、もっとも好ましい部分のひとつであることは間違いないと彼女は言う。

セックスは、人間の肉体を借りてこの地球上にいるETたちにとって、ひとつの特権だという。**ウォークイン**としての経験が、彼女の性行為を増やすことはなかったとしても、明らかに性行為の感覚を高めた、とイニドは言う。

「それは、本当にすばらしかった。覚醒する前にも強い交わりを感じていたのに、その後では、もっと強い感じになった」

私はそれを聞いてほっとした。そして彼女にもそう伝えた。

私は、この件について多すぎるほどの話を聞いてきた。いつも精神に比べて肉体が軽んじられる傾向が強いのだ。

「性に無関心なETたちが多すぎるので、もう自分でも少々頭が混乱していたところだ」と私は正直に告げた。

「セックスは、私の場合は高まったみたい」イニドは大きく微笑みながら言った。「とても新しく新鮮に感じたわ。だけど、これはすべてについて感じたことなの。私はよく憶えているわ。あるとき**ウォークイン**への覚醒の後で、私は息子の車に乗ってあらゆるものが後ろへ通りすぎて行くのを見ていた。すると、すべて今までと違っているように思えてきたの。その車の中に腰掛けて、見えるものすべてが信じられないほどすばらしいものだと感じたの。そしてハンバーガーを食べてみると、突然、今本当にそれを味わっているんだという生き生きした感じがしてきたの。ミルクシェイクを飲んでみても、同じような気持ちになったわ。なんてすばらしいことでしょう。こんな感じは、それまで一度も起きなかった。いつでも何かをすると、それが初めてのことで、いちばん新鮮なときだという感じがするの。セックスについても同じ。ただ考えただけで……もう、Ｗｏｗ！」

第6章 社会への衝撃
――「彼方の世界」の人間的側面

ETたちがはるか彼方の生まれ故郷に電話をかけるとき、一体誰が電話代を払うのだろうか？ そしてもし、ETのあなたが、惑星間アシュタール司令部で働いている上級将校だと本当に信じているとしたら、それでもなお、地球上で仕事上の上司の言うことを、ハイハイと聞かなければならないのだろうか？ また台所から出るゴミの処理にあたったりしなければならないのだろうか？

結局、現実の社会との食い違いが、いかに大きいかがわかる。例えば、あなたが世間を驚かすような感銘的な形而上学的理論を見いだしたら、家賃を払わないですむのだろうか？ そして、すべてが思い通りになるだろうか？

大いなる宇宙からの啓示を受けた人たちが、閉店時間に間に合うようにマーケットへ行かなくてはならないというような、小さいことに気を使わなければならないのだろうか？

どこか別の場所からやってきたと主張する人たちは、こう言うだろう。「覚醒は、人格の変容過程の最初の段階にすぎない。結局のところ、社会との不調和に悩むことになるだろう」遠い惑星の文化と現実社会との出合いは避けられないものだ。そしてそれはまた、一人一人の個人生活へ大きな影響を与えざるを得ないのだ。

ETとは「二重文化人」かもしれない

世の中がさかさまになったとき、ETのあなたはどのようにして均衡を保つことができるだろうか？　そして、心は自分の星に置きながら、どのようにして、自分の身を現実の地球の生活に合わせようとするのだろうか？

その答えはこうだ。あなたは同時に2つの文化を一人で担っているという事実を認めるしかない。人類学でよく言われる「二重文化人」であることをまず受け入れることだ。

2つの文化を受け入れることによって**ウォークイン**や**ワンダラー**は、ひとつのグループに忠誠を誓いながらも、一方ではもうひとつの別のグループの活動に参加できるのだ。いつもこうしてETたちは、社会の片隅で暮らすことになっているのだ。

そうかといって、彼らは自分の忠誠心を2つに分けてしまったのではない。私が会った**ワンダラー**と**ウォークイン**は、はっきり**どこか別の場所**の文化のほうに重きを置いていた。彼らは、はるか彼方の世界から来たことを常に強く意識していた。しかし、彼らは複数の世界とうまくやりたいと思うならば、中間的な道を選ばなければならないことをよく承知している。

「自分が変わったと感じるのに時間がかかった」とあるETは述べた。「ゆっくりと微妙な変化が、私のすべてに影響し始めたことに気がついた。それから、何とか自分の変化に対応しなくてはと考えた」

ほとんどの覚醒したETたちは、違った環境の中で社会的に最善の努力をしようとしていた。私がインタビューした人たちは、すべて、人とのつきあいに苦労していた。そして、他の同じ気持ちを持っている人だけと親しくつきあうようになった。この傾向は、あらゆる関係で見られたが、彼らは特に意識してそうしたわけではなかった。

ヴィクラムは脚本家で、ペンキぬりの仕事もしていたが、少年のときUFOを自転車で追いかけたことがあった。彼はこう言っている。「僕がつきあっていた連中の75%は、**ワンダラー**だったと思う。だけど別にしつっこく聞いたりしなかった。お互いごく自然につきあっていたよ」

ところで、すべてのETが前の惑星、つまり彼らが生まれた世界にホームシックになっているのではない。従って、よく映画に出てくるように「ふるさとの惑星に電話する」ことを彼らが我慢できないほど切望しているわけではない。例によって、私がインタビューした一人の女性は、こんなことを言っていた。彼女の本当の夫は、まだ**どこか別の場所**に住んでいるが、その夫は、この惑星地球へは決してやってこないだろう。それが彼女が地球でデートする男性に、いつも失望を感じる理由なのだという（男性に失望することが、他の惑星から来たという証拠になるなら、女性の地球外生物たちの数はうなぎのぼりに増加してしまうんじゃないかな、と私は冗談を言ってみた）。

「他の世界」のＥＴたちが「この世界」で何をしているかを私たちが調べ始めたところ、その答えは人によって、また**ワンダラー**か**ウォークイン**かによって、多少は違っていた。しかし、ＥＴたちが地球社会に直面したとき、常にたどってきた心の旅路について聞いてみると、共通してこんな答えが返ってきた。

まず、疎外感に襲われる。慢性的な違和感とでも言えるものだ。それから、激しい心の軋轢が訪れる。この心の中の葛藤から、最後にＥＴへの具体的な覚醒が始まる。こうして、自分自身への覚醒が終わると、新しく目覚めたＥＴは、しばしばある種の連帯意識を持ち始める。この世界へ深くコミットはしているが、まったく異なる世界を経験した人々との連帯感が芽生えてくる。もうひとつの世界では、すべてのものがまったく違っているのだ。人生も精神も魂も実在するものも心の世界も、そして波長も、まったく違う世界なのだ。

その後は、もうおわかりのように、最後の過程である、一般社会からのはっきりした離脱が始まる。精神的にも、物質的にも、あるいはその両面からの離脱である。もし彼らが地球外生物への覚醒の前に孤立し、不幸になり、淋しくなり、疎外されれば、本来ＥＴとして生まれた彼らはことさらに社会の片隅に追いやられたと感じるだろう。そのことをかえって幸いだと感じる者もいれば、不幸だと感じる者もいる。このような深い孤独感は、彼らに長くつきまとう。しかし、いずれにせよ、この孤独感はこの地球でも**どこか別の場所**でも、生きていくためには必ず感じる「人生の現実」なのだ、と私は思う。

ひとりぼっちであるというこの思いは**ワンダラー**あるいは**ウォークイン**への覚醒によってもぬぐ

い去ることができないものだ。これは、誰にも助けられないことなのだ。私たちは、多くのETたちがこう言うのを聞いた。「人の答えを期待してはいけない。これは前進するためのプロセスなのだ。孤独は、このプロセスの切り離せない部分なのだ」

後に残るのは、自分自身への絶えざる働きかけだ。

私がインタビューした人たちはほとんど、自分たちの個人的な仕事は、まったく似たりよったりで、社会への働きかけという面で一致していると考えていた。「私が、今現在やっていることは」と私がジュリーと呼んでいた一人の女性は続けた。「自分への働きかけで、心を浄化させることだわ。まず、そうすることによって、より高い精神的波動を感じるようになり、内部から光を放つことができるようになると思うの。この地球にいても、基本的には何もできない。ただ、私たちはここにいて心が開けるようにすっきりした状態でいることがすべてだと思うわ。こうしたことは知識を積み上げたってできることではない」

知識を習得することは、自分の内面の意識を浄化することにくらべれば、そんなに役に立つことではない、と彼女は言う。

ところで、浄化《じょうか》とは、現在のジュリーが教えているように、人間の肉体として経験した過去の痕跡を消し去ることであるという。しかし、こうした考え方は、10年前のジュリーからは聞くことができなかっただろう。その頃、彼女はロサンゼルス地区の銀行のために重役の人材をリクルートする仕事を請け負っていた。自己浄化とはまったく関係のない仕事だった。

ジュリーのケースは、私がインタビューで聞いた話のなかでも、人間はこんなに変わるのかという絶好の例だと思う。この例は、ＥＴへの覚醒についてのもうひとつの考え方を私たちに示していると思う。そして、自分自身を徹底的に見直すことが、いかにその人の社会生活を根本的に変えてしまうかの実例である。誰でも完全に、こんな風変わりな信念にとらわれてしまうものだと驚く前に、外面からだけでなく、内面からこうした変化を見てみると、もっと多くのものが学べるはずだ。

そうすれば、普通の人たちが新しいアイデンティティの力の影響を受け、突然強い目的意識や義務観念を持つようになればどうなるかということが理解できるようになるだろう。もっともそれは、他人から見れば、確かに異常に情熱的になったとは思われるだろうが。

ジュリーが悟ったように、もしあなたが企業の出世階段を駆け上っている最中に真実の光をつかもうとすれば、そのとき、あなたは追い求めている真実のはるか後ろを走っていることに気がつくだろう。このように、真実というものは、常に光のようなスピードで、前を走っているのだ。

私の故郷はシリウス！

今彼女は40代後半で、離婚して、2人の子供がいる。ジュリーは短い手入れの良いブロンドの髪をした女性だ。彼女の話し方は情熱的でストレートだった。そして、一言話す度に、まるで人の前で演説するように手を突き出して訴えるようなジェスチャーを交えた。彼女は、自分と違う意見にも心を開いているように見えた。しかし同時に、ばかなまねは容赦しないという構えも見せた。ジュリーは、何も恐れずに自分の本心を言い、率直に答えた。

現在、彼女はニューメキシコ州サンタフェの有名な精神センターの管理職であり、またカウンセラーでもある。

10年前に、彼女は地球外生物の**ワンダラー**であることに気づいたが、そのときは、別のジュリーだった。もとのジュリーは、ビバリーヒルズの家で快適に育ち、ほしいものは何でも与えられ、物質的には何の不足もなく育てられてきた。このジュリーは、まわりからの期待にこたえて、来る日も来る日も、几帳面に暮らしていた。

彼女は、子供の頃から同じサークルの、同じ友人たちとだけ、旅行に出たりしていた。そして彼女は結婚して2人の子供をもうけた。家族や友人たちからも支えられ、センチュリー・シティー社での仕事は人もうらやむ安定した楽しいもので、収入もよく、尊敬される人生を送っていた。

しかし実は、ジュリーの心は別の世界にあったのだ。彼女は今と違って、自分自身をうまく表現することができなかったが、いつも自分は精神的なものにひかれ、自分には特別の仕事があると心の底で静かにじっと信じていた。

年がたつにしたがって、彼女は少しずつ形而上学や精神世界、秘儀的な教えなどに興味を持つようになった。

「私は信じていた」と彼女は言う。「私は地球で普通に生まれたけれど、私の魂は別の違うところから来たということを」

これは**ワンダラー**が一様に感じることなのだ。

ある夜、彼女の夫が仕事で外出し、ジュリーはベッドに横たわって、がらんとした家のさまざまな音を聞いていた。彼女は、配管のきしみや、古風な時計のチクタクという音、木材のパリッという音などを聞いた。やがて彼女は、自分の夫や子供たちのことを考え、漠然とした不満を感じながら眠りに落ちていった。

そのとき、ジュリーは彼女の寝室の出入口を通して、広間のほうから奇妙な光がさし込んでいるのに気がついた。彼女は起きあがり、ナイトテーブルの灯りを何回かつけたり消したりしてみた。それは何かの影ではなかった。事実、彼女がびっくりして見ているうちに、その神秘的な輝きは次第に厚みを帯びてきて、ついには単なる白い光ではなくなり、不思議な煙の渦巻きになった。それは上に下に動き、ぐるぐるまわりながら、ある形になった。

恐れおののきながら、ジュリーは見つめていた。彼女は、この奇怪な煙と光の実在が、ねじれながら回転を続け、形を変えていき、ついには2メートルあまりもあるような、人間の姿になっていくのを見た。それはホログラフの映像のように、出入口に立って彼女を上から見下ろしていた。

「とても怖かった」と彼女は言った。「それは白い光だったの。だけど私には、一人の男性がそこに立っているのがはっきり見えたの。そして突然、私には彼がアシュタールという名の人だっていうことがわかってきたの」（アシュタールは、ETの宇宙船の司令官で、多くのニューエイジ派のチャネラーが会ったといわれている）

しかし彼女は、その夜までアシュタールという名前は聞いたこともなかったのだ。

ジュリーが、自分の直感が正しいことを証明するには十分な時間があった。

彼女は、私にこう言ったのだ。この信じられない幻影は、その同じ場所に2年近くも立っていた！　と。まるで幼い子供が新しいおもちゃをもらったように、彼女は毎晩、そのじっと動かない幻影の姿を見ようと、仕事から大急ぎで帰ってきた。夜になるとその姿は白くなり、昼の間は輝く青色に変わった。そして、この幻影を直接横切るように、出入口の壁の上に、いろいろな色に輝く小さな虹が突然現れたのだ。

虹は、曇りの日にも映っていた。そして、アシュタールの姿は、他の人には見えなかったが、この虹は誰の目にも見えるものだった、とジュリーは言う。

しかし、事はこれだけではなかった。

彼女の前に、こうした幻影が現れてから2日後に、ジュリーは第2の訪問者をむかえることになる。その晩、彼女の家の広間は、ゆっくりと黄金色の光で満たされていった。そして、今度はジュリーは、自分のベッドからそれを見ていた。するとイエスの幻影が、突然そこに現れたという。「間違いなくイエス・キリストがそこに立っていた。イエスは光線を私に注ぎ始め、最初それはひとつだったが、それから2つの光線になった。自分の人生ですべてが愛という深い感じに包まれたのは、このときだけ」とジュリーは説明する。「それから後は、何が起きたか覚えていないわ」明らかに、彼女は意識を失ったのだ。

翌朝、気がついたときには、もうそこにはイエスの姿はなく、脇柱の木の下にまだ黄金の小さな輝きが残っていた。その後、その輝きはずっとそこに残っていたという。

ところで、このような幻影がたびたび現れるという現象が、銀行家を引き抜くというあまりかんばしくない仕事をしていた一人の女性に起きていたことを思い出してほしい。

誰でも、襲ってくる猛牛や熊の幻影ぐらいは見るものだが、まさか宗教的な幻影が現れるとは！　ジュリーは、自分のこの体験を、そう簡単には忘れられなかった。そうして、この幻覚から逃れようとして、彼女は社会の一番のエリートコースからも外れるようになってしまったのだ。

彼女は、自分自身が見たものを忘れようとし、自分が感じたものも否定し、もっとよく考えることもあきらめていた。

ジュリーはロサンゼルスのボディ・ツリー［菩提の木］書店へと足を運んだ。ここは、自分自身を見つめ続けている人たちの心の窓を開くところだった。我が国でももっとも有名な書店のひとつで、奥床しい香りがしてくる本棚には、アシュタールから禅にまで及ぶ、膨大な書籍が並んでいた。

彼女はその間をさまようようにして、タロット・カードや水晶占いや易占いの本などを見て歩いた。

そのとき、ジュリーは一冊の本に妙に引き寄せられるのを感じた。それはアシュタール司令部についての本だった。彼女は、その本を買って、道をはさんだ向かいのレストランに入り、座って読み始めた。

「私は抑えきれずに涙にむせび始めた」と彼女は言う。「私はヒステリーのようになっていた。私は読み続けて、どんどんその本にのめり込んでいった。考えられないことだった。私は心をゆさぶられた。それこそ、私が今までの人生でずっと求め続けていたものだった」圧し殺していた悩みが、いっぺんに解決したのだった。

この体験が、彼女の新しい出発点となった。今度は心の底から今までの俗世間的なものから離れることができたのだ。彼女はロサンゼルスのチャネラーのところへ通い始めた。そして、8年間にわたるチャネリングの結果、アシュタールとサナンダ（イエスのもとの名前といわれる）が、あの夜確かに彼女の前に現れて、目を覚まさせ、他の人たちを助けるように言ったことが確認できた。

また彼女は、自分自身の集中したチャネリングを通して、あの晩現れた幻影は、本当にタイム・トラベルでやってきたと信じるようになった。もっと正確に言えば、あの晩、彼女はずっと忘れていた以前の体験を思い出していたのだった。彼女が霊《スピリット》をはっきり認めることができた頃に行われたイニシエーションの儀式の場面だったのだ。

「私は、今でも霊が見える」とジュリーは、はっきり私に言った。

彼女はこの点については、これ以上話そうとしなかった。チャネリングによってわかった、他のさまざまなこともべらべらしゃべろうとはしなかった。ただ彼女は、自分がＥＴの魂を持っていて、その故郷の惑星はシリウスだということがわかったと言った。自分の魂は、過去に何回も歴史上の大切な時期に地球に現れたこと、また、地球の力の場にも密接に関係していると主張した。

ジュリーはまた、ピラミッドや「炎の文字《ファイアー・レター》」の秘密の組み合わせについての信じ難い情報も受け取った。そして、彼女の名前は、あの有名な『エノク書』に記されている七十六の聖なる名前のひとつであることもわかった。

「もっと、他のことも知りたいの？」彼女は聞いた。

私は、これで十分だと伝えた。

彼女の話をずっと聞いてきて、私がもっとも深く感じた点は、自分の人生をこのように考えている人間が、まだ毎日センチュリーシティーで駐車場を探そうとして、あくせくすることができるだろうか？　ということだった。できるかもしれないが、控えめに見ても難しいと言えそうだ。

ジュリーの場合は、そういうことはできないとわかった。

「私たちが今までの生活をすっかり捨てて変身しようとするには、かなりの勇気が必要だわ。これでおわかりのように、そのために、私たちはひとつの実験台になっていると思うの」

「それはどういう点で？」私は質問した。

「こんなことは今まで行われたことはないでしょう。他の惑星にも生命体はあるけど、今はここが実験の中心になっているの。私たちは、肉体的にも壮健になり、おろかなつまらない考えからも脱皮している。私たちは、自分のＤＮＡ遺伝子を変えようとしている。私たちは、この肉体にもっともっとつめこもうとしている。こんなことは前にはなかったことよ」

ジュリーは、こうした自分の新しい考えを少しも隠そうとはしなかったが、実際に自分がもと住んでいた古い世界から完全に抜け出すのには、さらに3年の月日が必要だった。彼女は離婚を決意し、つきあう友達も変えていった。

彼女は「自分に本当の仕事をさせてくれる職業」を探し始め、最終的にロサンゼルスからニューメキシコへ移らねばならないと感じた。彼女はサンタフェの雄大な草原の山々に着いた。彼女は、何かあふれるような力に心が震えるのを覚えた。そして、ついに地球上で本当の自分の家を見つけたのだった。

「霊《スピリット》が、私にすべて教えてくれた。何が起ころうとしているかを。もとの家を貸すのではなく、売ったほうがいいということまで教えてくれた。そして、それがどのくらいに売れたと思う？　最初の日に3件も引き合いがあったの」と、細かい点まで彼女は説明した。

しかし、こうしたことは、現実の世界では毎日起きるようなことだった。

それでは他の人たちの反応は？　自分の母からもっとも親しい友達まで「みんな、私が正気を失ったと思っていた。誰もまったく支持してくれなかった。ただ一人わかってくれたと思う人は、私の言うことを信じているかどうかは別にして、前の夫だった。私たちは電話で何回も話した」。

私は、ジュリーがこれから羽ばたこうとしている新しいETの魂がよく犯すような、もっとも基本的な誤りに陥ったのではないかとふと思った。しかし彼女はまた、こうしたことからもあるものを学んでいたのだ。

しばらく間を置いてから、彼女は言った。やはり、すべての人たちを助ける必要があると感じたの。その人たちが救われようと思っているかどうかに関係なく、特に彼女自身の地球での家族を助けなければばと。

誰でも、自分の話を聞いて、信じられないような自分の体験を参考にしてくれれば、助けることができる、とジュリーは考えたのだ。

彼女が（ちょっと時間がかかったが）学んだことは、自分は仕事をするためにこの地球に来たということだ。そして、その仕事は、自己中心の英雄的な勝利に酔うものではなく、だんだん苦しくなっていく、厳しい地道なものであることも学んだのである。

彼女はさらにこう説明した。

「私は、ETの魂に目覚めたけれど、仕事をするのをやめてしまったたくさんの友人を知っている。そういう人は勇気がないと思うの。ETとして周囲を助けることには多くの困難がともなうわ。本当に、すっかり変わってしまうもの。一度ももやもやしたものをぬぐい去ってしまえば、道が開けてくる。自分の感情的な肉体を浄化して、本当に細胞のすみずみまで透き通るように浄化することが大切なの。こうした徹底的な浄化から、進んだ愛と英知の心が生まれてくる。長い道のりの結果として」

私はジュリーに、あなたの考えには心の底から同調する人が多いだろうと話した。彼女は、社会のひのき舞台から降りてしまった。彼女を知っている誰もが、彼女の社会的地位は重い責任もある重要なものだと思っていたが、彼女自身は、自分には合わないと感じていたのだろう。

それで彼女は、まったく違う人生を歩むことにしたのだ。そこには、深い、はっきりとした一体感と義務感、多分、時間の制約を超越した大きな結びつきがあった。

「ETであることには、責任がともなう」と彼女は言う。

「それは、とても大きな責任。自分で仕事をしなければならない。それがすべて。つまらないことを、とうとうと述べて、自分ではやらないということではだめ。私たちが自分たちの心を開けば開くほど、荘厳な光が満ちてくる。ちょうどひとつのロウソクの光が次々と灯をともしていくように」

彼女は大きく息を吸った。「あなたがこういう気持ちになれば、もうわかっていないふりをすることはできない。もう一線を越えてしまったから」

もう戻ることはできないのだ。

自分こそ自分の一番の実験材料

すでに述べたように、ジュリーの上に起きたことは、ETであることに目覚めたほかの人たちが話してくれたことと、程度こそ違え、ほとんど同じだった。

職業を変える、あたらしい家に移る、結婚生活に終止符を打つ、身近にあったものと関係を絶つ、古い友人との絆を絶つ、……こんなに多くのことが、ただ強い使命感と責任感から断行されたのだ。この使命感こそ、新しくETに目覚めた人たちが現実の社会傾向に抵抗して、自分自身の生命を再び捧げる活力を生み出すエネルギー源になっているのだ。

私はまた、当然のこととして、この社会の荒波を乗り越えるには、新しいETが心理学、形而上学、あるいは教義といった分野での経歴や経験があれば、もっと円滑にできるだろうと感じた。

すべてのものが、その助けになる。ちょっとした興味があるとか、ちょっと関連のある本を読んだことがあるという程度のものから、熱心な探求、瞑想、そしていろいろな修行や精神療法の経験にいたるすべてが手助けになる。こうしたすべての経験が、物事を理解する力を助け、忍耐力と洞察力を養ってくれる。難しい諸問題を解決する方法も教えてくれる。しかし、あなたの連れ合いにこういう経験がまったくないとすればどうなるだろうか？

イニドは結婚し、そして離婚もして2人の子供がいる。また、スポーツマンタイプの男性と一緒に暮らしている。彼女はこんなことを聞いてきた。「誰かと一緒に暮らしていて、自分が何もののであるか言わないでいられる？」

それから彼女は、自分の相手のことを説明した。彼は「釣り、猟、オートバイに乗るのが好きで、真実を大切にする男だ」という。しかし彼女が、自分はＥＴの生まれだと思うという内容をしためたメモを彼に見せたところ、彼はそれを最後まで読まなかったというのだ。「彼は理解しなかった」と彼女は言う。「彼はどちらでもいいと思っている」

彼女はどんなに淋しく感じたことだろう。

そして彼女が、自分が地球外生物の体験をしたことを、親しい友人に打ち明けたところ、またしても不愉快な目に遭ってしまった。その友人の反応は素朴で味気ないものだった。「あらそう、その人たちがあなたを誘拐しないといいわねえ！」

彼女の感情の奥深くまでわかってくれそうな人は、なかなかいなかった。

もうひとつ別の例は、バリーからの反応である。彼女は、東海岸に住む霊能者で、「スターピープル」のワークショップを主宰していた。彼女は、ほとんど社会との軋轢は感じなかったと私に言った。というのも、彼女はセラピストとして働いていたし、彼女の友達のほとんどは、すでに「形而上学的な思想」を持っていたからだ。

彼女は、内面的な知識も十分持っていたし、外部からも支えられていたので、自分の新しいアイデンティティには、比較的円滑に到達することができた。

そしてもう一人、ルーシアがいる。彼女は長い間**ウォークイン**を支援するグループをひっぱってきた。そして自分自身が**ウォークイン**への覚醒を経験する数日前に、自分のほうから何ということもなく、友人関係やその他の関係を断ち切ってしまった。突然、何となくまずいという気がしたからだ。「結局、特に意識はしなかったけれど、精神的に深いものを持っている人たちだけが残った」と彼女は言う。

彼女が変わったとき、彼女のまわりの社会的なつながりが、彼女に合わせるように変わっていったと言えるだろう。

おもしろいことには、そのとき、ルーシアはジャスティニアンという男性と結婚していたが、彼はたまたまこうした精神的分野の学問に立派な経歴を持っていたのである。彼女の夫ジャスティニアンは、有名大学の心理学の学位を持っていた。彼はまた、深遠な教養書をたくさん読み、瞑想やヨガを体験していた。さらに彼は、神智学やアリス・ベイリーの永遠の知恵などを何年も研究していた。彼はすでに他の人たちに精神成長について教えていた。

こうしたすべての条件が整っていたので、彼の妻が普通と違う覚醒を経験しているあいだ中、極めて適切にそれを支えることができたのだ。

ところで彼自身の覚醒も、それ自体、まことに興味あるものだった。

ジャスティニアンが事前の勉強のおかげで、必要な調整をあらかじめ行い、つのる孤独にも耐えることができたと言ったとき、私は特に驚かなかった。他の多くの人々と違って、彼は実際の**ウォークイン**現象の前にすでに始まっていた妻の変化にも十分対応することができた。それは、ジャスティニアンが少しずつ覚醒していったのと、ほとんど同じだった。

ジャスティニアンは、人格の変容などごく当たり前だと思わせてしまうような、あるものを持っていた。長年の研究によって、どの精神的な道しるべを選んだかに関係なく、どんな場合もそれまでの人生をあきらめることがまず必要だという点を教えられた、と彼が私に話してくれたとき、特にこの点を感じた。

ＥＴに目覚めたとき、地球上で個人的に出合ういろいろな困難を避けるための、特別のすべは何もないのだ。人格変容のすべての道のりは、とても辛いものなのだ。

「それはある高次の自己によって演じられる一幕一幕のドラマのようなもの。私はその各ドラマの変化をしのいできた。そして幸い、私はすでに高次の自己に接触する体験を積んでいた」と彼は説明した。ずっと前から、彼は自分の内面の声を聞く習慣を身につけていたのだ。

ジャスティニアンは、もう40歳近くで、手強そうな鋭い黒い目をしていた。短い黒髪で、よく手入れされた髭をたくわえていた。

彼からこういう話を聞くのは、何かそぐわなくて時々妙な気がした。

彼は昔の魔術師にとてもよく似ていた。私は彼が話すことにじっと耳を傾けた。彼は宇宙についてのさまざまな考え方に、大きな注意を払っていた。そして、たくさんのおもしろい仮説を持っていた。中でも**ウォークイン**についてのちょっと変わった説明はおもしろかった。

大部分の**ウォークイン**は、彼の定義で「断片変換《フラグメント・エクスチェンジ》」に近いものを経験する。それは自己のより大きな、より精神的な部分から注入されるエネルギーを受ける結果だという。そうであっても、彼自身の魂は、大いなる自己であるか、それともそれほどではないかにかかわりなく、他の惑星起源であることは、はっきりしていると彼は信じていた。

彼はまた、自分の魂は、それは長い長い間、この地球にいたということも信じていた。このように、ジャスティニアンは、彼の現在の人生は、いろいろなときにいろいろな世界に現れる生命の連続形態のほんの一部にしかすぎないと思っていた。本当に、自由奔放な発想である。

ジャスティニアンは、カリフォルニアに住んでおり、精神の成長を促進する不思議なエネルギーの開発にほとんどの時間をかけていた。一方、その間をかいくぐっては、主宰する研究会で形而上学の先生として講義をしたり、カウンセリングをしたりして活躍していた。

彼が地球について感じていることを話すときに、「二重文化」という考え方を聞くことになるだろう。それは、快く愛着を覚える文化と、少しも愛着を感じない文化を同時に意味する言葉なのだ。「自分の家は、本当は高次の自己だ。だから、地上の家などいらないはずだ」と言って、彼は私を笑わせた。

それからすばやく、情熱的に次の言葉を付け加えた。「しかし、地球は本当に偉大なところだ。挑戦すべき問題がいっぱいだ！」そこで、私は「ずいぶん控えめな表現だ」と応酬した。

ジャスティニアンが説明を続けたところによれば、彼の**ウォークイン**体験は、1988年、彼が言うところの「死の1年」の間に起きた。あきらめることを積み重ね、彼はそれまで大事にしていたものを次々に手放していった。

表面的には、まったく何の変哲もない**ウォークイン**体験のように見えたが、ひとつだけ他と違う点は、彼の場合、これがさらに瞑想を高める結果となったことだ。こうして彼は、ニューエイジ研究会を主宰したりして、多くの精神分野の研究を続け、数多くの新しい認識を重ねていった。

この「断片変換」が原因で、彼は何名かの友人との絆を絶つことになったが、一方では、もっと精神的に豊かだと思える他の人たちに急速に近づいていった。

「このように、いろんなやり方があるので」とジャスティニアンは言った。「すべて断念して、一切が終わったつもりでいても、社会的にはあまり変わっていないこともたくさんあった。どうも相い入れないと思うときには、その人たちとは縁を切っていた」

なるほど、これは円滑な人格変容のひとつのやり方だ。

ジャスティニアンのケースは、新しいＥＴが自分の**ウォークイン**への覚醒は、より高度な段階へのステップアップのためだと思えた、運のいい例なのだ。ちょうど彼が自分のビジネスの階段をかけ上がっていったように。

彼の会社は、不思議なエネルギー技術の研究開発を行っていたが、独自の新しいエネルギーの発見で大きく発展していった。

「ビジネスは、ちょうどその年に、大躍進を遂げた」と彼は言う。彼は長い年月の間続いた、身も細るような実験から解放された。それは、慎重の上にも慎重に準備をして、材料を設置して実験を繰り返すことの連続だった。そして、その努力の結果が大きな成果に結びついたのだ。しかし彼は、自分自身の本来の仕事にかえっていった。

ジャスティニアンはまた、すでに述べたように、自分の信念を分かち合える良き伴侶と結婚するというまれな経験をしていた。彼が言うように、「**ウォークイン**の体験が二人の関係を強め」、ジャスティニアンは、精神カウンセラーのルーシアと結婚した。また彼は、自分の実家の家族に、自分の体験の一部（全部ではなく）を話してみた。「私の母は、私を信じてくれた。母にはそれが理解できた。それが冗談なんて考えなかった」そして、家族の間の絆はますます強くなっていった。

有り得ることだ、と私は考えた。彼の母親は、中西部に住んでいた少年の頃のジャスティニアンを思い出したのだ。あの頃の彼は、夜になると野原に出て星を眺め、ETたちがやってきて、「自分を家に連れていってくれる」よう祈ったものだ。

「私は小さい頃からずっとETの洗礼を受けていたのだ」

多分、母親が彼の熱心な信念を快く受け入れてくれたのは、息子に対する無条件の愛の気持ちからだったに違いない。

「ある意味では」と彼は言う、「私はいつも、自分が**どこか別の場所**からやってきたと思っていた」

しかし、こうした信念も、彼がもっと年を取るまでは、やや漠然としたものだった。高校や大学時代、彼は社会との軋轢に悩んだ。そしていつも、社会のほうが勝利者だった。ジャスティニアンは、自分がETだという考えをすみっこに追いやって、ただ大人になることだけを考えた。とかく青春時代には、誰でも「人と変わっていることを認めたがらない」ものだ。

「10代の頃は感情面の発達が先行して、思考そのものはやや散漫になっていた。しかし、今はすべて体験したことは正しかったと感じている」こうして彼は、「一周してもとに戻った」のだ。

ジャスティニアンは、私が「成熟した**ウォークイン**」として位置づけたいような能力をたくさん身につけていた。この「成熟した」という表現は、私が後ほどET人格の心理面を検討するときに使われる概念である。

多分、長年にわたる訓練によって、彼は自分の人格のあらゆる面を統合することができたのだと思われる。そして私が彼に、今どのようにして他の人々、特に地球人に対応しようとしているのか考えをまとめてほしいと頼んでみると、次のように説明してくれた。

「私は、こうした問題をかかえているが、それを自分自身で学び取ることができる。そうすることで、私は他の人たちを助けたいと思う。自分自身で仕事をやり遂げる他に、人を助けるいい方法はないと思う。その意味で私は、自分で第1号の実験用モルモットになろうと思っている」

彼は、自分が感じたことにははっきりと責任を負う。そして「自分の意図をはっきりさせる」。こうして、彼の実験台としての貢献は、多くの人々……の道しるべになるだろう。

らせん形の道を歩み続けよう

ジャスティニアンのあくまで奉仕的で、しかも冷静な態度は**ワンダラー**と**ウォークイン**にとっては、特に珍しいことではない。これは、私がインタビューした多くの人たちの態度に共通して見られる傾向である。

これは一見すると矛盾した話で、それ自体がひとつの教訓であるかもしれない。

しかし、新たな驚くべきアイデンティティを主張し、こうした異常な、かつてない体験をくぐってきた多くの人々はまた、なぜかごく普通にしか見えないのだ。

彼らの大部分は、つつましやかであるように思われる。私は彼らのこうした謙虚な態度は、いったんETに覚醒した後で、この社会に自分たちの住む場所を再発見する上で、極めて重要なことだと思う。彼らは常に、自分たちが一般の人々と違うということを表に出さないように振る舞っている。こういう態度が、他の人たちに安心感を与えることになるのだ。

しかし再び公平に考えると、彼らの控えめな態度は、大きな混乱と激しい変化を通して生まれたものだ。つまり、意識や人格的リアリティや日常生活のすごし方などにおける一大変化をくぐってから得られたものだ。こういう突然の変化はまた、新しいETが覚醒後、社会に再復帰するのを促すもうひとつの大刷新をもたらし、社会の「片隅」での彼らの新しい人生を着実により快適なものにしてくれるのである。

私の意味する大刷新とはどんな種類のものだろうか？

それは実在と価値の転倒である。

私たちはすでに、クリスティンには会ったことがある。同性愛者で、有名な世界的平和グループの幹部の一人である。彼は極めて劇的な覚醒をくぐり抜けてきた。**ウォークイン**の彼は、もっとも危険な時期には、その生存さえ危ぶまれたのだ。「いろんな意味で、あれはまさに死だったと思う」とクリスティンは言う。

「私の肉体を生き返らせたのは、神の仕業だったに違いない」彼は、自分が命の瀬戸際にいた、と感じていた。

クリスティンが必要だったのは、自分自身の本質が大切で、社会生活は二の次だという考え方だった。しかしそう割りきるのは、やさしいことではなかった。

クリスティンは、都市近郊のルーテル派の宗教的雰囲気の中で育った。しかし、彼が言うには、それはまったく不満足な宗教的見せかけにすぎず、深い精神的なものではなかった。

また彼は、実際に**ウォークイン**として覚醒する前に、数週間、ある瞑想集団に入ったこともあった。そこでもまた、彼は瞑想のしぐさをしているだけだった。この期間の活動は、まったく無駄ではなかったが、実体よりは形式にこだわっているように思われた。

彼は、まだ自分の人生に深く根差すものを体験したことがなかったのだ。

しかし**ウォークイン**として覚醒してからは、クリスティンは真剣に瞑想し、専門的に精神カウンセリングも行うようになった。こうして彼は、自分の過去を完全に切り離した。

「私は、過去のすべてのものを流し去り、自分一人で出直したのだ」と彼は言った。

本当に彼は、ワシントン州を去り、恋人と別れ、自分の財産を捨て、今までの上級トレーナーとしての仕事も捨てて、シカゴの自分の両親のいる実家へ帰った。彼はそこに8カ月近く留まった。

そこから、つまり子供のときいた家から再出発する準備を整えたのだ。

彼は私に「自分は生まれ変わった」と言った。

「私は**ウォークイン**への覚醒を果たしてから、ずっと力を貯えていた。ともかく、傷つけることにがまんできなくなってきた。自分を傷つけることも、他人を傷つけることも、そして、環境や宇宙を傷つけることも。私は自分自身の向かうべき方向を整理しなおした。なぜなら、私たちの世界では、とかく簡単に自分自身の真実を曲げてしまうからだ」

彼の以前の魂は、過去の絆にしばられていた。しかし、自分が**ウォークイン**として新しい魂を受け入れてからすぐに、昔の人間関係はもう必要ないと思った。そして、自分は他のどんな人間にも頼ってはならないと心に決めた。こうした姿勢は、今までの人間関係を変化させるきっかけになった。

例えば、彼の両親は、突然彼を「成熟した一人前の人間」として見直し始めた。まったくおかしなことだが、母親が人を訪ねる用があってフロリダへ行ったときなど、美しい水晶を買ってきてくれたりした。母親は、その品物の神秘的な意味合いなどまったく考えず、何となく、これが彼にふさわしい買い物だと感じたのだ。

彼は、さらに深く内面的な自分自身に近づくことができた。すると、彼に対するいろいろな社会的な制約が力を持たなくなっただけでなく、実際にその現実性を失っていくように思われた。クリスティンは、精神世界の教師として、またヒーラーとしての訓練に入った。そして熱心に本を読み始めた。

特筆すべきは、自分自身の意志で、猛烈な勉強を始めたという点だ。

「私は、自分の心のふるさと、奥深い心の底にあるものに触れることができた」と彼は言う。「私は生き返るために学んでいたのだ」

こういう傾向は、覚醒による理想的な進歩の方向だと思う。

しばらくたって、クリスティンは「らせんの道」と題する会報を発行しはじめた。特に彼は、その形、らせん形に強く魅かれたからである。この形状は、DNAの構造、二重らせんを示している。そして、C・G・ユングに代表される諸説によれば、この形は果てしなく続く精神的探求および聖霊のイデアを表している。また単に非線型的な諸実在のたわむれのシンボルなのだ。

過去／現在／未来、ここ／あそこ、あのとき／今……すべてこれらはお互いによじれながらしかも同時に存在する。この非線型の概念に気づいたことは、クリスティンが現在きりぬけつつある夜に日を継ぐ新しい体験にとっても、彼の**ウォークイン**への覚醒がもたらした最高の贈り物のひとつになった。

今までこれしか真実はないと直線的にだけ考えていたことに対するもうひとつの解答は、彼が自分の古い人生と決別するきっかけとなった。

彼は自分の魂がそれこそいろいろなレベルで存在しており、他のETたちも同じような状態にあることを知っている。それでクリスティンは、らせん形の概念を自分のカウンセリングにも利用している。このらせん形を無限、すなわち永遠の現在のシンボルとして受け止めている。

インタビューも終わりに近づき、クリスティンは現在の社会や世界についての自分の見解を要約した。私はこれが決定的な結論だと感じた。

「私たち一人一人は等しく神の恩寵を受けている。私たちはそれぞれ、同じような恩寵を受けている。それは、我々のすべてに平等に与えられている。そして神の恩寵は豊かで、私たちがどんな形態をしているかには関係なく与えられている。すべてのものは、実在の異なる形態なのだ。そこには一番目も二番目もない。それゆえに、自分自身の成長過程を信じるしかない」

星の人々《スターピープル》の多くは太陽系を基地として利用している⁉

本物の覚醒が、必ずと言ってよいほど、最終的には首尾よく過去の制約から自分を解放してくれることは、神の恩寵の証しだと思われる。

何ものも、光を求めて苦しみを乗り越えようとするのを止めることはできない。内面的にも社会的にも、あるときは大きなハンディキャップを乗り越え、またあるときは襲いかかる幻覚と闘いながら。

親しい者たちからのひやかしにも惑わされず、激しい自己不信に苛まれながら、時として友情とも別れを告げ、安定した職業もやめ、そして一切の社会的なしがらみからも手を切らなければならないというこの並大抵ではない覚醒、そしてそれに続く宇宙の使者としての宣言には、さらに内面の意識に向かって進むことが必要になる。

ひとたびそうなれば、日常社会の世俗的な事柄はその拘束を完全にゆるめるわけではないが、影を薄めていく。それは精神病や激しい精神錯乱の際によく見られるような状態に近い。

次に起きることは、もうひとつの別の社会秩序が目の前に現れ、自分の意識の中に入り込んでくることだ。日常のありふれた現実感は、一面では残っているが、もはやそれが唯一の権威の象徴ではなくなってくる。

疑問の余地もなかった我々の「現実の世界」は、心の中のラジオの一波長にすぎなくなる。そのラジオにスイッチを入れてもよく、入れないでもいいという程度のものになる。**ウォークイン**や**ワンダラー**は、イエスの言葉にもあるように、他にも「安住の地」がたくさんあることを思い出しはじめる。

社会への衝撃の最後の例として、すでに第2章で出会ったベティーを取り上げよう。

ベティーはイギリス女性で、60代前半だ。彼女は催眠療法を受けている最中に、自分が他の惑星の生まれであることに気づいたのだった。

彼女は、その催眠療法の間、以前の記憶を鮮明に呼び戻すことができた。そして彼女が6歳の頃の事件を鮮やかに思い出した。そのとき、彼女は死んだと思われていた。

ベティーの話の中で特におもしろかったのは、彼女が違う時と場所から来たというくだりだった。そこでは、現代のアメリカと違って社会的な権利、作法そして礼儀正しい習慣がきちんと守られていた。

ベティーは、幼児期を1930年代のイギリスで過ごした。そしてビクトリア朝時代の最後の遺物であるような保守的な両親に育てられた。その頃の善良な市民は、いつも唇を固くへの字に結んで、粛々と（特に女性の場合）自分たちの義務を果たした。そんなわけだから、隣近所から少しでも変わっているように見られそうな振る舞いは、どんなことがあっても絶対にしようとしなかった。当然、心霊的なものなどまったく考えられもしないほど、風変わりなものと考えられた。

それはベティーの母親にとって、自分に深くのめり込まないということを意味した。

彼女はベティーが医師から死を宣告された話を覚えていると思う。そのとき、彼女の母親は、ある「幻影」を見たのだ。その幻影は、ベティーが他の人に話したところでは「体中、真っ白の衣装」をつけていたというから、多分天使の姿だったのだろう。

ともかく、彼女の母親は、その幻影のしぐさから、ベティーが生き返ることを決めたことがわかったという。これは本当にあったことなのだ。

私はあえて聞いてみた。「あなたの母親は、とても精神的《スピリチュアル》な人だったに違いない」と。ベティーは首をふりながらこう答えた。「いいえ、今私が知っている精神性《スピリチュアリティ》という意味では違うわ。彼女はただ、宗教心が強かっただけ。どちらかと言えば、今で言う心霊作用を受けやすいほうだったと思うわ。だけど、母は古風なビクトリア朝風の雰囲気の中で育ったので、こういうことについてはほとんど口にしたこともなかったの」

しかし、彼女の母親にとってもまたベティーにとっても、そこに霊的な力が現れていたことは明らかだ。そしてそうした力に対しては、イギリス帝国全体が顔をしかめながら静かにじっとしているように命令したばかりに、それ以上、遠くへ羽を伸ばして飛んで行くことができなかったのだ。

確かに、こうした社会的雰囲気の中では、こうした心霊的な力は開花することができなかっただろう。

子供の頃、とベティーは私に話してくれた。彼女は、神秘体験を扱っているチベットの本に書いてあるような、いくつかの「魔法」をかけることができたという。例えば自分の体温を変えて、寒い天気のときは熱く、逆に暑いときは冷たくすることができた。また巨人のような歩幅で歩いたり、テレパシーで交信したり、人々のオーラ（霊気）を見たりすることができたという。

時々彼女はうっかり口をすべらせて、こんなことを言ったりした。「あの人は、本当のこと言ってないわ、ママ！」彼女は、ある人間のオーラが変わるのを見てそう言ったのだ。彼女には、その男が心の中で何を考え始めたかが、はっきり読めたのだった。

しかし、この謎めいた子供ベティーは、まさにイギリス人がよく言う「あっちへ行きなさい」という調子であしらわれてしまった。イギリスにはまだ、ビクトリア朝が影を落としていた。ＥＴや宇宙生物についての話は、社会的な話題として取り上げられる雰囲気ではなかった。ＥＴであることは、すなわち精神異常であることだった。それ以上でもなく……それ以下でもなかった。

「あの頃は、私の人生の中でも問題が多かったときね。私はこうした種類の問題が検討されることさえもないような世代に生まれたの。まったく話題にさえできなかった時代だったわ。今日の状況とはまるっきり違ってたの。それでもなおこういう話題にふれようとすれば、少しおかしいという理由で、どこかの精神病棟に収容されるような状況だった。子供のとき、外へ出て、天使たちや自然の妖精たちと話すことは、ごく普通のことだと思ってたわ。私が外で遊んでから家へ帰ると、母親が誰と遊んでいたのと聞くので、私はありのままのことを話したの。するとどうでしょう！　私の祖父がそれを聞いてこう言ったの。『本当のことをありのままに話させるようにしなくては。さもないと、この子は変な子供に育っちゃうぞ』私はすっかり打ちのめされてしまった」

それは、精神的なショックだったとベティーは言った。彼女の家族たちは抜け目のないやり方で、これに対応した。一方的に決めつけた頑固な考えを押しつけてきたのだ。それも、あからさまな家族だけの親切さにかこつけて、ベティーがちゃんとしたレディーに育つのを助けるという名目で。精霊や妖精、あるいは別世界の生き物たちの話をするたびに厳しく叱られた。そんな嘘が、どんなに異常で許されないことかを徹底的に教え込まれた。

「私はまったく無口な子になったの。とても辛かったわ。ずっと長い間、こうしたことを自分の心から締め出していたの」自分自身が、別の世界の魂を持っていることを公にするのは、もっと待たなければならなかったのだ。

彼女は青春時代に「2つの大いなる愛」と呼んでいたものに熱中した。自然と親しむ生物学と音楽の2つである。特に音楽に情熱を傾け始めた。奨学金によって、彼女は王立音楽院からコンサートの歌手として学位を受けた。そしてイギリス中を旅行した。最後にベティーは結婚して、子供が一人できた。そこで歌手として全国をわたり歩くことはあきらめて、再訓練をして看護師になる道を選んだ。

時がたつにつれて、この新しい生活は彼女の地球外生物としての生い立ちにぴったりしたものになった。

「そういえば」と彼女は言った。「私は自分の惑星の先輩たちから、新しくETの魂を得た者のほとんどは、医学、音楽、法律のどれかを学んできたと言われた」これらのコースは、定められた道をたどり、この地球という翼を選んだ人たちのために設けられたカリキュラムだという。地球上での人生体験は、かれらETたちがより高次の精神的修行をするための通常の手段なのだ。

ベティーは年を取ってから、自分でゆっくりこれまでのことを考えてみた。彼女は、自分の母親を精神的なものへ近づくにはあまりにも宗教的傾向が強すぎると簡単に片づけてしまっていた。しかし、思い返してみれば、彼女の母親は「実はこうしたことについての、心の底からわいてくるような知識を身につけていたような気がする。彼女は教わったこともなく、ただ多くのケルト族の人たちと同じようなことを知っていただけだったけど」。

ところで、タイムトラベルとして考えれば、ビクトリア朝時代のイギリスと月にロケットを打ち上げたり、地球外生物たちがいたりする現代の世界とはそう遠くはへだたっていない。こういうことを頭に置きながら、私はベティーに、どうして自分が他の惑星から来たとはっきり言えるのかを聞いてみた。

この問いかけに対して彼女は、英国流の自信と、昔のイギリスの古風な魅力ある世界の礼儀をまぜたような雰囲気で答えた。彼女は笑いながら肩をすぼめてみせた。それから自信いっぱいに、こうはっきり言った。「ええ、自分がそうだっていうことははっきりしているわ。そこへ帰ってみたから」

それが「アストラル体による旅」だったなんて言わないで、と彼女は私に話した。彼女はそういう表現がきらいだった。しかし、他の人たちが眠っている間に、彼女は金星に帰ってみたという。そこは彼女の基地で、自分が生まれた惑星ではないのだ。すでに述べたように、彼女が生まれた場所は、アンタレスなのだ。その星はさそり座に属している。

「私は、本当によく知っているの」と彼女は言った。「私は同じ星から来た大勢の兄や妹たちに会ったことがある。この人たちは、体つきは似ているが、人間ではないの。しかしお互いに目を見つめあうと、間違いなく誰だかわかるの。会うとすぐ言葉で話さなくても、前から知っていた他のコトバで通じるの」

私たちの会話は、快く取り交わされていった。ベティーは、一度ETとして覚醒したと確信すると、それが心の中心を占め、他のどんなことよりも、他の人がどう言い、考え、行動しようが、例えば、それが王でも女王でも皇帝でもまったく関係なく、いちばん大切なものになった。

彼女は「社会のかたすみ」に住んでいても、それをかえって気楽だと考えているだけでなく、居心地のいい社会を自分自身で見つけ出していた。彼女はそこの歴史と体制についてよく知っており、その詳細のいくつかについて話そうと思っていた。

「私は、自分が生まれたところがどんなところか説明できないわ。そこには長いこと行っていないから」と彼女は言った。「しかし、金星の私の駐留基地については詳しく説明できるの。いつもそこには帰っているから」

多くの外宇宙からきた星の人々《スターピープル》が、この太陽系を基地として利用している、とベティーは言う。利用の仕方は、地球外生物のグループによって違っている。

「火星を基地として使っているグループもたくさんいるが、金星を使っているグループもかなり多い。銀河系評議会は土星を使っているが、基地としてではなく、会議場として利用している」このグループは正式には「土星評議会」と呼ばれているという。その役割は、我々の全太陽系を管理することだ。くしくも、ラー文書にもこの同じグループの記録がある。

多くの人たちにとって、ETであることは、この地球で特別の仕事や果たすべき使命を持つことを意味する。「もうこの地球に帰ってくる必要のない人たちもいる。この人たちはもう人間の姿になる必要もないの。なぜなら、この人たちはこの学舎《まなびや》の地球での人生体験を終了し、この地球の学舎の特別教科も修了したから。そして地球と地球の人たちを助けるために選ばれて帰ってくる他の人たちもいる」

この世界は、進化する生命の銀河系ネットワークの一部なのだ。

私は、ＥＴの生まれであるという人たちが、なぜこの地球にやって来たのかについてもう少し説明しておきたい。さらにまた、多数の地球外生物たちが話してくれた覚醒についての最後のメッセージも伝えておきたい。

しかし、今はベティーが自分の長年の――実際は多くの転生の人生を経て――この地球と他の場所で体験した結論を、この章の締めくくりとして紹介しておきたい。

「最後に分析してみると」と彼女は優しく軽快な、イギリス風アクセントで「大した問題ではない……」と結論を言い始めた。「大した問題ではない。地球の人間として生まれようが、どこか遠い星からやってこようが。もし私たちが本当に、ここで理解し学ぼうとしていることが、我々はすべて神が創造したひとつのものの一部にすぎないという事実だとすれば、本当にその生い立ちなどは関係ないことよ。もっとも大切なことは、あなたが内面の神への道をたどっているということ。そして、愛し愛されることを学ぶこと。それがすべてなの」

こう言って、彼女は微笑んで、礼儀正しくかるく会釈をした。そしてインタビューは終わった。

第7章　すべての〈別〉世界が見つめている

——ETを扱うメディアを、ET自身はどう見ているか

メディアは、もともと地球外生物が大好きだ。ETや宇宙船の話、世にも奇怪な誘拐の話、気味の悪い緑色の小人たちのお話などが、特に好きだ。つまり、ETの存在を信じている人や信じていない人も、まやかしの話をする人やそれをあばきたがる人も、その中間ではっきりしない人たちも、すべてが大好きなのだ。こんなに好いてくれるメディアの仲間たちを、敵と思う必要はまったくない。例えば、ここに「ニューヨーク・タイムズ」の最新記事の見出しがある。

『UFOに遭遇したと主張する人たちに異常な点なし、との研究結果』

これは、「ニューヨーク・タイムズ」のサイエンス・ライター、ウォルター・サリバン氏署名の

記事で、カナダのオタワにあるカールトン大学の心理学科の調査結果を報じたものだ。サリバン氏は、『私たちは、一人ぽっちではない』の著者としても有名である。UFOを見たことがあると言っている49人の人たちを心理分析したところ、精神異常の傾向は誰にも認められなかった、というのである。やや異常と言えば、この人たちが、地球の彼方からの訪問者は必ずやってくると信じていた、という点だけである。

私自身は、UFOの来訪を信じるか信じないかだけで人を区別すること自体に反対だ。しかし、この記事の内容は、いみじくも、UFOに遭遇した人たちに対する主要メディアの姿勢をはっきり表している。著名なライターの手によって客観的な装いを凝らしているが、やはりある先入観に基づいた前提が底流には感じられる。

荒っぽい言い方をすれば、もしもあなたが、地球外生命という別存在を本気で信じようとするならば、とたんにさまざまな問題が降りかかってくるということだ。さらに一歩ふみこんで、UFOを本当に見たことがあるなどというとんでもないことを口走ったり、たまたま自分はETだと告白したりしてみなさい。そんなことをすれば、すぐに世間から、異常者扱いされてしまうのだ。せいぜいこんなところが、メディアをはじめとする世間一般の基本的な姿勢なのである。

ところで、この大学の心理学者たちは、一体、何を調べようとしていたのだろうか？　この「ニューヨーク・タイムズ」の記事によれば、彼らの目的は、UFO目撃者の「記憶や学習をつかさどる脳の前頭葉に一時的な異常」が認められるかどうかを診断することだった。つまり、初めに精神障害があると決めてかかって、その原因の追究に全力を注いだという次第なのだ。

そして、結果は「異常はまったく認められなかった」。それどころか、研究分析の結果、UFO目撃者たちは、こうした経験のない人たちに比べ、「知能的にやや優れている」ことさえ証明された。

しかし、なにぶん彼らは心理分析の専門家たちなので、さらに調べずにはいられない。そこで、他に異常な点がないかと考えた。そして、この研究者たちは、UFO目撃者たちが、「睡眠麻痺」に陥っていた可能性を指摘しだした。ご承知の通り、これがよくある「心理学的結論」なのだ。睡眠麻痺とは、その犠牲者がウトウトしたり、パッチリ目覚めたりしていても、体が金縛りになって動けない状態を指す。それは幻覚をともない息もできない感じだが、起きたことはよく覚えている。

心理学者たちは、初めに何かが異常であるという前提をたててしまった。そして、この「異常」体験に対する説明を余儀なくさせられてしまったのだ。残念なことに、これがすべてを客観的に科学的に説明づけようとする、我々人類の文明の限界なのだ。

ところで、ほとんどのメディアがETものを扱うときも、その前提は「どこかがおかしい」である。しかし、それは、ETについての情報を提供しようとする場合の話。それを大衆娯楽向けに活用しようと思ったとき、メディアは思い切った演出をするものなのだ……。

かくして私たちは、魂の乗り換わり、**ワンダラー**、**ウォークイン**あるいは意識の進化といった概念に馴染まないまま、その巧妙な演出に引き込まれてしまう。私たちは、抵抗することもなく、なかば催眠術にかけられたように、たぶん神経麻痺のような状態になって、地球が生んだおかしな機械の前に釘付けになって時を過ごしてしまうのだ。そのおかしな機械とは、目に見えない電波を受信し、それらを集め映像として再表示する、あの小さな箱のことである。別名テレビという、あの人間の文化が作り出した後光に包まれた聖像《イコン》のことなのだ。

いつでも見たいときにテレビをつければ、月面を歩いたり、宇宙を遊泳する人間、他の惑星の景色、無重力で泳ぎながら手を振っている宇宙飛行士などの、生き生きとした色鮮やかな映像が目に飛び込んでくる。今では、こんなこともごく当たり前のように思われている。くりかえし上映される、スター・ウォーズ、未知との遭遇、エイリアン・ネイション、E.T.、そして、多くのテレビ・トークショーに登場する善玉、悪玉の宇宙人たち、はては、誘拐犯人を演じる宇宙人たちについては、どうだろうか？　我々は、やはり当たり前のこととして、自然に受け入れているのだ。さらに注意して聴いてみると、地球外生物についての専門用語が、マスコミや軍事関係そして日常生活のスラングとして、いかに多く使われているかに気づくはずだ。例えば、「スターウォーズ」ミサイル防衛システム、いつでも長距離コールができる「E.T.」電話……などがそれである。

残念なことに、こうした地球外生物についての知識は、主にマスメディアがつくりあげたもので、地球外生物の存在そのものを真剣に検討したり、調査研究したり、あるいは深く思考したりした結果から生まれたものではない。おおざっぱに言えば、ほとんどすべての知識は、ショー・ビジネスの産物と言えるだろう。そしてさらに残念なことは、その儲け主義のために、地球外生物についての描写がひどく歪められてしまったことだ。

ところで自分がETであることを、何の抵抗もなく、むしろ誇りに思っているビッキーの場合は、こういうメディアの現状について、どう考えているのだろうか？　彼女の試算によれば、1993年の1年間で、アメリカ中のテレビ局が放送したエイリアンを扱ったショー番組は、400以上にもなるという。しかもこの数字には、地球外生物を素材のひとつとして利用しているコマーシャルは入っていない。ビッキーは、こうしたショー番組の中にはET現象に対する人間の反応を確かめようとする、政府の情報操作のために提供されているものがあると信じている。

この章では、こんなに爆発的に増えてきたETやUFOや宇宙人を題材にしたマスメディアの番組が、「自分たちは**どこか別の場所**から来たのだ」と本当に信じている人たちの目にどう映っているか、という点を特に取り上げてみたい。今回、私がインタビューした人たちは限られてはいるが、世界を違うふうに見ている多くの人々と同様、合衆国の他のマイノリティ・グループの見方と、そう差のあるものではないと思われる。いずれにせよ、ETであると信じている人たちにとっては、マスコミがつくったびっくりハウスの歪んだ鏡の中に自分たちの姿が変な格好で映し出されるのをしょっちゅう見ているのは、忍びないことであるのに違いない。喜んだり、がっかりしたり、じっと我慢をしたり、こうした人たちにとっては、大変な試練であることは間違いない。

世間の人々は、つまらない考えにこだわっている

これから取りあげるのは、かつてはメディアで働いていたが、ある日、不思議な精神体験をしてから仕事をやめてしまった、ある女性の話である。彼女の名はビリンダ。魅力的につつましく装っ

た40代の彼女は、世間から一目置かれるような職業を持ち、一般の社会にすんなりと溶け込んでいた。上司ともしっくりいっていて、いつも社会の表舞台に立ち、決してはみ出し者ではなかった。ただひとつ周囲と違った点は、ビリンダが生まれつきのETである**ワンダラー**だったことだ。こうして彼女は残る人生の大半を、催眠療法のセラピスト兼チャネラーというやりがいのある仕事に捧げることになった。しかし、この現在の仕事につく前の彼女は、我が国でも有数の大きな広告代理店のフリーランスのアートディレクター兼グラフィック・デザイナーだったのだ。そして少なくとも表面上は、その仕事にすっかり満足しているように見えた。

しかし、事件は突然起こった。1978年の6月、彼女はカリフォルニアに住み、いわゆる「個人的な感情問題」に巻き込まれていた。週も半ばに差しかかったある日の夕方、彼女は腰掛けてテレビを見ていたのだが、だしぬけに、周りの壁が自分に向かって迫ってくる気配を感じた。もう家の中にはいられないと思った彼女は、我知らず外へ飛び出していた。ビリンダはすぐ車に乗って、彼女が良き友人だと思っていたある男性の家に駆け込んだ。そしてその男友達に、自分が今一人でいることに耐えられない状態になっていることを訴えた。

「そんな目に遭うなんて、かわいそうに！　僕に何かできることはないかい？」

と彼は言った。

「ただ、しっかり抱きしめて」

とビリンダは頼んだ。そして、

「何もおかしなことは起きていない、と言ってちょうだい！」

と彼女は叫んだ。彼女の男友達は、手をのばしてビリンダを抱いた。

次の瞬間、彼女は思ってもみなかった感情の高まりの中へと落ち込んでいった。それは本当に奇妙な感じで、誰かが彼女から話す力さえ奪い取ってしまったようだった。このときの感じを、彼女は不思議な精神的体験だったとしか説明のしようがなかった。そのとき彼女が覚えていたのは、「まぶしい白い光と時間がなくなった感じ」だけだった。

それから数時間たって、彼女は、震えながら自分の家に帰った。車で家に帰る途中、もうこれからは他人に頼らず、自分だけで生きていこうと心に決めた。そしてそれが何だったにせよ、自分が体験したことをありのままに信じることにした。ここで彼女はある決心をした。

「自分は、生まれつき大変精神的《スピリチュアル》な人間で、ことさらに俗っぽい広告業界では精神的なよりどころを見いだせない」

彼女は、この考えをさっそく実行に移した。そしてあらゆる種類の精神的修行に励み始めた。彼女が言うには、「手に触れるものすべてから何かを学び取るように」仕向けられていると感じた。ここにもまた、自分たちの生い立ちに気づいたETたちが急に心の内面に強く惹かれるという、よくある現象が見られる。

友人の家でこの神秘的な精神的体験をするまで、ビリンダは占星術にちょっと興味を抱いていたぐらいだった。それは、彼女の内面的でオカルト的なものに対する関心の延長線上にあるにすぎなかった。しかしあの夜の体験以後、彼女はがぜん、むさぼるようにETや輪廻転生についての書物を読み始めた。そして、夢の中で見たことや遊体離脱体験についても真剣に考えるようになった。

そのうえに、彼女はいつも奇妙な思い出につきまとわれるようになった。

「ええ、こんなありそうもないことをよく覚えているわ」彼女は告白し始めた。

「それは夢の中に何回も出てきたのよ。宇宙船に乗っていたときのことをいつも思い出すの。夢の、ようだけれど、本当にあったような感じなの。はっきり目が覚めてからも、同じ感じがずっと続くのよ。それから変なことが起きるの。ルース・モンゴメリーやエドガー・ケイシーのことが、ひとりでに書けたり読めたりできるような力がわいてくるの」

私は、ビリンダが実にたくさんの話をすみずみまではっきり覚えていることに、特に関心を抱いた。そこで、彼女にいくつかの質問をしてみた。彼女がそれに答えた内容から、彼女はまさしく一人の典型的な、生まれつきの**ワンダラー**であることがわかった。彼女は地球上で身につけた今までの自分の殻を破り、もっと深く内面的なことがわかる本来の自分に戻ろうとしていたのだ。彼女の話の中でも、次のような体験談が特に興味深かった。


「私が4歳のとき、両親が休暇でミシガン湖に連れて行ってくれたの。のんびりした田園の中で、釣りをしたり、森の中を散歩したりして、とても楽しかったわ。そんなある日の夜遅く、私は目を覚まして、泊まっていた丸太小屋のそばの湖の近くを、うろうろと一人で歩いていたの。月の光がとても美しく水面に映っていたわ。そのとき、突然、湖のほとりに、背の高い一人の男性が現れたの。男性の背は見ている間にも、ドンドン高くなっていくみたいだった。その人からは、本当の優しさと愛情に包まれた何かが伝わってきたの。そして、『美しい月の光の上を歩けるかな？』って、聞いてきたの。『水の中に落ちそうで怖いわ』と答えると、『僕の手を握ってごらん。一緒に歩けるよ』と返事が返ってきた。私たちは本当に、その通り、水の上を歩くことができたの。そして気がつくと、数秒後には、私たちは宇宙船のなかにいたわけ。そこで、もう一人の別の男性と一人の女性が話しかけてきたの。そして、玩具で私を遊ばせてくれたの。その玩具は、地球で見掛けるものとよく似ていて、床いっぱいに広がっていたわ。そのことはよく覚えているの。その人たちは、私に簡単な身体検査をしてから、こう言ったの。『貴女は大きくなって、とても強くなるわ。それから何か特別のことが貴女の上に起きるけれど、それを怖がってはいけません』と」

この宇宙船で会った二人のうちの一人が、ビリンダ自身だったと彼女は今でも信じていた。それは未来の自分の姿だった。多分、遠い未来の世界から、わざわざそこにやってきたのだ。未来の自分自身が、まだ子供のビリンダの成長を見守るために、現在の世界に帰ってきたのだ。そのことがあってから、年がたつにしたがって、「こんな奇妙なこともごく自然に受け入れられるようになってきた」とビリンダは言う。また彼女は、自分というものが、たくさんの異なる部分から形づくられていることに気がつきはじめていた。しかし、その異なる部分は、一口に言い表されないようなものだった。自分の中には、人間としてのビリンダだけではなく、他の何ものかもしくは他の誰かが同居していると思うのだが、それが何であるか、はっきりとは定義できない状態だったのだ。

ただひとつ彼女にわかったことは自分には、本当に地球外生物の魂が宿っているということだった。ビリンダは、広告の仕事を続けている間に形而上学の学士号を取得していた。その後彼女は、降霊術師として認められた。彼女は、さらに研究を続けて、ETと過去生（前世）を扱う臨床催眠セラピストになった。

私がこうした話を聞いているあいだ中、彼女からものすごい情熱が伝わってくるのを感じた。こうした彼女の生まれ変わったような積極性は、ETの魂が彼女に乗り移ったためだと思われた。私は熱心に彼女の話に耳を傾けた。彼女は生き生きとしており、こういうことを話すのを、むしろ誇りに感じている様子だった。ビリンダ自身も、自分がETだとわかってからは、今までの、おずおずとした性格を、完全に捨て去ることができたと言った。彼女はまだ広告業界のアーチストとしても活躍していたが、以前と違う点は、自分は良い仕事をしているという自信だった。もしクライアントが、その仕事に対して報酬を支払ってくれないようなときでも、堂々と働いたものに見合う経費ははっきりと請求できるような性格に変わったのだ。

彼女は、自分の中に新たな勇気がわき上がってくるのを感じた。そして、過去生セラピー（前世療法）と研究を目的とするAPRT協会の代表者会議に出席するまでになった。その会議で、ビリンダは初めて公式に、自分がETであることを宣言したのだった。

「そういうことでしたか」私は彼女への質問を続けた。

「ところで、そういう体験をされた上で、メディアの仕事をされているわけですが、メディアがETを紹介している現在の姿勢をどう思いますか？」

ビリンダは、急にややビジネスライクになって、こう答えた。

「マスコミは、何か型にはまっているようですね」

彼女は、ことさらに怒りや憤りを表さずに、淡々と自分の意見を述べた。しかし、メディアがETを扱っている姿勢については明らかに批判的だった。メディアは、極端に視聴者を脅かしたり、滑稽にしてみせたり、急に可愛らしくしてみせたり、ETを漫画のように扱っているというのが、彼女の感想だった。そしてETについては、もっと真面目に取り上げなければならないテーマなのに、一度もそんな番組を見たことがないと不平も漏らした。私もその点についてはまったく同意見だった。現状は、みんなが知っているように、ETの存在を根っから疑っている連中や、何でもわかっているような顔をして、批判ばかり繰り返しているような人たちだけが、テレビの画面に登場していると、彼女は言う。

「メディアの人たちは『UFO懐疑論者のためのニュースレター』の発行者、フィリップ・クラスのような人たちだけを登場させがちだ」と彼女は指摘する。

「それというのも、こういう登場人物ならば、何を言うかあらかじめわかるので、安心できるから。あの人たちは、視聴者を煙に巻き、クスクス笑わせるために、いつも番組に出ているのよ」

なぜなら、テレビを見ている人たちも、〝専門家〟があぁ言っているのだからと思って、一緒になってETのことを笑い飛ばせるからだと、彼女は説明する。何でそんなことをするのだろうか？ その理由の一部は、政府がETについてのはっきりした証拠を隠そうとしているからだと、ビリンダは信じている。

しかしそのことよりもむしろ、根深い心理的な背景こそが問題なのだと、彼女は言う。そして、メディアがETをこんなふうに描くのは、その底流に未知のものに対する恐怖があるからだと、ビリンダは強調する。特に「未知のものは常に恐ろしいものだ」という固定観念が問題だ。メディアはこうした固定観念を助長し、人々が新しい体験に対して心を開こうとするのを、邪魔していると、彼女は言う。それどころか、メディアのこうした姿勢は、人々が自分自身で内面的対話をしようとすることさえ阻害している。

「人々は、変化に対して偏った考えを持っている。変化は、不安で、良くないことで、とても怖いものだと考えがちだ。現実には、変化は起き続けているのにね」と彼女は述懐する。

「もし、テレビや新聞そして世間一般の人たちが、ETやUFOとの遭遇が本当に起きているかどうか知りたいと思っているならば、事実を見極める方法を根本的に変えなければならない。単純に白か黒かで決めてしまうような方法は、もう通用しない」

もっと悪いことには、変化への恐怖は、人々から〝意識の進化〟のために正面から立ち向かう力までも奪い去ってしまうと、ビリンダは言う。

「困ったことに、こういう風潮が今は大勢を占めている。しかも、みんな頑なにそう信じ込んでいる。一体どうして［なぜ地球では= why on Earth］人々がこれほどまでに恐怖感にとらわれているのか？　私には理解できない」

恐れるのも無理はない

なぜ恐れるのか、という疑問に対するひとつの答えを、ルーシアから聞き出すことができた。彼女はノース・カロライナで、ＥＴの魂が突如乗り移る、いわゆる**ウォークイン**の体験をした。それ以来、全体論《ホーリスティック》の教師として、他人に先がけて人格成長のための従来とは違ったメソッドに関する思想を切り開いて来た。傾聴に値する意見の持ち主なのだ。

　ＥＴを描写するメディアの態度について、ルーシアはこう言っている。

「今のような傾向は、変化に直面することを嫌う人たちの、一種の恐怖心が原因だと思うわ。しかし、その恐怖心の原因も少しはわかります。私が調べたところでは……」とルーシアは、確信に満ちた口調でこう続けた。

「確かに、まだ進化していない地球外生物がいる。そういうＥＴは、確かに危険だと思う」

　この点は認めながら、それにしてもほとんどのマスコミは、あまりにもＥＴの悪いイメージだけを強調しすぎる。従って、メディアが提供する映像だけに頼っていては、偏った不平等な見方しかできなくなると彼女は警告する。

「私が思うには」彼女は続けた。「ＥＴの良い面を、素直に受け入れることが大切で、本当に善良なＥＴはたくさんいる」

　この点について、私も同じ意見だということがわかると、ルーシアはすばやく次の話題へと移って行った。メディアの姿勢について、もっと重要な面を指摘し始めたのだ。「メディアの姿勢が肯定的か否定的かを考える前に、ＥＴは存在するのだということが、社会的に受け入れられることこそ大切だ」と彼女は言う。「ＥＴは存在する。今ここに姿を現している」と。この点を強調した後で、彼女は、「その上で、ＥＴのうち誰が人間に危害を与えるかを、もっとしっかり判別することが大切で、助けに来てくれる大多数のＥＴたちには心を開くべきだ」と付け加えた。すべてのＥＴを同じ目で見てはいけないということだ。よく心を開いて慎重に判断すべきなのだ。

もうひとつの大切な側面がある。この点について、人々はよく吟味もしないで忘れがちになるが、それはＥＴの存在を信じない人々自身についてのことである。言いかえれば、批判的な人たちについて、こちらが批判的な目で受け止めなければならない、という点である。

ルーシアは、もっとも一般的なメディアの姿勢を代表しているＴＶの、ある人気番組を例にあげた。その番組構成は、ＥＴの存在を主張する人たちと、ＥＴはまやかしだときめつける名うてのすっぱ抜き屋との、喧々囂々《けんけんごうごう》の直接対決を柱とする、いいかげんなドラマを盛り上げる形をとっている。両陣営とも、結論の出ないプレイオフに持ち込むように、初めから心がけている。それが、いずれ行き詰まることがわかっている激しいやりとりの、せめてもの礼儀であると考えているようだ。

マスコミの本当の狙いは、地球外生物の話を次から次にショー番組にひっぱり出して利用するだけのことだ。そうすれば番組は見てもらえるだろう。だが、こんなやたらに叫び合うだけで満足しているような番組からは、何かを学び取ることは期待できないのだ。

こうした見解は、キース・トンプソンがＵＦＯ事件に例を取って、見事にその著書『天使たちとエイリアン、ＵＦＯと神秘思想』の中で述べている。

長い間ずっと、おざなりの情報屋連中がおきまりの呪文を唱えて、「でっちあげだ」とか「幻覚にすぎない」とか「誤認の結果だ」とか言って、ＥＴについての情報をやり玉にあげている一方では、専門的なＵＦＯ研究者たちは「ＵＦＯは実在する」と言うだけでなく、「人類の歴史において非常に重要な出来事だ」という点を強調し続けてきた。かくして、プレーヤーたちは、どちらにつこうかとあらかじめ考えてからゲームに臨むことになる。見ている者に対しては、プレーヤーたちはルールにのっとって戦うことを納得する。そのルールとは(1)確信を持って主張する、(2)激しく論争する、の二つである。そして進行をつかさどるレフリーたちがプレイを強制し、ゴールは相手を言い負かすことになっている（いつでも、これが最後の判定だと言いながら）。

これらすべての進行は、書き記されてもいない、話されてもいない不文律（暗黙の了解）によって取りしきられている。すなわち誰も相手を納得させてはいけない、決して。ゲームは果てしなく進行していく。

従ってさまざまな疑問は、通常の討論方式によって解決をみることは決してない。しかも、お互いの主張は終わることなく、いつまでも続く。その結果、両陣営とも自分たちの立場をはっきりさせることができないのだ。

しかし、ルーシアは大衆は懐疑論者側に甘すぎると主張する。懐疑論者は懐疑主義そのものを大いに懐疑すべきなのだ。

「すべては主観的な体験に基づいている」と彼女は言う。「そして主観的な体験だという点が、主な論争点のひとつになっている。誰もそれを証明できない。同じように、誰も神の存在を証明できないし、魂の存在も証明できないのだ。それは、物質的なものではないからだ」

事実、「今朝起きたときのあなた」は「昨夜眠りについたあなた」とまったくどこも変わっていない、同じあなたであることさえ、誰も証明できないのだ。

テレビ番組のなかでは、真剣そのものに見えるのが、すっぱ抜き屋たちである。そして、暗々の尊敬をかち得ているのが懐疑論者である。しかし、存在の神秘性を否定して生計を立てている人々は、あたかも真実を知っているかのように振る舞っているが、本当のところ、確信ある事実なんて、とても把握しきれるものではないのだ。彼らの自己満足は、まったく不適切かつ根拠のないもので、かりそめにも公平に判断されたものではないのだ。証明の問題は、いまだ未解決のままなのだ。私たちは、この点の結論をまだ持っていない。

私が何回も**ウォークイン**と**ワンダラー**とのインタビューから得た、同じような見解を説明すると、ルーシアは私に、そのすべては「一人一人が、何が本質かを別々に心の中で考え抜いた結果生まれてきた、共通の見方だ」と感想をもらした。

しかし、結局のところは、彼女もET体験の事実を受け入れようとする人たちは増えてきており、それに対する理解も徐々に深まってきたことを認めたのだ。**どこか別の場所**から来た人たちがいることを信じる人たちは増えており、もはや単なるSFの世界にとどまってはいないのだ。「私は、ETの存在を否定できなくなるときが近づいていると思う」とルーシアは明言した。そして、そのときがすぐにやってくると思っているたくさんの人たちがいる……。

政府陰謀説ははたして本当なのか？

私の研究調査に協力してくれた大部分の人たちも、ビリンダとルーシアの意見には同感だった。恐怖感が、ETの存在を認めるか認めないかの判断に強く影響しているのは、まぎれもない事実だ。しかしよく考えてみると、世間に広く知られ、私たちが見たり話したりできる程度のものは、本当の恐怖とは言えないのだ。本当に私たちを真っ青にさせるような恐怖は、どこかにそっと隠されたままになっていることが多い。端的な恐怖をともなうものは、見たり聞いたりできないことが多い。また、拒否反応自体はむしろ人間を刺激する強力でもっとも有効な材料になるものだ。

ところで私は恐怖に関するちょっと変わった見解を聞くことができた。この見解によると、恐怖感が事態の中心にあることはその通りだが、人間の恐怖は何もないところからは生まれないというのだ。恐怖は人間の政治の場に、立派で堅固な足場を持っている。

そもそもどういうように説明して、どこまで、いつ見せるかというようなことが、すべて政治的見地から判断されて、本当に知りたいことは私たちのすぐ身近にあるお馴染みの世界に隠されている。その世界とは、堕落した政治の世界であり議事録隠匿《いんとく》の仕組みであり、また現状の秩序をぜひ維持する必要のある世界である。

こうした見解を、私はバリーという女性から聞き出すことができた。彼女は明らかに社会の主流派に属してはいなかった。東海岸ではよく知られた霊能者で、国中をまたにかけて活躍していた。バリーは、すんなりと自分がＥＴであることを受け入れていた。彼女は30代後半にさしかかり、「星の人々《スターピープル》について教え、ＥＴとしての覚醒を手助けする」ことにすべてを注いでいた。彼女自身、これが一番自分にふさわしい役回りだと考えていた。

メディアについての話になると、彼女は非常に憤慨しながら次のような意見を述べた。

「ものごとには悪い面もあれば、必ず良い面もある。しかしメディアの人たちがやっていることといったら、ＥＴの醜い面だけをことさらに描写しているだけよ。あの人たちは、みんなを怖がらせようとしているのだわ。ＥＴがここにいて、何とかこの惑星地球を救おうとしているのに、そういう面をマスコミは何も取り上げようとしないじゃない」

この話を聞いて、私の心に浮かんだ疑問は、でもなぜそうなるんだろう？　という点だった。もし私たちが見ているマスコミの報道がそんなに偏っているのが事実なら、彼らの狙いは一体何なのだろう？

そこで私は、バリーにちょっと聞いてみた。確かに悪玉のＥＴが売り物にされているようだが、善良なＥＴたちもかなり紹介されていないだろうか。スティーブン・スピルバーグがそのいい例だと思うんだけど。

この質問に対するバリーの答えは深刻なものだった。その内容は、単にETの良い面を描いた映画やテレビドラマがあるかどうか、という段階をはるかに超えた根本的なものに触れていた。彼女は、そこにはもっともっと深刻な問題があると言うのだ。

「もし、みんなが**どこか別の場所**からきた人たちの良い面をいつも見られるようになれば、世間はETの存在を受け入れるようになるわ。でも、それだけじゃないの。そうなれば、世界中の今の政治的な権力構造に大きなひびが入ってしまうのよ」

私は彼女に、もう少し詳しく話してくれるように頼んだ。

バリーはそこで、次のような説明を加えた。だって、もし私たちの間にもっと偉大な英知とさらに大切な、もっと大きな愛の心を持っている人たちがいることがわかったら、どうなるだろうか。もし、そんなことがわかったら、世界中の権力機構は勝手に戦争を起こしたりすることができなくなる。彼らは今まで、やりたい放題に飢餓の原因をつくったり、社会的不正、社会的不平等、恐怖政治、裏切りや憎悪を見逃してきた。そんなこともできなくなるだろう。そうなれば、一般の人々の現在の権威に対する忠誠心は崩れ始める。なぜなら、限りない進化を遂げた宇宙人がいて、自分たちをすぐにでも救ってくれることがわかったら、一体誰が喜んで今の権力主義的なリーダーたちの言いなりになるだろうか？

実は彼女のこうした見解を裏づける興味深い情報がすでにあるのだ。それは、ブラッド・スタイガーが非公式に1986年に行った調査の結果得られた情報のことだ。それは、同氏の最近の著書

『星に生まれて《スター・ボーン》』に記されている。その中でスタイガーは、ＵＦＯ現象を説明するのに一般的に使われる、17項目の仮説をあげている。こうした仮説の中の一項目に、彼は「政治の共同謀議の仮説」を入れている。

その内容は次の通りである。ワシントンは、たちの悪いエイリアンたちが医学的実験を目的として地球人をある回数誘拐するのを認める代わりに、エイリアンの進んだ技術を手に入れる秘密協定を結んだことを、ひた隠しに隠している（この内容は、世界各国のＵＦＯ会合の議事録にもよく見られるものである）。

ここで特に興味深いのは、バリーが一人のＥＴの立場から主張している政府陰謀説では、情報の隠匿はもっと広い分野にわたって行われていて、**どこか別の場所**からやってきた者たちの善意をも覆い隠している、と主張している点である。本当の善意を政府は真から恐れている！　親切な愛の力を、ただ恐れているのだ。今までの権力的な、見せかけの親切さの仮面がはがされるのではないかと思っているのだ。

「権力機構は世界中が平和になることを恐れている」とバリーは言い、こう付け加えた。今はそうでも、やがて国際的な平和が訪れれば、人々は**どこか別の場所**からやってきた者の存在を受け入れるに違いない。他の多くのＥＴたちも、必ずそのときがやってくると信じている、と。

しかし、平和は現状の体制に対する、大変な脅威になるだろうとバリーは思っている。本当の平和がやってくれば、軍隊は武器を捨てなくてはならないだろう。警察も縮小されるだろう。あらゆる経済的な組織が、戦争以外の別の基盤を探しまわらなければならないだろう。そして、大きな政府を支える基盤が崩れ落ちるだろう。このように、権力者にとって、平和はまぎれもなく危険きわまりないものなのだ。

権力から逃れて活躍している多くの社会活動家たちも同じことを言っている。現に、権力、経済力、武力闘争を前提にした「エリート集団」の権力機構は、地球規模で展開している。人類が国家権力への忠誠の義務を捨てて、善良なETたちのもとへ走ろうとすれば、彼ら権力者たちは何とかしてその動きを阻止しようとするに違いない。今権力を握っている人たちは、自分たちの立場が危うくなるようなことを望むはずがないのだ。

こう考えてくると、メディアがETを扱う今の姿勢が、本当に腹立たしくなってくる、というのがバリーの見解だ。彼女はメディアに対して、ちょっとした怒りも感じるが、むしろ悲しい気持ちがすると言う。彼女は話の中で、その残念な気持ちを繰り返し私に伝えたのだった。例えば、テレビをつけると、しょっちゅう「小さな緑色の男たち《リトル・グリーン・メン》」が、あなたをさらうためにやってくるというようにETを描写している画面が登場する。こんな内容のものは、自分がETだと思っている人たちには受け入れられない。しかし「ひと皮むけばいんちきだらけで、何か別のものを求めている人たち」は、事実を直視しようとせずに、喜んでこんな内容を受け入れているのだ。そんな人たちが、本当のETの姿をまるで間抜け者のように描写してしまうのだ。

バリーは次々と、しかけられている政治的なトリックや、政府の情報操作キャンペーンの実例をあげていった。こういうことが一般大衆を、月で言えば表側の光の当たる面を恐れて、裏側の暗い部分に閉じ込めてしまうのだ、と彼女は言う。

　また「人々は十分注意を払っていない」とバリーははっきり言う。その上で彼女は、地球を救うための大変革が起きるとするニューエイジ運動についても批判をした。この運動は、今の政治的な仕組みやその動機に対する理解が不十分で、あまりにも表面的にしか理解していない。今の政治的権力機構がどのように機能しているかも理解していない。その構造をどう変えていかなければならないかもわかっていない。地球で生きている人たちの実態を知ろうとしなければ、ニューエイジ運動家たちは、その目的を逸することになるだろう、と彼女は言う。なぜなら、他の問題とちょうど同じように、地球外生物の存在の有無についての論争に関しても、政治的影響があると思われるからだ。そして、勢力、金権、政略のかぎりをつくす他のたくさんの論争点と同じように、そこに何らかの陰謀が絡み込む可能性がとても大きいと思われるからだ。その陰謀とは、国家秘密、情報操作、検閲、スパイ活動、組織への潜入などの諸々の不快な活動のことだ。

「政治的権力者たちがこんなことをして、（ＥＴ）みんなをまるで食わせもののように思わせることを、どうしてもやめさせなければならない。権力ほしさのためだけに、こんな陰謀をはかっているのだ。こういう陰謀が彼ら（地球の人たち）が自分自身を見つめ直すことを不可能にさせている。しかし、本当のことはいずれわかるはずだ」

　ところで、ＥＴの存在がすべて明らかになったとき、どうなるだろう？　そのときにはきっと、政府の指導者たちは困惑しながら次のように告白するだろう、とバリーは思っている。

「私たちは宇宙について何も知りません。わが政府は何も知りません。しかし、ＥＴは宇宙の秘密のすべてを知っているようです！」

私に機械なんて取りつけないで！

自分が**どこか別の場所**から来たことに気づき、それを受け入れている人たちのすべてが、メディアに対してそれほど強く憤りを感じているわけではない。例えばジョアンがそうである。彼女は真っ黒なカーリーヘアの、がっしりした体つきの40代半ばの女性である。彼女はとても強力な、はっきりそれとわかるエネルギー場を発散させていた。私がインタビューを終えて別れの抱擁をして帰りかけたとき、そのエネルギーは最高潮に達していたのを、はっきり感じることができた。彼女自身がこのことを気にしていた。確かにこの感じは誰もが好むものではなさそうだった。

子供の頃からジョアンはずっと体が弱くて、苦しみ悩んできた。しかし今では彼女のもっとも大きな悩みは、「この惑星にいることをどのようにしたら受け入れられるか。人間であることの意味をどう理解すべきか？」という点にあると言う。

彼女は数年前、催眠退行の最中に、自分がETであることを知った。

ジョアンは最近映画を見に行かなくなったし、テレビさえ持っていないと私に話した。娘の家でたまたま見たテレビ番組のひどいこと。考えが「狭くて、とても小さい枠にはまっている」。ただ彼女は、でも「スタートレックは好きだわ」と笑いながら付け加えた。

多くのETの魂を持つ人たちと同じように、ジョアンも「エイリアン」が画面で紹介されるとき、ほとんど悪玉として描かれていることに良い感じを持っていなかった。そういう悪いETもいるにはいるにしても、本当に不公平なやり方だと彼女は思っている。確かに、ただ人間的なマナーだけでなく、宇宙的な愛とはどういうものかをこれから学ぶ必要のあるETたちもいるのは事実だ、と彼女は弁解した。

それというのも、ジョアンはカリフォルニアの自分の家で、最近不幸な出来事に出合ったからだ。彼女はこの出来事を、仕組まれた誘拐事件だったとはっきり言っている。彼女が言うには、のっぺりした特徴のない顔つきの、細長い格好をした奇怪なETたちが、よこしまな目的のために彼女の寝室に入り込んできた。そして、自分が寝ているうちにみんなで取り囲んで、やおら奇妙な装置を彼女の体に取りつけようとしたのだ。ジョアンはびっくりして目を覚まし、この侵入者たちと対決する覚悟を決めた。

「私に機械なんかつけないで！」と彼女は叫んだ。たくさんのET映画を見ている皆さんも、詳しい状況はわからないにしても、こんな場面を何となく想像することができるだろう。この事件の結末は、彼女が考えていたのとは、やや違う方向へと展開していった。

ちょうど泊まりにきて、隣の部屋で寝ていた友達にも助けてもらったので、襲撃者たちに話しかけることができた。そして、この悪いETには、自分の体に乱暴したり、嫌がることをする権利がないことを言い聞かせた。「彼らは人間のような感情は持っていなかったが、神の掟にそむいていることは知っていた」と彼女は言う。「神の掟は彼らの上にも君臨していることを確かに知っていたみたい」

ひとたび自分たちが宇宙の法律を犯していることがわかると、この悪玉のETたちは後ずさりして、彼女の家を出ていった。彼女は彼らが不埒《ふらち》なことをするのを思いとどまらせたのだ。

こういう経験をしてから、ジョアンはETたちがテレビの画面でどう扱われるか、あまり気にしなくなったという。彼女が実際に経験した意図的な誘拐事件は、テレビで見るものとはまったく違う深刻なものだった。みんながテレビにかじりつき、うさばらしに見る宇宙船や小さい灰色の変な頭の形をした生き物が出てくる番組とはまったく違うものだった。この事件を通じて、彼女は神の威光の強さが痛いほどわかったのだ。

ところで、波乱万丈の人生経験をしたボブ。彼は耐え難いさまざまな人生の苦しみのために麻薬に溺れる毎日を送っていたが、あるとき突然、びっくりするような精神的体験を味わったのだった。そして、ETを扱うメディアの姿勢に対するボブの意見は、まるで関係ない人が無関心に答えているようなものだった。

彼の反応は寛容で、超然としており、もう飽きあきという感じだった。彼はメディアなんか無視していた。

「俺はそんなことについちゃあまり言うことはないなあ。番組によって良いETに光を当てたり、悪いETに光を当てたりしているんじゃないかなあ。でも、それは誰かが主観的に感じるものだから仕方ないんじゃない？　他人がどう感じ、どう説明しようが、関係ないよ。テレビでそういう番組を見るときには、誰が主役で、どこが背景になっていて、なぜそうなっているなんてことを、よく頭に入れておくほうがいいと思うよ」

言いかえるならば、テレビで提供される番組はいずれにしても、もともとどちらかの方向にゆがめられているというわけだ。

映画『E.T.』に描かれている真実とは

ボブの考えは、その前にインタビューしたジョアンのそれに近いもので、私にはやや無頓着とも思えるものだった。

ボブのこうした考え方は、彼自身の劇的な**ウォークイン**体験と、麻薬との苦しい闘いの中から生まれたものだろう。一度人生の暗黒の部分にいやというほどつかっていた彼にとっては、テレビ番組の内容などは別に心を騒がせるものではないのだろう。

そしてこのボブのように、クリスティンもまた、人生の非常に厳しい面を体験してきたのだった。彼はありとあらゆる人生の不幸を背負って生きてきた。エイズの感染と同性愛者への差別。それをのりこえて力強く生き続け、ついにはETの魂に目覚めたのだった。私が彼にメディアの姿勢について意見を聞くと、彼はおだやかに、ちょっと怒っている様子でこう答えた。

「いらいらさせられているよ」

私は、彼のこの気持ちはよくわかると答えた。そして彼を観察すると、自分の話を聞いてもらいたい様子と、彼が言いたいことの詳細な点まで私がちゃんと書き取っているかどうかを確かめたい様子がありありと見えた。彼は、自分が話していることがいかに重要で、的を射たものであるかをわかってもらおうと一所懸命だった。それは、重要な美学的疑問、形式と内容に対する見解、情報の選択と表現方法をめぐる問題点にまで及んだ。

「メディアのETについての描写は、人間の想像力、人間の心が産み出したものにすぎない」と彼は主張する。

「そして、ETの姿を思い描くには、人間の想像力では力不足なのだ。ということはつまり、それが良いETにせよ、悪のかたまりのETにせよ、結局のところ人間の頭脳が生んだ想像を、地球で考えられるだけの現実的な素材を使って表現するということになる」

彼のこうしたバランスのとれた深い考え方は、東洋の哲学に関心を持っている人には馴染み深いものだ。禅の修行で使われる説法に、こんなものがある。月を指さしたとしても、それは本当に月を指さしていることにはならない、というのだ。我々が一般に考えている月のイメージは、遠くから見える彼方の片面だけなのだ。これで完全な月と言えるだろうか？　というのである。ここでETグループ、ラーの刺激的な言葉を引用することができる。「理解するだけがすべてではない」

こうした考え方は、西洋の科学にも見られないわけではない。例えば、科学的な研究に従事する人たちは、いろいろと実験方法を変えてみて、結果を観察する。観察そのものが実験に影響を及ぼし、質問が答えに常に影響する。

クリスティンは、今流行っているいろんな形式の娯楽番組も、こうした側面から観察されなければならないと主張する。それらの番組は、いずれにしても不完全な人間が創造した産物なのだ。しかもすべての番組が、予算やスケジュールの制約のもとに創られているのだ。視聴率至上主義と、売らんかなの姿勢の中で提供される番組は、最終的にはドラマ、コメディー、ロマンスといったものになるが、いずれもその主な狙いはずっと見てもらえることなのだ。

私たちが行ったさまざまなインタビューの中でも、クリスティンは、感情的になりそうな問題にも常に冷静に答えてくれた。彼がくれた唯一のアドバイスは、不完全な弱点だらけのメディアが送り出す番組に対処する方法だった。「それは自分自身で判断しながら見るべきだ」というものだ。UFOとの遭遇、ETとの接触、自分は**どこか別の場所**から来たと言っている人たちの話を見聞きするたびに、自分を信じて判断すべきだと言うのだ。

マスコミがつくるテレビ番組そのものは、人間の想像の産物にすぎないので、例えばETの姿を描く場合でも、想像力の欠如から、極めて単純化されたおかしな姿のものが多い。しかし、クリスティンが映画を見るときには、よくその画面に現れるETの優れた能力の描写が目に入ってくる。そして、こうした能力のあるものは、彼自身の判断では、本当のものも含まれていると言う。もっともその能力も、ストーリーの中では長々と脚色されすぎているものが多いのだが。

クリスティンは一例として、有名なスティーブン・スピルバーグの作品『E.T.』を引き合いにだした。この映画は確かに大衆的な娯楽作品であり、人間が納得できる想像の限界の中で創られたものだ。しかしこの映画には、地球外生物たちが持っているヒーリング・パワーのような能力を上手に描いた場面が時々出てくる。ETのこうした善良で健康的な側面をはっきり描いているこういう映画を見るときは、救われた気持ちになるとクリスティンは言う。そして彼はこうつけ加えた。

「こうしたヒーリングが実際に行われたのを、私は見たことがある……」

彼はいみじくも、真実はとりとめのない空想の中に埋もれていることがあることを知っていたのだ、少なくともこの地球上では。

〝UFO、ホワイトハウスの芝生に着陸！〟

事実とフィクションがはっきり区別されていない、ある文化的な分野がある。スーパーで売られているタブロイド新聞のことだ。「ザ・スター」、「ナショナル・インクワイアラー」、「ニュース・オブ・ザ・ワールド」などのことである。これもある種の立派なメディアなのだ。

これらのメディアは広く読まれており、大勢の愛読者たちは、すべての社会的、教育的、経済的階層に及んでいるにもかかわらず、「どの家の芝生でも見かけるピンクのフラミンゴの置き物」のように俗っぽくて品が悪いというような評価を受けている。遊歩道もついていない、ちゃちな商店街で、いつでも手に入る安物だというイメージがつきまとっている。

こうしたスーパーマーケット・タブロイド紙の記事は、品が悪く、多くの読者は隠れて読んでいるような有様である。ぎらぎら光るUFOや恐ろしいETとの遭遇の、奇怪でしかも幻想的な物語が掲載される絶好の場所になっているのだ。

特に、宇宙ものの記事はよく読まれており、「インクワイアラー」紙だけでも350万人の読者数を誇っている。私はいずれ別の章を設けて、全国のタブロイド紙がどのように他の惑星や星雲からやってきた人たちのことを扱っているかを、専門的に分析しておく必要があると思っている。どの週の号でも、タブロイド紙のある頁を開いてみると、こんなおもしろい記事が紙面をうずめている。「ETたちは大統領として誰を推している？」「流星は、実際どのようにして金星の戦士たちを凍りつかせたか？」（私も一度ならず、この記事を楽しく読んだものだ）そして、「地球外生物は、なぜダイエットをしないでも40ポンドもやせられる秘密の食べ物を持っているのか？」といった具合である。

アメリカのタブロイド紙はおもしろさだけでなく、積極的な取材記事で、ジャーナリズムの世界で新しい立場を確立したようである。O・J・シンプソン裁判についての記事は、その量と内容において目をみはるものがあった。

対岸の火事のようにこれを見ていた主流派の新聞も、この事実を認めないわけにはいかなかった。例えば、1994年10月22日付の「ニューヨーク・タイムズ」紙はこう評している。

「ナショナル・インクワイアラー」紙は、膨大な関連記事を掲載した。そして中には誤った情報もあったが、それをものともせず、果敢に読者数を増やしていった。

タブロイド紙は、この事件の取材で大きなインパクトを与えたのだ。

タブロイド紙に掲載されている記事が、すべておざなりのものであると決めつけるのは間違いである。

それでは、エイリアンに関する記事についてはどうだろうか？

ETを代表する意見のひとつとして次のようなものがある。タブロイド紙は、地球外生物が存在するかどうかの大切な面をすみっこに追いやっている。そして、すべてを茶番劇にして、かえって笑いのカーテンの後ろに真実を隠そうとしている。しかし、無理におおい隠そうとすると、かえって逆効果になると一部の人たちは指摘する。「センセイショナリズムは、必要でもない情報を人々の意識に植えつけてしまう。夢と同じように、本当はそのまま見たいものをわざわざびっくりハウスの歪んだ鏡を通して見せているようなものだ。芸術家、神秘主義者、狂気におどる人たちが力を合わせて、とるに足らないつまらない情報だけをあおりたててしまう」というのだ。

しかし、ソーレンをはじめとする自分がETだと思っている人たちの意見はこうだ。「幻想も良いではないか。ふろしきを広げすぎた話だって、悪くないよ。それで迷いが広がるっていったって、それはこの惑星ではいつも行われている一種の遊びなんだ。どんなことでも、それは何が本当に真実かを学んで発見するための一種の〈触媒〉の働きをするのだ」

また、**ワンダラー**の中の何名かは、知識を得る究極的な手段として合理的な考え方だけに頼るのは馬鹿げているとも指摘する。そして合理性だけでは地球に平和をもたらすことはできないだろうと言う。

そこで私はタブロイド紙に対するETたちの見解を代表するものとして、ソーレンの考え方のほうを推薦しておきたい。

例えばルーシアは、タブロイド紙は真実を伝えないので、ちゃんとしたものとは思えない、という意見だ。彼女は、タブロイド紙は事実を知るうえで邪魔になっているばかりでなく、妖しい魅力をかもしだしすぎると言う。ボブからも同じような意見が聞かれた。彼はこう言っていた。「たくさんの人たちが、スーパーマーケットのタブロイド紙をむさぼるように読んでいるが、内容が扇情的すぎて考えものだ。タブロイド紙の連中が、ETは信用できないという印象を世間に植えつけている。ETは、普通のことをしているのに、世間のはみだし者にしてしまっている。まあ、事実はそんなに考えているほど痛手ではないがね」

ジャスティニアンは、タブロイド紙に対してもう少し心を開いている。記事の内容はSF映画に似ている、と彼は言う。タブロイド紙が取り上げるETについての記事のうち、大体10％ぐらいが本当のことだと、彼は判断している。

実はこの10％という数字は、本格派のメディアについて考えたものより高くなっているのだ。

「だって、話題が多くなればそれでいいじゃないか」とジャスティニアンは私に言った。

自分がETだと思っている大勢の人たちからタブロイド紙についての意見を聞いた後で、私は再び戻ってきてソーレンの見解を確かめることにした。インタビューの結果得たいろいろな見解と、特にET体験の情報を魅力的にしすぎるという批判が多かったことを伝えて、ソーレンの反応を見た。

「魅力的にする？　世の中には魅力的な演出があふれている。魅力的にすることは、創造力を高めることにもなる。そういうことがなくなったら、世の中はどうなるだろうか？　妖しい魅力こそ、この世界をつくるひとつの素材なのだ。神がその力を授けてくれたと言ってもいい」

ソーレンは、ETの情報はそう簡単に白か黒か決めつけられるものではないと言う。

「人間の体験とはそういうものでしょう。その体験のある部分は事実で、ある部分はそうでない。

だが、どっちが真実かとは必ずしも決めつけられない。これは地球での人生体験すべてについて言えることだ」

最後にソーレンはこう言った。

「タブロイド紙のいい所は、もったいぶった一般紙と違って、ずばり書いていることだ。タブロイド紙は、普通メディアではあまり見かけられない感情的な側面を取り上げているのが、とても貴重だ」

地球は、ETたちにとっても学舎《まなびや》である

「ETは恐ろしいものだという誇張された印象が、ほとんどの人たちに浸透してしまった」とイニドは断言する。

「しかし、メディアがETの良い面を取り上げようが、悪い面を取り上げようが、すべての情報は、間もなくやってくる新しい変革の年、ニューエイジの先駆けとなるもの。だから、問題ではないわ」

イニドは見るからに活発で健康的に見えた。彼女は、地球上での官能的生活についても開放的で、気軽に人生を楽しんでいた。彼女はETの魂が乗り換わった**ウォークイン**だが、あるとき自分がET連邦を代表する唯一のETだと宣言したこともある。私はそうした考えには疑問をはさみながらも、彼女の他の面には大変興味を抱いた。

イニドはマスコミが取り上げる良い面と悪い面の間に、はっきりした線を引いて区別していたが、2つの面は、持ちつ持たれつの関係にあると考えていた。一方の面は絶えず他の側面に影響を与えている、と言う。結局、彼女は地球を助けるというプロセスの中では、どちらも同じだと考えているらしかった。そして、帰するところすべてが学ぶために必要なものだ、と言う。自分自身が学ぶためにすべてはあるのだ。

『宇宙の火《ファイアー・イン・ザ・スカイ》』や『コミュニオン』『E.T.』のようなETを描写した作品に話が及ぶと、イニドは次のような意見を述べ始めた。有益な作品がある一方で、恐怖に根差している作品も多い。しかし、その両方とも学ぶためには多分必要なもので、同じ目的を持ったひとつのものだ。どれもすべて、人類が自分たち自身の考え方を正すために学んでいく過程では、同じ役割を果たしているのだ。

イニドはこう説明する。『コミュニオン』のような恐怖感を与えることに重点をおいた、いわば全体的にETの悪い面を描写したような映画からも、必要な情報やおもしろさやその他異質なものを吸収することができる。言いかえれば、こんな映画からも逆に学んでやろうという気持ちがわいてくる。すべての作品は知識を得るためのヒントになるわけだ。だから人々は、そんなに怖がらなくてもいいはずだ。こうしている間に、人々は他の次元や未知の現実が存在することをだんだん受け入れるようになる。

いい面の情報だろうが悪い面の情報だろうが、すべては真実を知る手がかりになるし、私たちの惑星にとって重要な何かを学び取るてづるになる。すべてを材料にして討論するように「学舎としての地球」の時間割りが決まっている、と彼女は言う。

ETを描写したメディアの番組を見るときのガイドラインとして、イニドは次のようにアドバイスする。番組の制作者たちは、これからつくる番組に、まず表題を決めてしまうのだ。そうしたほうがテレビ番組の内容をしぼることができて、つくりやすくなるからだ。しかし、見るほうの側では、そんな表面的な表題には関係なく、もっと深くその内容を理解することが大切だ。そこからくみ取る真実はいつも複雑で、幾重にも衣をかぶっている。番組表題は、ただ表面に貼られたレッテルのような役割しか果たしていない。

さらに私は、バリーが話していた、うすっぺらなうわべだけの、ただまとわりついているマスコミ関係者についての感想を聞いてみた。キーキーいう車を動かして、無理にでも注意をひこうとしている連中についてである。

イニドはこんな質問にも冷静さを保ちながら、次のように答えた。

「でも、こんなことが教材だと思うの。誰でも何かを学ぶことができるはずよ。今はたくさんの情報が幅広い領域にあふれているので、それが人々を混乱させている。時として声が大きいほうへ傾いてしまう危険もあると思う。でも、それこそ私たちが学ぶためにここにいる理由なのよ」

彼女の考え方のポイントは、地球上に今私たちは学ぶためにいる、ということだ。マスコミに騙されている人たち、マスコミの言うことを鵜呑みにしている人たち、全部の番組を見ようといつもTVのスイッチを入れている人たち……怒っている懐疑論者たち、いろいろな人たちがいるけれど、その誰にも裁いたり、敵意を持ったり、厳しく批判する権利なんてない、と彼女は言う。

彼女自身は、マスコミに対していらついたり、怒ったりしないという。それは、いろいろな意見も知識を得るための手段として考えられるからだ。そして、より多くの知識を得れば、大きな英知がわいてくる、と彼女は信じている。「言いくるめられる人たち、言いくるめる人たち……すべては学ぶためのやりとりなのよ」それは、いわばインドの導師《グル》が説くように「リラの宇宙的たわむれ」「サンスクリット語で「意識のたわむれ」」なのだ。この考えに立つと、すべては許されているのだ。なぜならすべてのものはただコズミック・ダンス（宇宙の踊り）を踊っているにすぎないからだ。

ここでイニドは、特にマスコミによって膨大な情報が流されるこの時代に、どのように学んでいくべきかに言及した。私たちは、ボタンひとつで何でも動くような時代の中で生きている。専門的な知識も、簡単にすばやく端折《はしょ》って修得できる。何でもあまり汗を流さずに得ることができる時代になっている。それだからこそ、学ぶということは本当は苦しく辛いことだという事実を十分認識しておく必要がある。そして骨折って十分学べることを感謝すべきだ。

「どんなことを学ぼうとしても、それにはしばしば困難がともなうものよ」

学ぶためにはまず、内面的な自分自身との闘いに正面から立ち向かわなければならない。古い保守的な方法を脱皮し、新しい方法に組み替えなければならない。そうして、なぜ学ぶことがこんなに大変なのか、心の中の軋轢を克服しなければならない。

時々、何かを新しく学ぶことが辛くなって、何もしないでただぼーっとテレビにかじりついてETを笑いとばすだけでは、古い今までの考えにとり込まれてしまう。しかし、ひとたび何かを学ぼうという気になりさえすれば、メディアの番組も、もっと進んだ開かれた考え方に発展するためのステップ・ボードとしての役割を果たすことになるのだ。それによって、自分自身がこうだと決め込んでいたものを問い直すいい機会にもなる。

メディアがETを扱う姿勢について、彼女の意見をまとめるように頼むと、イニドはごく簡単にこう言った。

「おもしろおかしく疑わしげに地球外生物をからかおうとしている。だけど、私たちだってよく理解できないものを笑ってごまかすし、緊張しているときに冗談を言ったりしているでしょ。でもホンネはわかってしまうものよ。そして、どんな場合にも人々の自己保全の意識を前提に考えなくてはうまくいかないと思う。なぜなら人々はいつも、自分を失うことを極端に恐れるものだし、今まで信じてきたことが崩れ去ることに大きな抵抗を感じるものよ。これが人々を怖がらせる大きな原因だと思う」

彼女はこう信じている。「未知の次元があるという事実を受け入れること、そして現に未知のものが進行していること、私たちの理解力を超えたもっと大きなある力によって、私たちは変わり、進化させられること……こういうことを認めさせようとすれば、人々は怒るに違いない。そういうことは、彼らの自己保全の意識を脅かすに違いない」

確かに、怒りの原因は、混乱した恐怖心であることが多いものだ。

私は、彼女がこういう熱弁をふるうのを、好ましく感じた。

そのときちょうど私は「ニューヨーク・タイムズ」に掲載された記事を手元に持っていた。この章の初めに紹介した内容のもので、科学者たちが調べた限りでは、UFO目撃者には、何ら異常な点は発見されなかったというものである。その記事の一部をイニドに見せればきっと喜んだろう。

記事の最後の部分は次のようになっていた。

カールトン大学の心理学者たちは、ＵＦＯ目撃者たちに対する調査を完了し、その分析結果を今まで行われた他の調査結果と比較して、実に意外な事実を発見した。他の種種の調査では、ＵＦＯを目撃したと言った人たちは、みんなその後ＥＴが攻撃してくると信じ込んでひどいストレス状態となり、過度の精神障害を起こしたという結果が出ていた。しかし、今回のカールトン大学の調査では、分析者たちは一様に、その後精神障害の兆候はまったく見られなかった、と報告している。そして分析を担当した心理学者たちは、ＥＴ体験をしたと言う被験者たちがかえって今までより安心し、心配事から解放された状態になっていることも報告した。

その記事は、私の研究に協力した**ワンダラー**や**ウォークイン**たちを喜ばせるような、次のような結論で終わっていた。

カールトン大学の実験では、ＵＦＯの目撃者たちは「エイリアンたちが人類に関心を持ち、我々の運命を導こうとしていると信じ」すっかり安らかな気持ちになっている、と報告されている。

多分、この目撃者たちは善意のETたちに遭遇して、希望と信頼のメッセージを託されたのだろう。疑いを持っている人類の、メディアからも、いつの日か希望と信頼のメッセージが聞こえてくればよいのだが。

第8章　ETの使命
——ところで、どうして我々はここにいるのか

場面1

奇妙な形の生き物が、遠い宇宙からやってきた。そして、この世では見られない変わった形をした空飛ぶ円盤から降りると、1950年代から60年代にかけてのアメリカでよく見られた、典型的な地方の小さい町のほうへと歩き出した。

町の人たちは、この地球外生物に震えあがった。そこで、ショットガンや熊手で身を固めた探索隊を、いつもは客人や旅人を歓迎するのに使っている車に乗せて送り出した。そして、その生き物を捕らえて殺してしまった

その死体をひっくり返してみると、なんと！　宇宙の秘密を書きつづった見慣れぬ文書板が見つかった。この生き物は、これを使って平和を地球にもたらし、あらゆる病気

を治し、人間の悩みを解決してやろうと思っていたのだ。この出来事は、まさに悲劇的事件だった。

場面2

奇妙な形の生き物が、遠い宇宙からやってきた。そして、この世では見られない変わった形をした空飛ぶ円盤から降りると、1950年代から60年代にかけてのアメリカでよく見られた、典型的な地方の小さい町のほうへと歩き出した。

この生き物は、直ちにその地方の人たちに、自分たちは善意の使者であると告げて、一冊の本を見せた。その表題は To Serve Man（人間に奉仕する方法）となっていた。そこで町の人々は大人も子供も大喜びで、この宇宙船に殺到した。このETが住んでいるすばらしい惑星へ行ってみたい一心からだった。

みんなは、一列になって順番を待っていた。

そこへ、疑いを持った住民の一人が、恐怖で顔をひきつらせながら走ってきた。彼は叫んだ、「To Serve Man（人間を食卓にのせる方法）なんて、こいつは料理の本なんだ！」

SFに詳しい人にはすぐわかるだろう。これは永遠の名作『トワイライト・ゾーン』のシーンなのだ。数世代にわたってアメリカ人にETの情報を届けてきたこの名作の2つの場面は、それぞれよくできている。しかし、その内容はまったく対照的だ。

「我々は助けるため」に来たのか「我々は食うため」に来たのかの違いである。どちらの場合も、人類に与える影響は計り知れないものがある。この「トワイライト・ゾーン」は娯楽的価値は高いが、情報源としての価値は低いかもしれない。しかし、いずれこの地球にETたちがやってくるときには、どちらの場面が本当か、解答が出るのだ。

なぜ？

なぜなんて、特別な理由はないんじゃないかと普通の人たちは思うだろうし、ETの存在を信じない人たちは、相手をおとしめるために、しつっこくなぜ？　と言うことにこだわっている。そういう人たちはさておいて、自分は地球生まれじゃない、ETの魂を持った人間だと言っている人たちから答えをきいてみよう。ETはUFOに乗って、遠い宇宙からやってきたり、他の精神的次元からはるばるやってきたのだ。彼らは遠くからそんなにまでして、なぜ私たちのところへ来ようと決めたのか？

それに、別の問題もある。個人のアイデンティティをめぐる問題は、哲学、心理学、形而上学といった面から、いろいろと議論されているが、結局行き着くところ、「なぜ私はここにいるのか？」という疑問にぶつかってしまう。一方、ETに目覚めた人間は別の重要な問題を投げかけるのだ。**ワンダラー**や**ウォークイン**は単に「なぜ私はここにいるのか？」という問題に直面するだけでなく、突然、次の執拗な疑問「我々はなぜここにいるのか？」にも向き合わされるのだ。これは集団としての使命の問題である。

他の惑星や銀河系、違う領域や次元という別の世界から、この母なる地球を訪れる生物たちは、いったい何か得ることがあるのだろうか。どうやら彼らは前もって何も知らされずに、命懸けで、招かれもしないのに！　ここまでやってきたらしいのだ。

自分たちは地球外生物だと言っている人たちが、この地球で暮らす本当の理由は何なのだろうか。ＵＦＯや空飛ぶ円盤のことはさておいて、なぜ地球外生物が自分たちの意志で**ウォークイン**に魂の転移をしたり、初めから**ワンダラー**として生まれたりして、ここで人間と一緒に暮らしているのか。この地球は、反目や争い、汚染や過剰人口、そして死に物狂いで飢餓から逃れようともがいているのだ。どう考えても、地球は宇宙人たちがバケーションを楽しむリゾート地としては不適格だと思うのだが。

『星に生まれて《スター・ボーン》』の共著者、ブラッド・スタイガーとシェリー・ハンセン・スタイガーは、長年の調査の結果、ＥＴとＵＦＯの訪問形態と理由について、17項目の仮説をたて、その著書で述べている。これらの仮説は、著者たち自身が「なぜ、地球外生物が私たちと一緒に住んでいるのか？」というテーマで、いろいろな人たちにインタビューし、質問し、そして知る限りの理由すべてを検討した結果得られたものである。

『星に生まれて《スター・ボーン》』で、スタイガーたちは、なぜ？　という疑問を解決できそうな、おもしろく幅広い次のような答えを発表した。

「善意のＥＴ、悪意のＥＴ、地球と人間の苦しみに無関心なＥＴ、覚醒に失敗しアメリカの軍人になっているＥＴ、邪悪なアメリカ政府や新世界秩序を狙う陰謀団の一員としてのＥＴ、タイムトラベラーのＥＴ、アトランティスの先住民、地球の地底世界からの逃亡者、ユング理論の〈元型〉としてのＥＴ、小妖精、天使、悪魔、神の使者、変身者、その他未知の物理的法則を利用する人」

これらの仮説を十分に説明しようとして、辛らつな批評家たちは、これからざっと数世紀は忙しくなるだろう。

ところでみなさんはスティーブン・スピルバーグの映画に登場した、とてもかわいらしいＥＴを憶えているだろうか。でも、あまりかわいくないＥＴたちが登場する映画のほうが多いようだ。ホイットリー・ストリーバーの『コミュニオン』、バッド・ホプキンスの『侵入者《イントルーダーズ》』、トラビス・ウォルターの誘拐事件を扱った『宇宙の火《ファイア・イン・ザ・スカイ》』などがそれである。

私は最近、一人の退役軍人に会った。彼はＥＴではなかったが、遠い宇宙の生物がこの惑星にとうとうやってきた、と信じていた。そして、この生物は、良いことをするためではなく、悪いことをするためにここへ来たのだと言った。

この元軍人は、ＥＴたちが地球を、人間を食物として培養するための大きな飼育場として利用しているという、確かな情報を得たと言っている。しかし、これも彼だけがそう言っただけで、私がインタビューしたＥＴたちは、誰一人として、こんな飼育場の話に興味を示した者はいなかった。

そうは言っても、「地球外生物」という言葉ひとつに対しても、人によってさまざまな受け取り方があるのだ。書物やメディアのどんな調査結果でも、ＥＴの目的については、良いものから悪いものまで、変化に富んだ内容のものがあげられている。

私は、ＥＴに目覚めた**ウォークイン**と**ワンダラー**と数多くのやりとりをした。そしてわかったことは、話題が地球での彼らの目的に及ぶと、異口同音にその背景にある彼らと宇宙との関係について、みんな同じことを言う事実だった。ほとんどの彼または彼女たちは、同じ目的のためにこの地球にやってきたと感じていた。

彼らはみんな等しく、ひとつの大きな使節団の一員だった。しかし、その使命は独特の方法で成し遂げられなければならないと決められていた。その使命を達成する作業は、集団としてではなく、一人一人の生活や背景や信念を持った**ワンダラー**と**ウォークイン**が個人として、それぞれ行うことになっているのだ。

彼らの訪問の目的については、『トワイライト・ゾーン』の物語のように、おもしろおかしく想像されることが多い。しかし、私に話をしてくれたETたちは、話題が自分たちの使命のことになると特に冷静になり、言葉もはっきりと、とても真剣になった。彼らはその目的を信じ、そのために一所懸命活動していた。

地球の進化を助けるためにここへ来た

こうした考えの例として、私がインタビューできた人たちの話をいくつかあげておこう。

「『ETの魂』は、自分たち自身が成長するために、ここにやってきた。人間に奉仕し、教えるために、さらに太陽系すべてに奉仕するためにここにやってきた。自分たちの種族とETグループの銀河系連邦の代表としてここにいるのだ」（ビリンダ）

「『ＥＴの魂』の精神的な到来は、古い殻に閉じこもっている人たちを助け、暗闇に光明をもたらし、新しいものへ人々を目覚めさせることが目的だ」（ポーリン）「これは基本的にキリストのモチーフである」

「大勢の人たちが、非常にはやく、どんどん目覚めるだろう。そのスタートはきられ、ベールもはがされようとしている。**ワンダラー**たちもすべてＥＴであることに目覚め、活躍しようとしている」（ジュリー）

「人間の悪いほうに使うエネルギーの質を変えて、良いほうへ導くには、人間と同じ格好をしてることが必要なのだ。それは、一人一人の人間の魂と人類全体、さらには天使の世界にも必要なことで、人間と天使の世界両方の進展のためになる。今再来している天使たちは、地球と人類を進化させ、愛、平和、そして無上の歓びの世界にするためここにいるのだと思う」（ユナ）

　そして、ビッキーが私に話したように、「助けるためにここにいる」というのが、彼らの大方の結論だった。

　自分が、地球外生物だと言っている人たちとの、どのインタビューででも、私はこの奉仕と義務のため、という一本の貫かれた信念に深い感銘を受けた。さらにこの人たちは、地球を含めた銀河系全体に奉仕するために来ており、地球は大きな対象の中のひとつの大切な目標だと考えていた。

　こうした考え方の中心にあるのは、地球は、今まさに困難に満ちた動乱のさなかにあって、意識も偏ってせまくなり、深刻な状況下にあるという認識だ。ＥＴの助けは地球を進化させる過程には、欠くことのできない要素であると彼らは考えている。**ワンダラー**でも**ウォークイン**でも、ＥＴたちが彼らの使命について語るとき、まったく同じ言葉になっていくのだ。「人間の精神化」への働きかけをしなければならないという考え方を、私は何回となく聞かされた。この人間の精神の浄化という一大プロジェクトは、一国のどの行事よりも重要で、あらゆる仕事より優先されるべきものであり、場合によっては個人や家族のつながり以上に大切なものなのだ。

奉仕と使命への確信が強まれば、他のすべてのものは二の次となるのだ。

彼らの目的が、集団的なものと考えられていることは、前にも触れた。同時に、多くのETたちは、この地球を助けるという使命は、一人一人の仕事を通して果たされなくてはならないが、他の地球外生物の団体やETグループとも結びついていると言った。善意のETたちの細分化されたこまかい仕事は、私たちの空中にとどまっている数機のUFOによって調整され、監督されていると思っている人たちもたくさんいる。

ビッキーは、ごく簡潔に、彼女は地球を「助ける」ためにいると私に告げた。そして、さらにこう続けた。ETの目的はこの地球上の暗黒勢力に反撃することで、アシュタール司令部と連邦の力でそれができるのだと。彼女は他のグループについてもよく知っていた。

イニドもまた、自分は惑星間連盟の代表だと思っている。彼女は精神世界の教師役としてのETの仕事だけでなく、「地球の大衆が円滑にETの存在を受け入れる心の準備をするための情報を伝えようとしてここにいる。そして、ほぼ7年以内に、宇宙船の大集団を現実に地球の人たちが目撃するだろう」と信じている。事実、多くのETたちは、今世紀末までにUFOが地球の人たちの前に公式に姿を現すだろうと予言している。

一方、ルーシアは、地球が「新しい惑星の誕生をむかえる際の産婆役をする」ために、ここにいるのだと思っている。そして、彼女の友人ユナも「転換期にある地球に奉仕することを通して地球を天国にする」ためにここにいるという、同じような考えを持っていた。

ここでもまた、他のＥＴたちとまったく同じ、ひとつの考え方が示されたわけだ。

なぜここにいるのか？　という問いに対する答えは、実践的で具体的なものと形而上的で比喩的なものが混ざり合った形で示されている。帰するところ、ＥＴの奉仕の実際的な仕事は、人々が覚醒するのを助けることであり、その形而上的な目的は宇宙的な規模で精神の進化を推進することにあると思われる。

また、ジュリーはラー文書に記録されているのと同じ内容の考え方を示した。ＥＴがここにいる目的は、地球が転換期にあるときに助けるために来たというだけでなく、人間の体や人格を、恐怖が前提となっていたものから、愛が基盤になっているものへと質を変える手助けをするためにここに来たというものだ。そのためには、この惑星を救うという願いに、みんなが目覚める必要があるという。

最後に、私が調査のために聞いたたくさんの意見を代表するものとして、ソーレンの言葉を紹介しよう。彼自身は「事故が起きたときの手助けができるように心がけている」と言った。彼は救急医のような気分だと言う。そして、地球での緊急時の仕事に力を貸してきた。彼はずっと精神科病棟の専門職についていたので、どうやらその習慣がしっかり身についていたようだ。

ソーレンは、他の人たちからさまざまな形でよく聞かされた考えを集約したような意見を私に話してくれた。

「我々はみんな、**どこか別の場所**からやってきた。そして、私が遊体離脱体験をしている間に聞いた言葉がある。それは我々は集まっているという言葉だ。その意味はこうだ。**ワンダラー**と**ウォークイン**は、地球の変化と世界の活動にもっとも敏感な存在として、地球に奉仕するためにここにやってきた。**ワンダラー**は、過去においては、小さな泡のような存在だったが、やがて地球を導いて、宇宙的な生命と愛に目覚めさせ、外部の世界とも調和した生き方を可能にしてくれるのだ」

それゆえ、地球上の我々すべては、ひとつの目的のためにここにいるのだ。その目的とは、愛と英知を学び、豊かにすることだ。思考の最高レベルでは、我々の魂はすべて宇宙の旅人である。それは時間と空間を超越した、休むことのない無限の旅に出ているのだ。こういう考え方はまた、多くの西洋の神秘主義者たちの思想にも相通じるものだ。

我々はみんな、同じ方向へ向かっている、とソーレンは言う。

それはちょうど、古代の地球の民族大移動のようなものだ。ただ、今回のものが昔のと違うのは、食物を探して移動するのではなく、生命の、より豊かな精神的な覚醒を目指して移動しているということだ。

覚醒した**ウォークイン**と**ワンダラー**は、ＥＴたちの果てしない旅の遠くに、たまたま居あわせた人たちにすぎないのだ。――しかし、彼らもまた、依然として「旅の途中」にあることに変わりはない。

歴史上の偉大な人物はみなＥＴだった⁉

地球外生物の使命は、いつも宇宙的な規模の高邁な言葉で説明されているが、それを果たすための作業は、極めて現実的なものである。実際、私の質問に答えてくれた人たちの話は、もっと生々しいものだった。格調高い使命は、結局は「地球での使命」をどのようにして達成するか、という現実的で実践的な話になっていった。また、地球上にいるＥＴたちがこの話をするとき、ちょうど事務所のウォータークーラーのそばで井戸端会議を開いている人たちのように、肩の力をぬき、気軽におしゃべりをしてくれたことが印象的だった。

彼らの態度は時として「へえー、誰もそれをやってないんだ？」といった調子の冗談をとばしているようにさえ感じられた。

また、ＥＴたちはこう言っている。ＥＴも人間も、みんな同じように一人一人が今ではこの同じ地球で成長し、進歩している。そして、今や宇宙的な愛を基本にした意識改革へと進んでいる。

私たちはこの事実に心を開きさえすればいいのだ。この惑星地球にはすでに愛と思いやりに満ちた、新しいニューエイジへのきざしが見られるのだ。

こういう考え方は18世紀のイギリスの神秘主義者だった詩人のウィリアム・ブレイクの思想に近

いものだと私は思う。彼は、無限の意識について触れ、私たちの「認識のとびら」が浄化されれば、すべての人々がそれに気づくはずだと書いた。私たちが見ることを学びさえすれば、神の無限の空間に触れることができると、彼は信じていたのだ。

もし私たちがその気になれば、今まで気づかなかった宇宙の深遠な奥義も広く理解されるようになるだろう。そして、自分がETであることに気がつくと、誰もがやがてものすごい大異変《ビッグバン》が迫っていることにも気がつくのだ。また、不思議な**ウォークイン**への覚醒を体験した後で、広い意味での使命を悟るようになるのも、当然の流れである。常識的に考えると**ウォークイン**体験、魂の交換《ソウル・エクスチェンジ》、遊体離脱体験、夢のなかの予言といった現象は、現実離れをしていると思うかもしれない。しかし、覚醒した多くのETたちは、こうした疑いには異論を唱えている。

自分自身に耳を傾ける能力があれば、それは可能だと彼らは考えている。事実、人間の人格は、宇宙全体の自我と分離して考えることができないものだ。それはより偉大な存在と調和し、宇宙の意識にさらに融合するかどうかの問題で、これができるかできないかがETと人間の大きな差だと、彼らは思っている。ETたちは、宇宙との調和を感じるとき、特に精神的思考に敏感になるという。しかしながら、ETたちはこうしたことをむき出しにしないためにも、地球上では自分の生い立ちをあからさまにはしないのだ。

イニドがその良い例である。彼女は、人類は善意あるETたちの宇宙船の集団を近く目撃すると予言している。その彼女は、信じられないようなドラマチックな覚醒を体験してきたのだ。

彼女が地球外生物としての使命に目覚めるきっかけになったのは、さまざまな辛い出来事だった。

彼女はそうした人生体験を無駄にはしなかった。

１９８０年代の初め頃、イニド（当時の名前はキャサリン）は32歳。ロサンゼルスで何となく落ち着かないままに、13年間の結婚生活を送っていた。彼女の表現では「それは味気ないアメリカの典型的な中流階級の生活で、子供をつくり、お金のことばかり考え、少しでもいい生活を送ろうとしているだけだった。夫はハイスクールの同級生で、長い間交際していた」彼女は夫を愛していたが、年を重ねるに従い、二人は別々の人生を歩み始めた。そして、お互いに無関心で、思いやりをかけることもなくなっていった。そしてある朝、彼らは二人の間にどうすることもできない大きな溝が広がっているのに気がついた。

初めはそれでもよく話し合ったが、二人の間のギャップをうずめることはできなかった。あまりにも長い間、お互いに精神的な心の傷が癒されないまま放置されていたのだ。多くの悲しみと失意のうちに、二人は別れることを決めた。イニドが催眠療法を受け始めたのは、その頃のことだった。

このような出来事の最中に、イニドは自分自身のこと、そして自分がどのようにして人生を送ってきたかについて、初めて考えることができた。そして、それればかりではなく、人間の心とは一体どういうものかを真剣に考え始めた。これまではそうしたことは考えもしなかった。イニドは今では自分が本当は誰なのかについても、自由に考えてみることができた。そして彼女は、人間の魂のいろいろな難しい面について、自分が感じていることは正しいのだと信じるようになった。

「今までは……地球外生物についての私の知識は、せいぜい『スタートレック』を見て知ったくらいのものだったわ。あれはとてもおもしろかったけれど。今は、宇宙の理論についてもっと知りたいし、あの番組で見たことについてもよく考えたいと思っているの」と言って彼女は微笑んだ。

　こうしてなぜだかはっきりわからないままに、彼女は独学で真剣に学び始めた。過去生（前世）、ET、仏教、宇宙意識、チャネリング、易経、心霊現象などについての書物は手に取ったものすべてを読んだ。今までは何の興味も抱いていなかった分野のものから、霊的、精神的なものに関連したあらゆるものまで、手当たり次第に読んでは勉強した。彼女はこのとき、すでに普遍、自己、絶対というような領域に急速に近づいていたのだ。

　そうして6年ほど前に、彼女はカリフォルニアのすばらしい海辺の町、カーメルに引っ越そうと決めた。このときも、はっきりした理由はなかった。ただ、そうすることが正しいと思っただけだった。木が生い茂った海岸沿いの美しいこのカーメルで、彼女の意識は少しずつ変わり始め、自分でもはっきりそれを感じとることができた。

「ゆっくりと時間をかけて、海岸を散歩したの」とイニドは続ける。「どこからわいてきたかは、はっきりしなかったけど、アトランティスについてのばらばらな記憶がとぎれとぎれに蘇ってきたの。すでに知っていることを思い出しているような感じだったわ。はっきりどこなのかわからなかったけれど、私は海岸の砂の上に無意識にアトランティスの旗を描いていたの。前によく見ていたのを思い出したような気がしたのよ」

　海岸で不思議な散歩をした晩、彼女はいつもおきまりの、1週間おきの買い物に雑貨店まで車を走らせた。しかし、その日は、自分がいつもとは違う世界にいるような気がした。何かが起ころうとしていた。彼女は両側に木が立ち並んだ、夜の道に沿って車を走らせた。晴れ渡った夜空をふと見上げると、そこに地球外生物の乗った宇宙船がいたのだ。それはまっすぐ進んだり、上下や前後に移動したり、すばやく飛び回っていた。

特にけばけばしくもない、その小さな円盤形の宇宙船の端には、いくつかの照明灯がついていた。イニドは歓びにあふれた。「私はうれしくてとても興奮したの。それを見ている内に、急にとてもしあわせになったみたい」と彼女は言った。

イニドはその宇宙船のすばやい動きを見ているうちに、自分が別の次元に移動していくのを感じた。そして、その宇宙船にいるのが誰であれ、彼らと何とか接触できるような感じがしてきた。彼女は、宇宙船に乗っているＥＴたちと実際に通信しあえたと感じた。しかしその直後、ＥＴたちが伝えたメッセージがどんなものだったか記憶を失っていた。

しかし、このＵＦＯとの接触はほんの手始めだった。次の朝、それはひとつの幻影となって現れたのだ。

その朝、イニドはカーメルの目抜き通りのはずれにある小さな医院に、指圧治療を受けるために出かけていった。彼女は指圧師のマッサージ台にリラックスして横になった。彼女は体のいろいろなツボを圧されたり揉まれたりした。そのとき突然、ある何もない空間が自分の目の前にぽっかりあいたのを感じた。そこには、背の高い、筋骨隆々の男が一人立っていた。ローマ時代の百人隊長のようなヘルメットをかぶり、なめし革の防護服を身に着けていた。「俺がお前のめんどうを見る」とその男は唄うように言った。「お前は俺の指揮下に入るのだ」と命令した。

「いやだわ」とイニドは答えた。「そんなことはさせない」とイニドは言って、本当はとても怖かったが、びくともしていないようににらみつけた。その状態は長く続いたが、やがて次の幻影が現れた。今度の幻影は彼女が子供の頃からよく経験していた情景だった。何の前触れもなく、その隊長の後ろに思いもかけぬ霧と光明が現れた。それがおさまると、イエス・キリストが現れたのだ。キリストは、手を優しくそのローマの戦士の肩におき、イニドのほうをのぞき込んだ。そして、おだやかに隊長に言った。「よろしい、もういいのだよ」

イニドは今起こったことを、指圧治療師に話すのを恐れ、指圧治療が終わると起き上がって、弱々しく微笑みながらその部屋を出ていった。

こうした幻影は、本当に手始めにすぎなかった、とイニドは言う。奇妙なことには、これらの幻影は生死の感覚に関係なく、また、過去の記憶とはまったく無縁だという感覚もないまま、いつでも彼女の前に現れたのだ。その理由は、イニドが後でわかったことだが、こうした過去の体験は、実際にはもう一人の別の魂に起こったことだったからだ。その別の魂は、イニドから立ち去っていったものだった。名前はキャサリンといい、イニド自身の体に生まれてからずっと宿っていたのだ。いわば**ウォークイン**以前の自分自身だったのだ。その元の魂は、イニドの地球での使命を助けるために、自分の体に戻ってきていたのだ、とイニドは言う。しかし、まずその魂はアトランティス、ローマなどでの彼女の過去生や記憶を続けて呼び起こさせる必要を感じたのだ。そして、より高い意識を受け入れやすくさせる必要があったのだと思われる。またあるとき、この以前の魂は、性的虐待を受け、イニドの説明では、自分で問題を「解決」しなければならなかった。そしてついにある朝、彼女が瞑想にふけっていたとき、その魂は再びキャサリンと呼ばれていた彼女の体へ戻ってきたのだ。彼女はこうした「乗り換わり」を体験したＥＴだったのだ。

しかし、当初キャサリンはそれをわかろうとはしなかった。

「その当時は」とイニドは説明する「それだけがひとつ、孤立して起こった現象だった。キャサリンには、その啓示を受け入れる準備がまだできていなかったので、すぐには何も起こらなかった。まだやるべきことがたくさん残っていたから」

その前にやるべきこととは、彼女の説明によれば、今までの現実の生活から被った心の傷を、長い年月をかけて癒すことだった。

まず、彼女の失った自尊心を取り戻し、子供の頃受けた精神的苦痛や虐待による心の傷から自分を解放しなければならなかった。これはとても難しいことだった。言い知れぬ苦しみや悲しみ、そして失意を乗り越えねばならなかった。

こうしたキャサリン自身を癒す努力の他、彼女にはもうひとつやるべきことがあった。それは教会の貧困者救済プロジェクトに参加して、ホームレスたちに食べ物を配るのを手伝うことだった。

キャサリンという名の魂が、こうした仕事を終わらせ、ついには去っていこうと決めたきっかけになったのが、南西部の、ある心理学者にミルトン・エリクソン流の催眠療法を受けたことだった。4日間にわたる治療の結果、彼女はずっと続いていた自尊心の喪失状態と、虐待から受けた心の傷から逃れることができた。

こうして一人前になったキャサリンは、再び自分の潜在意識の中にあったＥＴへの覚醒を受け入れられるようになった。

「自分がETの生い立ちであることは十分わかっていたけれど、ただそうした考えのまわりを堂々廻りしている状態が続いていた」とイニドは述懐する。「まだ、機が熟していなかった」彼女は、今振り返ってみて、魂の乗り換わりや離脱が、いかに難しいものであったかを思い出すのである。

こういう状態から数日たって、彼女の言う「人生でもっともすばらしかった」不思議な体験を味わったのだ。これが、はっきりと自分がETだとの認識を持つ本当のきっかけになった。

ちょうどクリスマス・イブだった。イニドはアルコールをとらず、コーヒーも飲まないで、何となく幸福な気持ちで体調も良く眠りについた。イニド（あるいは彼女の言うキャサリン）がベッドに横になっていたとき、突然身震いがして、震えを止めることができなくなった。すぐに彼女は座る姿勢になるまで体が持ち上げられるのを感じた。部屋の隅に、彼女ははっきりと〝ある大いなる存在のエネルギー〟のようなものを感じた。しかし、その正体を見ることはできなかった。「まだ準備ができてないのよ」と彼女は繰り返した。しかしそのとき、窓の外に彼女がカーメルの町の中で見たのと同じような、もう一台の宇宙船が空に浮いているのを見た。

「私は確かに、そこに浮かんでいるのを見たのよ」とイニドは言った。「そして、そのとき初めて、あの宇宙船が私の家だったことを思い出したの」

まさしくそれは、衝撃的で直感的な覚醒だった。彼女は情熱をこめて、一気にしゃべりまくったので、私には彼女の感情の動きがひしひしと伝わってきた。

「すばらしいクリスマスプレゼントだわ！」とイニドはそのとき叫んだ。「恐ろしくないわ。誰にでも冷静に受け入れられることなんだわ。本当になんてすばらしいんでしょう！」

イニドの話の中で、私が一番興味を持った点は、彼女が自分自身について学んだすべてのきっかけになったのが、こうした大きな劇的な幻影が現れたり、宇宙船を目撃した事件だったという事実である。――しかも、彼女が自分の正体に気づいたのは、よりによってその日の極めて変な時間に小刻みに起きた、一連の出来事だった点である。運転している最中だとか、歩いている間とか、車の中にいるときとか、信号が変わるのを待っている間とか。

ウォークインの「花火」はただ「大きな障害物」を動かしただけだ。本当の作業は、何年もかかって注意深く慎重に自分を見直してきた間に起こっていたのだ。

ところで、ETの使命についての彼女の考えも、少しずつ徐々につくられていった。イニドは、あるときいっぺんに使命に目覚めたわけはないと感じていた。

2回目の宇宙船を目撃してから数年たった頃、イニドはとてもはっきりした夢を見た。彼女は、この夢がさらに一段と深い変化を自分の人生にもたらしたのだ、と言っている。その夢の中で彼女は、ETの生い立ちについて、より深く完全に理解できるように導いてくれるに違いないと感じた一人の女性に出会った。夢のなかで、その女性はロサンゼルスの心理学者兼催眠セラピストで、大勢の**ウォークイン**の相談相手だと名乗った。「私はとても疲れて、震えながらその夢から覚めた」とイニドは言った。「しかし、感情的に震えていたのではなかった。とても奥深いものに触れたような歓びで、体が震えた」彼女は、その夢の忠告を心に留めて、さっそくそのセラピストに電話して予約をとった。

最初のセッションで、セラピストは催眠術とチャネリングの2つを交互に使って、催眠状態《トランス》のイニドに、いつ頃から地球外生物に接触してたかを聞いた。その答えは驚くべきものだった。

「3歳のときよ」とイニドは言った。

「最後に出会ったのは？」

「数日前のことよ」

それから、いろいろなことが質問された。しかし、イニドはそれについては「聞くことも許されず、答えることも許されていない」と信じていた。多分、自分はそれに答えられなかっただけかもしれない、と彼女は言う。だんだんイニドはいらいらしてきた。

「誰にあなたは話しかけているの？」まだ、催眠状態の彼女は、彼女がもたれていた安楽椅子の背もたれに自分の頭を押しつけて、頭を左右にふりはじめた。「もしあなたが誰に向かって話をしているかがわかれば、あなたの質問にもっとうまく答えられると思うわ」と彼女は「セラピストに」言った。

まさにこの瞬間、イニドは何かが突然大きく変わってしまったことに気がついた。キャサリンと呼ばれていた魂が離脱していったのだ。魂の交換《ソウル・エクスチェンジ》が行われたのだ。イニドは、今や自分自身がETの魂を持っていることを、はっきりと認識した。「そして、自分の新しい人生に完全に一歩踏み出した」と感じた。

彼女はついに「人格の交換」の一段階を乗り越えたのだった。そして、古い自分自身が、はっきり消滅した状態になっていたのだ。

このように、イニドは伝統的なせまい世界観から、もっと広い意識の世界に到達するのに、極めて長い道のりの旅を必要としたのだ。その旅の過程には、快い瞬間もあったには違いないが、おおむねは苦しい試練の繰り返しだった。

彼女の話を聞いて、私の心に残った疑問は、これほど多くの苦難に出合ったことを、イニドはどう受け取っているかという点だった。だしぬけのＵＦＯ目撃、劇的な幻影の出現、じわじわと行われた魂の交換など、まさしく大きな試練であった。

ここで再び、なぜここにいるのか？　に対する彼女の答えをまとめてみよう。地球外生物は助けるためにここにいる。助けるためには実際には相当こまかい技術が必要だ。この点、特に人間の生活と意識についての幅広い体験が要求される。

以上がイニドの感想である。そしてこういう考え方が、私がインタビューした他の大多数のＥＴたちの意見でもあった。

「私が多くの試練を体験してきたのは、自分を現実的で人間的で、しかも思いやりのあるＥＴにするためだった」と彼女は答える。「今、私はありとあらゆる虐待問題、金銭問題、家庭問題、子供の問題についての実態を理解できる。もし私が、この地球上で生きていくのはどういうことかを初めに理解しておかなかったら、私がここへ来て、どうあるべきかのヒントを人々に与えても、何の役にも立たないものになってしまうだろう」

ここで私は、どんな方法で、もうあなたたちが十分に学んだと判断するのかという点を彼女に聞いてみた。

「人々は、地球外生物はもう何でも知っていると思いがちだ。しかし、それは本当ではない。誰でもみんな、休むことのない成長のサイクルのなかにいる。すべての分野で、精神的なものを学び、成長するという繰り返しが必要だ。この惑星も、しばらくずっと地球外生物と関係を保ってきた。そして、ＥＴも人間も共に成長してきた。昔はＥＴたちは、地球の歴史の舞台裏で働いていればよかった。（ソーレンが、大きく成長するためのきっかけをつくる、発酵の泡立ちと表現したように）歴史上の偉大な芸術家、政治家、思想家、指導者たちは本当は地球外生物だったのだ」このように、かつてはＥＴたちは「秘密裏に」働いていればよかった。

しかしながら今日では、歴史が刻まれるペースは早くなっており、地球はいまだかつてないほどの危機の状態にある。そして、この惑星も、より広い宇宙観に目覚める寸前まで来ている。今こそＥＴたちが大衆の前に姿を現すことが必要であり、ちょうどよい時機だと彼女は言う。

そのために、**ワンダラー**と**ウォークイン**の一人一人が助力をするそれぞれの手段を身につけているのだ、とイニドは感じている。それが大きな手段か、小さな手段であるかは関係がない。それぞれのＥＴは、担うべき非常に特殊な仕事と、援助すべきさまざまな異なった分野を持っている。

イニドの考え方は、さらに大きく発展する。彼女はある程度までは「地球の住人たち」と「ＥＴの訪問者たち」の間の人工的障壁は取り除けると思っている。

地球は、いろいろな銀河系から来た多くの人種の、大きなるつぼだと彼女は言う。そして、我々一人一人の本質は、完全に精神的なものから生まれた魂であって、地球から生まれたものでもなければ、他の惑星から生まれたものでもない。すべての生物は、宇宙そのものと調和している。それぞれの魂は、意識の進歩のそれぞれ異なる過程にある。

つまり、ある魂はまったく地球的で、他の魂はより宇宙的だという状態にあるわけだ。

そして、我々自身は、それぞれ自分たちの能力に応じたより大きい意識へと発展しつつある、ということだ。そうすることによって、私たちは休みなく我々の人間性を深め、地球と宇宙を豊かにすることができるのだ。

「人々は目覚めつつある」とイニドは言う。「人々は覚醒しつつあり、そうすればさらに豊富な情報が与えられるようになる。そうするのが、ここにいる我々の目的のひとつなのだ。そして実際、そうなってきている。我々は、お互いに交信できるようにまでなってきている。人々の魂は、お互いに知りたいと思うことは何でもわかるようになってくるだろう。こうなる大きな理由は、この惑星が真実を知りたいと思っているからだ。魂は覚醒を望んでいる」この惑星の歴史上、かつてないほどにお互いの友好関係が可能になってきているが、それを実現できるかどうかは、魂、つまりすべて我々自身にかかっているのだ。

そのために、ＥＴたちはここにいるのだ。

「何も特別なことではない」それがＥＴの本音

その果たすべき仕事は極めて広範囲にわたっている。そうだとすれば、今まで聞いたＥＴたちの感想は、記念すべき宇宙的な重要な事柄を話すにしては、すべてがあっさりとしすぎて、ごく簡単に考えているようにも見える。

ETとして、この惑星地球の進化に貢献することは「何も特別なことではない」と彼らは考えているのだ。**ウォークイン**や**ワンダラー**は、いつも自分たちのことを吹聴するようなことはしないのだ。

たとえばビリンダは、催眠セラピストとして働いていたが、自分自身が地球外生物であることは「そんなに特別なことではない」と思う、と私に話した。それよりもっと大切なことは、自分が精神的な情報やチャネリング、自動書記、そして自分の考えを伝えることに興味を持てることだと言う。こういうことが、奉仕をするうえでの助けになり、人々を、内面的な力と精神的《スピリチュアル》な知性に触れさせるための手段になるのだ。

自分がETであることを知らせることが奉仕ではない、と彼女は言う。

クリスティンの場合は、片時も自分の内面的な疑問に対する答えを探さずにはいられないような状態になっていた。「それならば、どのようにして我々は光明に近づくことができるか？」といった疑問である。言いかえれば、彼は自分自身がもっと深く学び、この惑星を助けるために一刻一刻の時間をどう使い、自分のあらゆる行動をどうすべきかを、いつも反省している。彼はこうして、自分の行動と判断の仕方を、いつも奉仕するためにはどうするかという面から決めているのだ。彼らは、他人の幸福のために自分をぎりぎりまで犠牲にしているのだ、と私は思った。

私のインタビューでは、こういう答えが何回となく返ってきた。「何も特別じゃないことを、よくわかって」

あるいはリンダの場合も、こういう意見だった。「特別なことをしているように思わせてはだめ。

他の人たちが、その精神的な能力を使って、自分たち自身が持って生まれた才能を活かしていけるように助けるだけ」。「調和のある統一への道」へ歩もうとしている人たちは、みんな一緒に力を合わせて、内面的な変化の過程を信じることこそ重要なことだ。

東洋の哲学をよく調べてみると、まったく同じような忠告にお目にかかる。私自身も、アメリカやアジアの仏教寺院で修行し、瞑想にふけった。禅の教典もたくさん読んだ。そして、次のような問答によく出合った。

悟りとは何だ？
何も特別なことではない。
悟りを開いた後で、どうなった？
何も変わらない。

こういった仏教の問答は、単純にして、含蓄のあるものだ。また、「禅は日常の心にあり」という教えも、よく言われていることだ。仏陀は、一瞬の静寂の間に悟ったものすべてを、一輪の花に託して、微笑みながら自分の弟子に渡すという、すばらしい言い伝えもある。これなどは「心から心への伝え「以心伝心」」という高い悟りの世界で行われるまったく単純で純粋な精神伝達の方法だと思う。すべてのもの、に真理が宿る。

「何も特別なことではない」という短い言葉の中に大きな意味合いを求めるのは、一見すると矛盾するように思われる。そう見えるのは、多分私たちはこの言葉の意味を、合理的思考に基づく、せまい二元論的な知性によって解釈しようとするからだ。知性に頼るのは、悪いことではない。ただし、その用途によっては、の話である。無論、その用途に合わない場合、知性的解釈だけでは矛盾が生じてくる。自分の肩の力をぬいて、世界をありのままに素直に見ようと努める。教説や決まり文句をストレートに解釈することだけに留まらない。むしろ内面的な認識を個人的な体験に基づいて解釈しようとすれば、そのパラドックスはなくなってしまうのだ。そして前に進めるのだ。ＥＴたちもこんなことを言いたいのだと思う。

毎日、こまかい気を使って情報管理をしていく必要もなく、人々の内面に宿る高次の自己にまかせればいいのだ。しかし、この内なる自己の声を聞くためには、静かで落ち着いた、しかもぴーんと張り詰めた気持ちが必要なのだ。心の張り詰めた静寂さが、他のかまびすしい騒音を消してしまうからだ。ただ、この心の平静さを身につけるには、かなりの努力が必要だと思われる。

しむけられた間違った自我、いっぱいの恐怖、心の軋轢、さまざまな異論などを乗り越える修行が常に必要になる。こうしたガーガーという雑音が消えて初めて、自分の内面の声を聞くことができるのだ。そして、この自分に克つための修練には何年もかかるのだ。

この「内面的な平和」は、世間でよく言われている、「流れに従う」に相通じるものがある。それは、私が**ワンダラー**と**ウォークイン**の両方から聞いた、彼らの生活の仕方なのだ。固定された考えに釘付けになったり、融通のきかない計画にしばられたりしない。彼らはリラックスして感じ、考え、生活する術《すべ》を身につけている。そして、「自分自身の内部」と「外部の世界」の両方で起きる物事に、素直に従っていく能力を学んでいた。この内部と外部という二重構造は、覚醒がある段階に達すると、区別はなくなり、本当に自然の流れに従えるようになっていくのだ。

彼らが人々に教えるときに、決められた目標、毎日の課題や特定の話題も用意せずに、すべて自然の流れにまかせている、と私は思っているわけではない。むしろ彼らは、人々を助け、教えていくやり方には大きな自信を持っているように思われる。彼らは他の、より高次の指令を自分自身の内面から聞いて、それに従って行動している。

イニドが言うように「すべてのことを知る必要はない」のだ。「すべては前もってつくられ、きちんとした楽譜になっているので、私はただ、それを弾きさえすればよい」のだ。かといって、彼女は自分があやつり人形のように、自分の意志もなく動いているとは思っていない。彼女は、大きな変化のパターンがあって、自分の毎日の仕事は、その一部にすぎないことを知っているからだ。この事実が、彼女の心を和らげ、安らかにしているのだ。そして、ここにもうひとつのパラドックスがあると、私は思う。

私が話をした大部分の人たちが「自分たち一人一人がいいと思う方法で使命を全うする」ことが大切だと言っていたことと一見矛盾するように見えるからだ。

彼らは、それぞれが好きなような手順で仕事を選び、気持ちよくこなせるような社会的役割を果たしている。ある人たちは、それを「わがままな」生き方と言うかもしれない。しかし、ＥＴたちは、それぞれが自分の一番「好きなようにする」ことも、実は大切なことだと言う。自分自身がその仕事に歓びを感じないで、どうして他の人たちを満足させることができるのか、と彼らは主張する。

彼ら自身が歓びを感じることが、これからの仕事の手始めになるのだ。そうすれば、彼らはなお、地球上での大切な自分の責任に気づくだろう。地球の仕事を手伝うには、多くの個人的な判断が要求される。また、自分自身の仕事を辛抱強く進めていくことが必要だ。

彼らの一人が私に言ったように、「地球を助けることは、何かを押しつけたり、人々をあやつったりすることではない」それは、内面から盛り上がる忠告で、人々に共感を持たせることだ。やればば何とかやり通せるものだ。

ETたちの大部分はこういう考え方をしているのだ。リンダが言ったように、「ETであることより、内なる自分と接触することのほうがずっと重要なことである」結局、精神的な仕事こそ、私たち全員に課せられた共通する仕事なのだ。

事実、リンダが地球外生物として覚醒する過程で経験した個人的、社会的、そして精神的苦痛には、それを聞いた私もいささか驚いたのだ。しかし、リンダは、そんな問題は二の次と受け止めているようだった。「大切なことは、自分自身の時間–空間的な限界を超えていくことだ。これこれの惑星から来たしかじかの地球外生物だというような、型にはまった考え方を乗り越えていくことだ」と彼女は言う。この考え方は、「名前と形式」にとらわれてはいけないという古い仏教の教えにも通じるものだ。

誰でもその内面に神聖なものを秘めている、とリンダは言う。「すべての行動が奉仕であると同時に、それを行う一人一人が大切なのだ。私の役割は、そうした人たちの希望を生き続けさせることだ」。

本当の人間は、それがＥＴであれ、他のものであれ、永遠の創造主の目には同じように映っている、とリンダは言う。その意味で、私たちは同じなのだ。

「宇宙的覚醒の世界」への帰還

マシューというＥＴの魂を持った男性は、「地球を訪れているのは、助けるため」という彼らの間で一般的になっている考え方とは少々違った意見を持っていた。私がマシューに、なぜＥＴたちは地球にやってきたと思うか？　と質問したのに対して、ごく短く「わからないなあ」という答えが返ってきた。それから、その質問はあまりにも広い範囲に及んでいるので簡単には答えられない、と彼は付け加えた。

「他の人たちのことについては、わからないなあ。その人によるんじゃないかな。何人かのＥＴたちは、そんなに前向きじゃないように見えるしね。わざと後ろ向きっていうんじゃないようだが。それに、いつも水をさすようなＥＴたちもいるしね。ここにいるＥＴたちが、何のためにいるかっていうことは、そう単純に一口には言えないと思うなあ」

個人としては、と彼は続けた。地球中心的な考え方をなくすための運動をしている。そのために、火星についての最近の調査に関連するＵＦＯの本を執筆中だ。彼は、我々の地球社会が、宇宙の中でもっともすぐれた社会組織なのではないことを、世間が理解するのを助けようとしていた。でも、そのことを地球人が理解するのは、とても難しいことではなかろうか。

マシューは、ニュージャージーで子供の頃、何回もＵＦＯを目撃した。あらゆる種類の宇宙についての夢や幻影を体験し、いろいろ哲学的な側面についても自問自答してきた。彼もまた、他のＥＴたちと同じように、子供の頃から、自分のまわりの大人たちは「正しい形をしていない」と思っていた。彼には、細長い顔をした人とか、異常に幅広い額をした人とか、極端にのっぺりした姿をした人、完全に左右対称の足を持った人などが理想だった！　しかし、マシューは、20代の半ば頃になるまでは、これらのことをあまり気にしなかった。

そして彼が言うには、あるとき、何かが体の中で突然はじけたような気がした。急に何かが見えてきて、頭をガーンと打たれたような感じだった。マシューは、唐突にこんな考えに取りつかれた。「ここでの人生は、今目にしているようなものじゃない。我々がそうだと信じているような、限界のあるものではない。人生は、本当はありふれたものではないのだ」

このことがあってから、マシューは自分の見る夢に深く注意を払い始めた。というのも、何年もの間、彼はびっくりするほど美しい景色や町並を、夜になると夢のなかで見ていたからだ。その風景は、明らかに他の惑星のものだった。木々は奇妙な形に植えられており、パゴダ（ビルマなどに見られる仏塔）風の屋根をした塔が高くそびえていた。またすべての上に、地球では見られない光がふりそそいでいた。そして朝になると、いつも激しいホームシックで泣きながら目を覚ますのだった。

マシューがこうした夢に深く目を向けるようになってから、起きているときにその記憶が蘇ってくるという奇妙な瞬間をたびたび体験するようになった。思い出すのは、今まで見たこともなかったものばかりだった。

「あるとき、私がペンシルバニア州のハリスバーグの中心街を歩いていると」とマシューは私に話し始めた。「一群の官庁の建物が並んでいた。それをじっと見ているうちに、まったく突然、その建物は別の時空の中で見たことがあったような気がしてきた。私は、人間のような生き物が歩いている似たような町のことを思い出した。それは、明らかに地球ではなかったし、現代ではなかった」

これは一人のＥＴの過去生から「にじみ出た」ものだ。私は多くの子供たちがこれと同じような経験をしているにもかかわらず、心のせまい両親から怒られるのを恐れて、口をつぐんでいることをよく知っている。

マシューの話では「この記憶は、自然に自分の内面からわいてきたのだ。それはとてもはっきりしていて、すべて本当にあったように思われた」という。自分の内面に隠れていた記憶が、一気に表に出てきたらしい。

前に説明したように、マシューは自分がＥＴの生い立ちであることを、すんなりと、その後の自分の人生を変えるような衝撃も感じないで受け入れることができた。「私の体験は、突然のものではなく、ゆったりとしたものだった」彼の**ワンダラー**への覚醒は、自分が地球上で人間の姿を借りる前にＥＴだったことを、徐々に少しずつ思い出させるような形で行われた。マシューは、他の**ワンダラー**と同様に、地球に来る約束事のひとつとして、昔の記憶を消されるのを承諾したのだ。これは、ＥＴたちや別の世界の存在を受け入れようとしない、普通の地球人の自由意志を守るためにある制度なのだ。

マシューは自分がかつて考えてもみなかったような世界にいたことがある可能性を受け入れられるように、ゆっくりと、彼自身の心を開く訓練をしてきたのだ。ある朝目覚めると、すぐにこの地球での時間はすべて人間の生活時間のひろがりの中で測られていることに気づいた。彼のこうした考えは、彼の意識に根づき、大きくなっていった。

「地球上の時間は、ただ便宜上決められているにすぎない」とマシューは信じている。「その理由は、ある日目を覚ますと、一瞬の間にかつてのことすべてを経験したことがあった。そのときからずっと、私は、時が小さい単位にこま切れにされていない、永遠の世界に自分自身がいると、いつでも感じることができた」彼は実際に、時間にしばられない自分自身を体験していたのだ。

時間にしばられない、という意識は、宇宙旅行と同じようにタイムトラベルも可能にするほどのものだ。しかし、彼はつつましやかにこう言った。「でも、そんなことはあまり気にしていない」

そこで私は聞いてみた、「どういう意味ですか？　もう少し説明して下さい。これもたいしたことじゃないんですか？」と。

「そういう能力があると、うぬぼれてしまい、心が乱されるからね」とマシューは答えた。

ここでもまた、何ていうことはない、という感じに出合った。ここでは、地球上でのＥＴの使命について質問していたのだが、私はマシューが他のＥＴたちが考えていることを、実によくまとめて話してくれたと思った。

「たとえもし自分が地球外生物で、宇宙船の指揮をとっていたとしても、特にどうってことでもない。何事についても過度にはやしたてられたりしている場合、不必要な要素は取り除いて、正しい本当のことだけわかるように努めている。例えば、この人はどうしてそんなことを言っているのか？　というように考えてね。あまり仰々しくすることは、現実的な問題からの逃避になりやすい」と彼は説明する。「仰々しい」ことは、大げさな幻想にとらえられることを意味し、「現実的である」ことは、現在の事実に冷静に心を開き、対応することを意味するという。

　マシューにとって、ＥＴの使命に関する一部の意見は、誇張しすぎているように思われるし、他の意見は、自己否定をしすぎているという。また、ある人たちは、うそを言い、ある人たちは本当のことを言っていると感じている。すべての地球外生物たちが、ここで行っているすべてのことを説明することはできない。「しかし、何をやっていようとも、ＥＴたちはすべて、人間が覚醒するための触媒としての役割を間違いなく果たしている」と彼は言う。**ワンダラー**も、**ウォークイン**も、覚醒が進行し、拡大し、浄化されていくことを望んでいるのだという。


　ＥＴたちの存在は、歴史的に避けられない問題だ。いずれ、我々は地球上でひとりぼっちでないことを認めなければならないだろう。ＥＴたちは心を開いて、次のような点を理解する人なら誰でも助けることができるのだ。「生命と意識は自分だけのものではない。我々はお山の大将にならず、宇宙の経綸の中に自分の場所を見いだすことができる」と。

自分だけがすぐれていると感じることは、宇宙的視野を得るためには大きな障害になる。

この覚醒の過程についての話題になると、マシューはこう続ける。ただ「普通の、ありきたりの世界」という観念から自らを解き放つ必要がある。私たちの意識が経験する世界の境界線は、もっともっと広いものなのだ。実際の覚醒が始まると、一時漂っているような感じがするかもしれない。ET的な表現を使えば、さまよって《ワンダリング》いるように感じるかもしれない。しかし、我々の体験に心を開いていれば、精神的な再編成のあいだ、もう少しリラックスできるのだ。精神的な再編成とは、高次の自己、我々の宇宙的覚醒の世界に「帰還する」ことである。

彼の考えのもとになっているのは、ETたちは教えるためにここにいる、ということだ。いかに心を開いて、頑なにならないでいられるかを教えるために。

「どんな領域にもごまかしがある」とマシューは言う。「どっちが本物か、行ったり来たりすることもできるし、ごまかしの程度の違うものの間を通っていくこともできる。あるいは、ある人たちが好んでいるように、まっすぐ切れ込んでいって、限りなく深くにいる自分自身に到着することもできるのだ」

「地球人であるとか、ETであるとか」にこだわってはいけない、と彼は主張する。そうでなくて、創造主の存在を意識すべきだと言う。「言いかえれば」と私は言った。「ある水準に達すると、すべてのものは一つだが、私たちはそれに気づいていない」と。

「その通り」と彼は答えた。「あなたに関係ない何かを達成しようというのではない。あなたが思い込んでいる、すべての暗示から解放されなければならないということだ。なぜなら、ほとんどの暗示は錯覚にすぎないからだ。それは絶えず本来の自分自身なんて存在しないと思わせようとする。そんなことになれば、自分自身のなかにあるものを信じようとする力さえも失ってしまうのだ」

　彼は、自分の内面を知ることの重要さをしきりに強調する。同じ方法ですべての**ウォークイン**と**ワンダラー**も覚醒を果たしたのだ。もし、私たちが、自分たちの内面深くにある自分自身を信じて、自分自身の限界から解放されるように努めれば、より高次の覚醒へと、自信を持って進めるはずである。ＥＴたちは、「私たちを救う」ためにここにいるのではない。ただ、私たちが内なる自己に帰るように告げるためにいるのだ。

　もう一度言おう。何かをつくったり、覚醒の特別な状態を得るためではない。ことの真実を知るための障害を取り除くためなのだ。

　私たちはすでに救われているのだ。

第9章　死

——どこか別の場所から永遠の世界へ

死は終わりのない人間の謎である。

それは人間の心を奪い、人間の想像力を絶えずかきたててきた。死は人の一生にはっきりとした区切りをつける。この生死の境を越えた後は、もはやそれまでの人生の指針など役に立たない。シェークスピアの「ハムレット」の台詞にあるように、死はひっきょう「旅人が行ったきり帰ってこない未知の国」なのである。

そこでただ疑問だけが残される。死はすべての終わりなのか、それとも、命は永遠に続くのか？　1度だけの命なのか、何度も生まれ変わるのか？　ただ一度の始まりから終わりまでの直線なのか？　行ったり来たりする円形のコースなのか？　そのどちらでもないのか？

死はよく芸術のモチーフとして取り上げられる。また死と「死後の世界」への疑問がしばしば主要新聞にも登場する。１９９４年11月13日付の「ニューヨーク・デイリーニュース」は、75年前に発行された新聞の一記事を再掲載した。東33番街に住んでいたエラ・スミス・ローソンという女性の話である。１９１９年彼女は、死んで「四次元の世界へ行った」と語り、町中の噂になった。ローソンは、いつの日か誰でも同じことができるだろうし、また人々は「飛行機で海を渡るように」いつでも異次元間旅行をするようになるだろう、と堅く信じていた。

ところで、それが私たちの議論とどう関係があるのか？　実は、この本で、私たちはＥＴへの覚醒現象のことを取り上げてきた。この現象は、ある意味で今までと違う世界への旅なのだ。今までとまったく違う、真実の世界へ到達する現象がそこにあるのだ。従って、こうした現象を体験したＥＴたちが地球上にいることは、生や死を新しい目で見直さなければならないことを意味する。つまり、これまでの西洋的な哲学を根本的に考え直す必要があるわけだ。

私たちが死について考えるとき、今までのように有名な詩にでてくるようなロマンチックな言葉で、それをわかろうとしなくてもいいのだ。むしろ、ラー文書のようなＥＴ文明の世界から聞こえてくるものに、もっと耳を傾けて、死というものを考えるほうがよいと思う。

ＥＴたちは「存在に終わりはない」と言っている。その意味を、私たちが十分に理解するのは少々難しい気もする。そこで、地球上にいる**ワンダラー**と**ウォークイン**の助けを借りてみようではないか。

臨死体験者の覚醒への過程

「死に対処することは、特に**ワンダラー**にとって、まず大切なことだ」とソーレンは言う。しかし、本当のところ、それはすべての人にとって極めて大切なことだ。個人、社会、地球全体のレベルで。性と死の関係から。再会と別れの現象から。

個人的レベルでは、「自分が人間だと思っている人たち全員が必ず経験するものである」という意味で、死への対処が必要になる。

社会的レベルでは、「社会のすべての者が死を恐れている」という意味で、対応が必要となる。

そして、地球的レベルでは、死の問題を真剣に考えることによって、すべての国々がもっと協調していくという状況が生まれる。

実際、我々は自身の別離と喪失の体験を深く見つめることによって、意識が変わっていくのだ。

例えばソーレンは、経験を積んだサーファーだが、とても危険な目に遭い、そのうえ3回も自殺を図った。こうして何回も死に直面した彼は、人間としての命の瀬戸際まで追い込まれたのである。

彼の痛ましい体験は、「誰でも死に直面する」という意味では、ことさら取り上げることはないと思われる。しかし、私がインタビューしたETの魂を持った人たちすべての中でも、ソーレンの場合は珍しい体験をした数少ない例のひとつだと思う。

つまり、彼は遊体離脱体験と臨死体験の両方を味わったのである。こうした体験で、彼の考え方はすっかり変わってしまったのだ。地球は、「混乱と無気力と眠り」のただ中にあるとする、一部のETたちの考えに近いものになっていったのだ。

子供のときの体験から、ソーレンは、早くからはっきりとではなかったが、他にも人間と違う存在がいて、この地球だけが自分の居場所ではないことを、何となく感じていた。彼はすでに、ほとんどの人が唯一の絶対的な真理だと思い込んでいるものも、実は相対的な問題、つまり、それは信号の終わりがない周波数帯の、ただひとつの振幅にすぎないと思っていた。

彼はこのような考えを持つにいたった子供の頃の体験のひとつを、私に聞かせてくれた。6歳か7歳のとき、家のそばの木に、木の箱を足台にしてよじ登った。そして木の枝の上で遊んでいたとき、突然「意識の変容」が始まった。ちょうど運の悪いときに起きたのだ。まるでよく見る悪夢のように、彼は手を放してしまった。木から転げ落ちて、腰掛けているような姿勢で地面に叩きつけられた。そして、頭を木枠の角にいやというほどぶつけた。

しかし、これは多分偶然に起きた事故ではなかっただろう、とソーレンは言う。まるである外部の力か実体によってあらかじめ「計画されていた」ようだったという。ソーレンには「決まった場所に降ろされている」ような感じがしたからだ。「ある力が、忘れられないような奇妙な感じで、一瞬私を持ち支えたんだ」と彼は説明した。「私の背骨がすっかりのびきったようになった。その瞬間だった。まるでヨガのクンダリーニのように、エネルギー転移が起きたのだ。それは深い瞑想に落ちたような感じだった」

彼は、この感じを決して忘れなかった。なぜかと言えば、10年後に、もうひとつの別の事故に遭い、まったく同じような感じを経験したからだ。まるで記憶が薄れるのを防いで、心の中にこの感じを根づかせるために起こった事故のようだった。

ソーレンが16歳のときだった。彼はハワイの海岸で荒波にもまれながらサーフィンをしていたとき、突然、大波にさらわれたのだ。波は激しく襲いかかり、彼を水面下に閉じ込めた。海は白く泡立ち、彼のまわりで渦巻きをつくっていた。ものすごい力だった。ソーレンは体を自由にしようともがいた。息をしようとあせった。しかし、岸から沖へ向かって強く流れている海流に、どんなに激しく逆らってみても、体は自由にならなかった。水中に沈みながら、彼は子供の頃経験した、あの夢のなかにいるような感じを味わい始めていた。明らかに酸素欠乏の兆候だった。

「私は水面に戻ろうとする意欲を、そのとき失っていた」と彼は言った。「自殺しようと思ったわけじゃないんだ。ただもう、何かをしようという気がしなくなったんだ」波の下で彼は、自分の体形が変わるのを感じた。「私は光っている球形のボールに変わっていった。輝く光の球体になったのだ。とたんに、あらゆる方向が見えるようになった。人生の縮図のようなものさえも、見透かせるようになった。すべてのものが見えるようになった。すべてのものが、私の人生を含めて」

まったく奇妙なことに、この間中、彼は今こそ活力があふれていると感じた。我にかえっていたわけでもなく、クスリもやっていなかった。そして「万事うまくいっている」と感じた。

しかしこの体験は、子供の頃木から落ち、クンダリーニの体験をしたときの「意識の変容」の感じにそっくりで、また、前に起きた何回かの遊体離脱体験にもよく似ていた。こうした遊体離脱を彼は子供の頃よく体験したが、それは自分自身が、自分の体の外に浮かんで、下に横たわっている自分の体を上から見下ろしているという感覚だった。また子供の頃、火星人たちと旅に出たときの感じにも似ていた。宙に浮いているような感じや非物質的感覚は、彼にとってもはや異質なものではなくなっていた。

サーフィンで経験した「突然の出来事」は、彼に大きな影響を与えることになった。彼の意識を変え、人生観や死生観も変えてしまったのだ。

「非肉体的な状態は、自分にとってはどんな状態のときよりも現実の世界にいる気がする」とソーレンは言う。「普通の起きている状態は夢のようで、現実味に欠け、感覚も粗くなる」ことに彼は気づいた。肉体と意識の限界を超えたとき、どういうことが起こるかという生々しい例を、この突然の出来事は示していたのだ。

『死における命（Life at Death）』の著者、ケン・リング博士によれば、臨死体験をした人たちも、同じような覚醒の段階を経てきているという。まず、恐怖感が消え、死ぬことがわかる。そして人間の命の終わりを受け入れる。この過程には、肉体的感覚の消滅も含まれている。従って、それは苦痛をともなわないものである。物質的な肉体の消滅の後に、深い底知れぬ静寂が訪れる。体験者の中には、自分の体から離脱する直前に、風のような耳慣れぬブーンという音が聞こえると言う者もいる。それから、宙に浮いているような気がする。そして、自分自身の肉体を一眺めすることになる。また、臨死体験をしたある者は、自分自身が救急医から死亡を確認される情景を見聞きすることができたと報告している。

結局、誰にも共通な過程があることがわかる。それは、今までとはまったく違う実体へと変化する過程である。それはある「存在」に出合うまでの暗いトンネルを、不気味な静寂に包まれて通っていくドラマチックな旅にも形容できるだろう。こうして、ある「存在」に出合うと、新しい人生のスタートが切られる。ここまでの過程には、通常の恐怖の感情はともなわない。また、通常の判断力も必要とされず、責任も問われない。そして、この過程が終了すると、ここまでやってきた彼または彼女は、もっと先へ行くのか、元の体に戻りたいのか、問いただされる（こうして今自分たちの臨死体験を語り得る者は、当然、我々の世界に戻ることに決めた人たちだけだということになる）。戻りたいとそう決めると、傷害や手術による激しい痛みにうめきながら意識が戻る、という運命になっている。

リング博士はこう書いている。「はっきりしていることは、臨死体験者たちは口をそろえて体験したことは本当にあったことだと言っている点だ。そして、この体験は味わったことのない、非常に深遠なものだったとも言っている。この体験の強烈さといったら、言葉では表せないものだというのが、臨死体験者全員の感想である」

従って、これほどの体験をしたソーレンは、死について多くを学ぶことができたのだ。彼はもっと若かった頃、高所恐怖症にかかっていた。このあわれな**ワンダラー**は、橋の上や高いビルにいるとき、よくめまいを起こしてふらふらになったものだ。こんなときには、死に対する予感が恐怖心となって、彼の体をかなしばりにしたという。

しかし瞑想に入ることを覚えてからは、この恐怖症は完全になくなった、とソーレンは言っている。まさにこの激しいめまいが起きたときをのぞいて、彼は死に対して深い恐れを抱いたことはなかったのだ。ソーレンは言う。「手っ取り早く言えば、死は存在しない。これは一面本当のことなんだ。しかし、違う面では、死は自分に何も影響しないことも考えられる。結局、自分は死なないのだ。この意味で、人は死ねないというのが本当のところだと私は思っている。私にしても、一日の作業を終えた人たちが窮屈な作業着を脱ぎたいと思うのと同じ気持ちで、死を待っているにすぎないのだ」

ソーレンが説明した感じは、ちょうどやんちゃ盛りの子供が窮屈な教会から早く逃げ出したいと思っているのと、同じ類《たぐい》のものだ。子供は、窮屈でかしこまった服を着せられ、説教をよく聞くように強制される。子供は教会にいるあいだ中、実は一刻も早く家に帰って、この窮屈な服を脱ぎたいとだけ思っている。

さて、死後はどうなるのか？　ソーレンはＥＴの魂はもともと彼らがいたところへ帰るのだと信じている。彼らは地球での経験のため多少もとの姿とは変わっているが、戻ってきた彼らは当然、自分たちがいない間にもとの古巣で起きた変化を感じとる。こうしてＥＴの魂は、愛をこめてある惑星を出発し、再び前の同じ惑星に戻り、その惑星がさらにもっと進化するのを助けることができるのだという。

死は、別の世界への出入口のようにも思われる。しかし、死は必ず訪れるものだ。ソーレンの場合、若い頃自殺を図ったのは、自分の身を滅ぼそうと思ったからではなかった。より高次の覚醒をもう一度体験して、もっと深遠な世界に行くためには、不幸にも死がただひとつの手段だと思っただけだ。彼は自分を傷つけるつもりはなかった。彼はただ、自分自身を救いたかっただけだ。

ソーレンは、生き残ったので瞑想を始めることができた。そして、高次の覚醒が、もっと深く自分に根づく方法を学んだ。こうなってくると、彼はもう、今の物質的な肉体から逃げ出す必要もなくなってしまった。もはや自分をしばるものは何もなくなったからだ。

「死に対処するということは、それがより高次の覚醒を目指して戻っていくための出入口だという事実に気づくことだ」とソーレンは言う。「より高次の覚醒状態ではETの魂は分離されて、その世界で新しい人生を過ごすために再統合されるのだ」

ETたちにとって、死はまた**ワンダラー**と**ウォークイン**が、この地球上で今現在暮らしているありさまに反応する鏡のようなものだ。

死は、古い自分の死を意味する。それは、現実的なもの（体の形をしている命）の死なのだ。私たちの苦悩は、死によって区切りがつけられる。それがこの世での終局の過程だからだ。すべて創造されたものは、消滅するときが来るという掟の絶対のしるしなのだ。しかしながら、この現象は、ETたちの魂がやってきたもとの惑星で起きることは絶対にないのだ。地球での生活という現実は、過去の記憶をうすれさせ、死との出合いを苦痛に満ちたものにする。自分の肉体や感情や思考をはっきり意識している限り、苦しみは続く、とソーレンはいう。しかし、もしこうした「個人的要素」を意識しなくなれば、より深い自分自身ともっと自由に会えるようになるという。魂が分離するというこのような考え方について、私は他のETたちからもよく聞かされた。そしてまた、この思想は私自身にも、東洋の宗教、形而上学、心理学についての研究と個人的な経験によって、十分わかっていたことなのである。

死を単に古巣へ帰る手段としてむかえるのか、あるいはこの地球でやることは山ほどあるので、そんなに早く帰りたくないという目で見るのか？　この2つの態度のどちらかを選択するのは、とても難しいことである。

しかし、すべてに時というものがある。地球上での骨の折れる仕事をしている時と、それから解放されて自分のふるさとの惑星に帰る時と。そして、大部分のETたちは、自分たちの雇用主や創造主に対して「やるべき仕事が残っているので、そんなに早く、この仕事をやめさせないでください」と願っているのだ。

肉体を脱ぎかえ、ふるさとへ帰る

ルーシアもまた、死はふるさとへ帰ることだと感じていた。

この女性の覚醒は、シャワーを浴びている最中に起こった。「今日からあなたは**ウォークイン**となる」という内面の声を聞いたのだ。**ウォークイン**の場合、ルーシアも認めている通り、すでに一種の「アイデンティティの死」に直面したことになる。そして、**ウォークイン**体験は、すでにふれたように、人々が「もうやっていけない。死ななければならない」と思ったときに、よく起きるものなのだ。

「大切なことは、死についての誤解を打ち破ることだ。何も死にはしないのだから。肉体に生気を吹き込む意識は続く。恐れることは何もない。私たちは肉体を脱ぎ変えるだけ。肉体はひとつの道具にすぎない」とルーシアは言う。

私がインタビューしたほとんどのETたちと同じようにルーシアもまた、「死には、その精神的な面と生命の意味を十分理解したうえで対応しなければならない」と言う。

しかし「このふるさとの家へ帰る」という考えも、他の面とのかねあいで決められるべきものだ。例えば、ジャスティニアンは、ここでまだやることがたくさんあることを思えば、ホームシックなんか二の次だと言う。

「自分がETの生い立ちであることを強く自覚している人たちにとって、その役割を果たさなければならないという目的意識は非常に大きいものだ。そのために、彼らは死にたくないのだ。死が一種の家へ帰る旅だとわかっていても」とジャスティニアンは言う。

「帰りたい、という気持ちは、確かにある」と彼は続けた。しかし、「強い目的意識がそれをはばんでいる」というのだ。この目的意識は、真の自分自身はETの魂を持っていることがはっきりわかると、なおいっそう強くなる。同時にこうした目的意識は、いたずらに自分たちが「救い主」だと世間にふれ歩くようなものでもないのだと彼は説明する。

ジャスティニアンは、精神カウンセラーとして、形而上学の教師として、また**ウォークイン**としての経験から、2つのタイプにETたちは区分されると言う。**ワンダラー**は一般に、家へ帰りたいという欲望と激しくたたかっている。一方、**ウォークイン**はより新しい魂の持ち主で、ある意味ではごく最近自ら魂の交換を望んだだけあって、まだ使命感にあふれている。より新鮮な体験の最中なのだ。

ジャスティニアンは、自分が体験したのは臨死というより、むしろ遊体離脱に近いものだったと言っている。いずれにせよ、この体験によって死への恐怖はなくなった。事実、自分が突然ETの魂が乗り移る**ウォークイン**になる以前から、彼はすでに「死に対して安らかな平和」さえ感じていた。そして、生きているあいだ大切にしていたものが消滅することはさけられないという意味での「概念的な死」に次第に慣れていった。このことが、自分が新しいETの魂を受け入れるのをさらに容易にしたと彼は言う。自分の体を魂に明け渡すことの意味を、十分承知していたのだ。

ブラッドとフランシー・スタイガーは、その著書「星の人々《スターピープル》」の中で、「自分の肉体を超える」経験をした人たちについての情報を豊富に提供している。その内容は、ETの生い立ちを明らかにした人たちと、まだ明らかにしていない人たちとの話に分かれている。

ニューハンプシャーのリンジにあるフランクリン・パース大学の心理学科助教授、ディル・アイアンソン博士は、次のように指摘している。精神的に健康な人たちの30%が、今までに少なくとも1回は遊体離脱のようなものを体験している。

また、カリフォルニア大学のチャールス・タート博士の研究によれば、150人の学生のうち44%が遊体離脱を体験したと答えている。

デューク大学の故ホーネル・ハート博士の同じような研究では、遊体離脱体験者の比率は、全体の27%だった。

ニューヨークのマイモニデス夢研究所の前所長で心理学者のスタンレー・クリップナ

ー博士は次のように発表している。アイアンソン博士が行った2件の調査結果と、バージニア大学のジョン・パーマー博士が行った3件目の調査結果をあわせると、10人のうち3人までもが遊体離脱を経験したことになる。すなわち6000万人以上のアメリカ人が遊体離脱の経験者ということだ。スターピープルに限って言えば、この比は10人のうち7、8人になるだろうと思われる。そして、彼らの多くが、いつでも随意にこうした経験ができると言っている。

ジャスティニアンの遊体離脱体験では、いずれも自分自身が自分の体外に出ているが、見るための能力はまだ残った状態になっている。それで、自分自身が自分の肉体の上に浮かんで、物質的な自分、つまり自分の体をじっと見下ろしているのがわかるという。この宙に浮いた状態で、ジャスティニアンは自分の過去の人生を思い出すことができたばかりか、さらに深遠な瞑想状態になって、自分のすべての時間の足跡が記憶に蘇り、いろいろな進化の段階の自分の存在が思い出されたという。

彼はこうした体験を何回もして、死に対する恐れはどこか遠くへ消えていったという。そして、瞑想から得た教訓は、次のように表現できるものだった。「私は気まぐれに選ばれた肉体的な乗り物ではない。この肉体は、私の魂が入り込んで利用しているものだ」

こう悟ってから、ジャスティニアンは子供の頃から死に対して抱いていた恐怖と混乱の感情を拭《ぬぐ》い去ることができたのだ。こういう境地に到達したのは、精神修行のおかげもあったと彼は言う。

こうして彼が自分の進化の過程をたどろうとしたときに、この地球上での人生を超えた、はるか以前からの自分の記憶が戻ってきたのだった。

ところで、**どこか別の場所**からやってきた人たちにとって、それでは、地球上での仕事が終わったら自分たちはどこへ行くのか、という複雑な問題が残っている。異常なぐらい遊体離脱体験に集中して、死への恐怖を拭い去ったジャスティニアンは、ついに、死後何が起きるかという詳しい内容を知ることができた。彼は、精神的な進歩として、そのことを私に話してくれた。基本的には、3種の死があると彼は言う。

そのひとつは、肉体的な死である。この場合、人々は自分の星気体《アストラル・ボディ》に残っている。次が星気体の死である。ここでは星気体もしくは感性体が死をむかえる。その後は、精神的な体である霊体《メンタル・ボディ》が最後の「人格の覆い」として残っているだけである。この霊体は、知的な働きをつかさどり非物質的な形態をとって、目に見える体を包んでいる。

そして、最後にくるのが、霊体そのものの死である。この段階で人々は完全に魂の中に吸収される。この吸収によって、自意識が失われることはないとジャスティニアンは言う。それどころか、かえって自意識は増加するのだと。ここで、人は自分の真の魂の生得権を再び獲得するのだ。それは死後初めて可能になるのだという。

私たちは、ほぼ同じような教えを、チベットの死者の書『バルド・ソドル』に見ることができる。そこにもまた、生存の3つの異なる水準が述べられている。そのひとつは肉体的な地球の領域である。それから、純粋形態だけの領域がある。そして最後に、言葉や記号を超えた領域があるという。

この領域になると、純粋なエネルギーと魂だけがあると言われている。これがもっとも心をひかれる領域で、光の領域とも呼ばれている。しかし、ETたちの魂には「独特のエネルギー形態がある」とジャスティニアンは言う。死によって、彼らが自認し、強い影響を受けていた人間的要素は離れていく。そして、人間的な性格によって覆い隠されない本来の地球外生物としての自分に力強く目覚めていく。

また、ETが死ぬとき、すべての人間の形跡をなくしてしまうわけではない。ETたちは、人間の格好をして、人間としての意識を持っているうちに発見したもっとも重要な人間的能力や要素を身につけていくのだ。こうした人間的要素は、浄化され高められた上で、全宇宙の体験の一部として持続されていくのだ。

こうした事実は、まだ人間の姿をしている間は、ETの魂は、ある程度までしかもとの生まれつきの意識を回復できないことを示している。それは、人間としての生活が続く限り、ある程度の条件が必要になるからだ。そして、人間の形をとって、地球に奉仕するための権利として、あらかじめ認められたベールが必要になるからだ。子供の誕生、養育のような、地球上のしがらみを経験することが、あとあとまで彼らにはっきりとした影響を残すのだ。こうした理由で**ワンダラー**や**ウォークイン**が、自分自身を回復するにしても、自らその限度が決まっているのだ。

「ETたちにもある程度の限界がつきまとっている」とジャスティニアンは指摘する。私がこの地球上での数多くの熱心な精神的な修行によってだけ、彼らのもともとの意識が戻るのではないかと聞いたとき、彼はその通りだと答えた。そして、こんなふうに言った。「もし本当に悟りの境地を開いて仏陀になろうという気になれば、誰でもそうなることはできるのだ。だが不思議なことに、ほとんどの**ワンダラー**や**ウォークイン**は、こうした厳しい修行をしようとしないのだ」と。

彼らは人生をおくる上での制限を甘んじて受け入れてしまっているようにも思われるのだ。何か社会に貢献する良いことを、少しでもやればよいという安易な気持ちになっているのかもしれない、と彼は心配する。

「もし、サマディ［三昧《さんまい》。覚醒境］の境地に達して完全に人間としての存在を抽象化してしまえば、誰でも自分自身が本来持っている、もっと大きな意識に目覚めることができるのに」彼はこう言って、再び地球上での精神的な努力にすべてがかかっていることを強調した。

サマディの内容を言葉に表すのは難しい。心のひときわ深遠な状態のことで、あらゆる意識は完全に静止し、静寂を保つ。そこには時間と空間の感覚もない。それは瞑想の修行によってのみ得られる境地である。

死後、ETの魂はより広い意識に変わっていく。そして地球に滞在したことがいかに大切なことだったかに気づくのだ。私が話をかわしたほとんどすべてのETは、死によって、初めて本当の大いなる覚醒に達することができると信じていた。

「死」によって苦しみのベールがはがされる

「死は私にとって」とボブは言う。「ひとつの冒険である」

これは、自分がETであることから学んだひとつの教訓だと彼は言う。こういう言い方はいくらか病的で、「終わり」を待ち望んでいるように聞こえるかもしれない。しかしボブはそうではないと、この印象を否定する。むしろ彼は、死に対して好奇心を抱いている、と言う。そして、地球上の人間の姿をした生命には、終わりがあることをありのままに受け入れているという。

ボブは**ウォークイン**になる前に、激しい麻薬中毒にかかっていた。そのため、死とはいつも隣り合わせの状態になっていたので、死ぬということがどんなことか、他人よりはよくわかっていた。あるときは大らかになり、あるときは神に対してだだをこねたりしていたが、おおむねは絶望と自殺への誘惑のまっただ中にあって、その日その日を過ごしていた。

「死ぬのは簡単さ」と彼は思っていた。「いつもそう考えていたんだ。この世にいても、もうやっていけないと思っていたんだ」

この頃が、彼の人生で最低の時期だった。すべてをあきらめているときだった。それから「何かが突然起きた」。彼は**ウォークイン**としてETの魂を得たのだった。当初、このことは自分に対する余計なお世話だと思っていた。ところが、この体験があってから、思いがけない気力と希望がわいてきたと彼は言う。その瞬間「まるで稲妻に打たれたように、ある考えが頭をかすめた」とボブは言う。その後、自分の人生に間違いなく意義を感じるようになった。彼は、それを感じ、考え、そして理解した。死は情け容赦なくやってくるということに対しても、まったく逆の意義を読み取ることができるようになった。すべての価値が逆転したのだと彼は言う。ボブは、そのときまで、人生に何の変化も求めず、ただ奈落の底に落ち込んで行くことだけを考えていた。そして、人生の呵責《かしゃく》ない渦に巻き込まれてめちゃくちゃにされ、死んで再び帰ってくることはないのだと思い込んでいた。彼はすべての希望を失っていた。

しかし自分がETの生い立ちであると知ってからというもの、心も安らかになった。そして、死後に何が起きるかは、正直言ってまったくわからないが、残りの人生をかけて、死んでいく過程をよく知りたいと思うとボブは言う。

ボブはまだやりたいことがたくさんあるので、死を待ち望んでいるわけではないと言う。彼は、この地球上にいる期限が終わったとき何が起きるか、まだ不思議に思っていた。しかし「生まれるときの苦しみより、まだいいのではないか」と考えている程度だ。彼のさっぱりした性格にふさわしい考え方だった。

ここにロシアの哲学者、P・D・ウスペンスキーの鋭い指摘がある。これによって多分、私たちは地球外生物たちの死に対する考え方を、もっとよく理解できるだろう。幸い、彼の指摘はより大きな視点から死に対する考え方を示しているからである。著書『テエルティウム・オルガヌム』で、ウスペンスキーは、想像力の限りをつくして、死について述べている。特に死というものを、神秘的あるいは宗教的視野から取り上げている。

彼はまず愛の問題から取り上げている。「愛」は、これまで多くの哲学者によって、ただ、すでに与えられたものとして受け入れられているが、これはおかしなことだと彼は主張している。なぜなら、愛こそ人類にとって最大の神秘と考えられるからだ。ウスペンスキーは、愛の心理学的または感情的な側面を取り上げているわけではない。むしろ彼は、永遠にして無限なるものとの接触という側面から取り上げているのだ。

こうした考え方に基づけば、愛は魂と我々の真の自己という永遠の領域への入口ということになる。私たちが死についてだけ過大な注意を払いすぎることは、宇宙を現実に支えているものを見逃すことにもなりかねない、とウスペンスキーは書いている。

> 実を言えば、愛は大きな宇宙的な現象である。そのなかにあっては、人々も人類も単なる偶然の存在にすぎない。
>
> 宇宙的な現象は人間の生活にも魂にもほとんど関心がない。ちょうどそれは太陽はただ輝くのみで、人間はその光のもとでせっせと日々の生活を行い、自分たちの目的のためにその光を利用している――のと同じようなものだ。もし人類にこのことがわかれば、たとえ、彼らの心の片隅にでもこの事実についての認識さえあれば、人類の前に新しい世界が見えてくるだろう。そして、今までと同じような視点から人生を見ることが大変おかしなことに気がつくだろう。さらに人類は、愛とはこれまで考えていたようなものとは本来まったく違うもの、また地球上の生活の、こまごました出来事とはまったくちがう基盤のうえに成り立っていることがわかるだろう。

ウスペンスキーにとって、愛とは、大文字で書かれなければならないものだ。それは、宇宙的出来事であり、魔術的な力であり、存在の本質的態様を意味するからである。愛は、それを探求するものに計り知れないほどの自己洞察の力を与える。

同じように、私が会った**ワンダラー**や**ウォークイン**にとって、死もまた大文字で書かれなければならない。それは、魂が生き返るために通り抜ける出入口であり、永らく忘れていたふるさとの惑星への通り道であり、また、高次の自己との再会を意味しているからだ。

そして、死は何と言っても、長い間その下で苦しんできたベールをはぐことである。

しかし、ＥＴたちは、［大文字の］死は「偉大な冒険だ」とも言う。それは私たちすべてに恐れを脇に置き、「大いなる入口」の光の中で――今、ここで――人生の意味を考えることをやめるように合図するのだ。そしてそこから新しい明日が始まるのだ。

第10章　未来像
――来るべき未来世界のアトラクションが始まる

「これから始まること」で、この本の終わりを飾ろう。

私たちは地球上で暮らす地球外生物たちからの聞き取り調査をほぼ終えようとしている。しかし**ウォークイン**と**ワンダラー**が明かしてくれた旅は、今実際に始まろうとしているのだ。

もし、読者のみなさんも、私と一緒にこのはるかな道のりの旅をしたとすれば、その道々、地球外生物たちから聞いた不思議な話についての質問をしたいに違いない。地球がこれからどうなるのか？　人類はどうなるのか？　地球は何を目指しているのか？　といった質問である。さらに、ETたちが地球と人類を助けるためにここにいるというのなら、彼らは一体どうやって私たちを助けようとしているのか？　そして彼らは私たちが向かっている未来について、何を知っているのだろうか？

私はハンス・ホルツァーが著書『UFOの乗組員』で述べた一節をここに引用する。

私たちは、ここに基本的な問題を取り上げている。私たちの生活の差し迫った状態についてだけではなく、私たち人類の生存と未来の核心にふれるような基本概念とその問題点を取り上げようとしているのだ。それゆえに、地球外生物の主題は、軽々しく取り扱われてはならないのだ。またこの問題は、一時的な熱狂家たちや理性に乏しい夢想家たちの手にゆだねられてはならないのだ。そして、批判者の一味の手から救い出さなければならない。理性的に検討できる場に、この問題を持ち出す必要がある。そこで、一般の大衆がこの問題を冷静に検討して、自分たち自身の決断を下せるようにしなければならない。それと同時に、地球外生物についての複雑な諸問題が、冷淡な科学者の派閥や政府機関によって隠ぺいされるのを許してはならない。こうした連中は、このような情報は大衆の感情的なバランスをくつがえしてしまうものだという、誤った考えを持っているのだ。

私の調査に協力していろいろ話してくれた人たちも、この主張には心から賛成してくれることだろう。彼らにとって、地球外生物についての疑問はもっとも深刻な問題である。そして、もっと開かれた公開の場で検討してほしいという願いが大きいのだ。

自分たちがETだとはっきり考えている人たちは、私たちの本当の世界は、一般社会の常識では計ることができない、と思っている。

まず、ひとつの隠された世界過程と呼ばれるものがあることを指摘しておこう。これは、大部分の人々には隠された計画で、知りたいと思わない人たちにはわからないようになっている。この秘密の計画は、人間とその文明のすべての面に影響を与えるものだといわれている。

大部分のＥＴたちは、その計画のほんの一部の作業しか知らないと言っている。しかし、彼らは誰でもその内容を知りたいと思う人たちに対しては「隠された計画」を示すような「しるし」があるのだと言っている。

このような思想は、他にもその例を見ることができる。例えば、ニューエイジ文献や東洋の宗教、神智学、ＵＦＯ研究、およびいろいろな形の至福千年《ミレニウム》説などと結びついた形而上学的な思想に通じるものだ。

思い返してみると**ウォークイン**と**ワンダラー**は、地球外からの指令によって内々に特殊情報を直接得ているわけではないと言っていた。彼らの認識と世間の懐疑主義との差は、ＥＴたちは常に自らの自己確認、すなわち「主観的に知ること」を信頼し、主体的に自分の力で学び取ろうとしている点である。

彼らはある型の地球的規模での歴史的な変遷過程がよくわかっているのだ（それは彼らの人格的身元、彼らの本質および地球外生命であるといった問題と密接にかかわっている）。

そこで初めに、私がインタビューした人たちが答えてくれた多数の共通した項目から、二、三、ひろいあげてみたいと思う。宇宙のいろいろなところからやってきた人たちが、いかに多くの問題意識を持っているかがはっきりわかるからである。

「地球は一大転換期にある」(ビッキー)
「地球規模のエネルギー転換期だ」(ビリンダ)
「惑星全体の意識が高揚している」(バーバラ)
「来るべき地球の精神的変化」(バリー)
「地球の意識は急速に進化している」(ポーリン)

しかし実際には、そう簡単に言いきれるものでもなさそうだ。ETたちは地球はある変化の過程にあって、もうすぐ大変動の新しい時代に突入する、と感じている。一、二のインタビューでは、こういった極めて簡単な答えに接した。しかし大部分の外惑星からきた人たちは、はるかに複雑で多様性のある考え方を持っていた。その人たちが答えた多くの内容を継ぎ合わせてみると、地球の近未来の姿が生々しく浮かび上がってくる。かつてなかったような、劇的で目も眩《くら》むような大変動に直面する地球の未来の姿が！

平和の使者エロヒムの分身だと信じているトーマスの言葉を借りよう。「地球での実験は終わった。地球はもとの姿へ戻っていくのだ。古い次元は働きを止めて新しい次元へ移っていく。そして世界は、今までとはまったく違うものになるのだ」

ワンダラーや**ウォークイン**が予告する、いくつかの現象をあげてみよう。

「UFOの目撃件数、接触件数は、驚異的に増え、UFOについての議論も急速に高まるだろう。エイリアンとの交信事実について、政府や国連から正式発表があるだろう。こうした情勢は〝地球警察国家〟の設立の材料として利用されるだろう。また同時に、善良なETグループと新たに覚醒した人間たちとの間の建設的な協力関係を打ち立てるきっかけにもなるだろう。ここ20年間で地球の全人口は、自然災害や人為的抗争の結果、著しく減少するだろう。ETたちが文明の現在のサイクルの終わりと考えている2010年には、人口は50％に減少するだろう。予言されている〝新しい天国と地球〟への入れ替わり——形而上学的にはニューエイジと考えられている——の後には、人類全体の人口は5億人以内になってしまうだろう。人間の数が極端に減ってしまうため、世界の再興に手を貸している地球外生物たちで、その穴を埋めなければならないだろう」

ETたちはほとんど、自分たちのはっきりした見通しを話すことはできなかった。しかし彼らは、未来はどうなるか聞かれると、地球は転換期にあって、考えられないほどの大変動を経験するだろうと一様に答えた。

多くのETたちは、終末論的な見通しを立てていた。そして、差し迫っている環境破壊の話を必ず付け加えた。しかしここにも、一見すると矛盾した前提がある。これほどの惨劇が、逆に今まで見られなかったような、各人の成長を促進する舞台をお膳立てする、というのだ。

このように、現在の私たちの地球が目指している方向は、繰り返し**ワンダラー**や**ウォークイン**から指摘されている。そして、こうした内容の書物は、ニューエイジ物を扱う本屋の店頭にもたくさん並んでいる。ただETたちの見方は、地球中心のものでないという点で、こうした書物の中味とは違っている。ETたちは、転換期にある地球への訪問者であって、その住人ではないという意識を持っている。そして（マシューが言ったように）「地球の救済と援助計画」の担い手として、ここにいるのだと言う。

それならば、こうした大計画の「立案者」は誰なのか？　その実権を握っているもの、それは常に「無限の創造主」つまり「宇宙自身」なのだ。

一人一人の「光と闇」

一人一人の力は、すべて目立たない礎《いしずえ》のようなものだ。一人一人が、基礎になる建築用ブロックをひとつずつ積み上げていくのだ。そして、その上に地球が目指す一番進んだ、一人一人の工夫を結集した建物が完成するのだ。実際、私がインタビューしたETたちの多くが研究集会で教えていたし、またこうした考え方を利用して個人カウンセリングを行っていた。

例えばクリスティンの場合、こう考えていた。「地球の復興と現在の地球に霊《スピリット》を吹き込むため、DNA配列とエネルギーに重力変換を行う。それによって時間が停止し、体内に新しい生命がみなぎる。不死の世界に近づくのだ。こうした進化は、地球そのものと、人類の両方に起きるのだ」

このような手順がとれる証拠として、彼は希望者たちと一緒に、自分の体内でのエネルギー変換を体験してみせた。集団的な死、再生そして復活の過程の生き証人になったわけだ。

同じようなイメージを持っているもう一人のETは、ベティーという名だった。彼女は、地球と人類の進化の筋書きをはっきり心に描いていた。昇天して、より高次の昇華された、いわば惑星全体が創始期のようなイニシエーションの状態になるのだと言う。

表現をかえれば、地球的規模で今起きようとしていることは、人間自身の精神的なチャレンジを反映したものである。地球全体として経験したことは、まさにそこに住む人たちが個人として体験したことの積み上げなのである。**ワンダラー**が徐々に本来の精神的な自分自身に目覚めようとしているように、地球自体も、元来の純粋な愛の世界に目覚めようとしているのだという。そして、唐突に神的な力が外部から入ってくる**ウォークイン**のように、地球もまた、突然の死によって古い自分を捨て、より明るい光の世界へと再生する、というのだ。

ジュリーは、心と精神の変容のまっただ中にあるクライアントを助ける仕事をしていた。彼女は、こうした考え方をさらに進めて、こう言う。「人間性の変容は地球上では決して完了することはないだろう……惑星的な目盛りのなかで人間は光で満たされ、闇の部分はなくなるだろう（そして多くの生まれ変わりのサイクルはやがて終わりになるだろう）。古くて不都合なパターンは取り除かれ、地球は愛と思いやりの光で飾られるだろう。ニューエイジとは、より明るい光で満たされることを言うのだ。

「光と闇」、私はこの言葉を耳に穴があくほど何度も聞いた。この象徴的な表現は、古代メソポタミアにまでさかのぼる。そして、J・E・サーロットの研究によると、この表現には、万物の究極の総合、「対立物」の統一という意味が含まれており、時として霊《スピリット》そのものを表す言葉だともいう。多分、私たちが「トンネルの終わり」で見つけたいと願うものは、この同じ光を通して発見されるだろう。

ところで、暗闇は必ずしも悪を意味するものではない。むしろ無知とか分離の幻想と結びつく。光と闇はお互いに打ち勝とうとしている。私たちは「大いなる光」への道をいつも選ばなければならない。

ユナの場合はどう考えているだろう。彼女は天使（あるいは「超天使」）の視点から語った。彼女は次のように認識している。「転換期の地球には天国からの使者がいて、地球と人間を助けている。（しかし）地球は注ぎ込む光のなかを通りすぎようとしている。人間もまた、通りすぎようとしている。でもそれは難しい。なぜなら光が闇を照らし、すべて（あらゆる否定的なもの）があらわになるからである」

ユナによると、こうなってしまう原因は、今は社会的、心理的な病が蔓延しているからだという。しかし、やがて「大いなる光」によってあらゆる暗闇の部分にも光がもたらされるだろう、と彼女は思っている。彼女はまるで子供を自慢する親のような調子で、ただ素直にこう言った。「私は、地球が一人前の惑星として進化すると思うとわくわくするの。そしてあらゆる地球外生物が地球の成長を助けるため、ここに来ている」明らかに彼女はよく誘拐事件を起こしたり、家畜を切り刻んだり、いろいろ恐ろしいことをするETの話をしているのではなかった。

けれどもすでにふれたように、凶悪なETたちもまた、確かにいるのだ。彼らが地球にいるのも何かの理由があるはずだ。そして私は**ウォークイン**と**ワンダラー**の考えを深く知るには、この点について説明を加えておく必要があると思う。

中国の仏教説話に、寺院に一緒に住んでいる僧侶たちに関する機知に富んだ文句――「龍と蛇は一体である」がある。あなたは悪があるからこそ、善を選べる。不誠実があるから誠実がある。中国の文化では、龍は善なる力と壮大さのシンボルだ。これに対して蛇は、こそこそしてずるく、わがままな動物だと考えられている。そこで若い修行僧はこう諫《いさ》められる。「自分の仲間たちみんながいい人だと思っては駄目だよ」と。

これは人が集まるところすべてに通じる真実だ。そしてETたちが私たちに話すように、地球外生物たちの愛についても、また同じことが言えるのだ。なぜ？って、それはこうだ。地球は宇宙中からやってきたさまざまな種族たちの学舎だからだ。なかにはまだ愛を学んだことがない連中もいるのだ。それが悪行が絶えない理由なのだ。多数のETたちや人間たちは、愛と思いやりの暮らしを実行している。だが一方では、少数だが愛を知らない、力を持っている悪いグループもいるのだ。この連中は、おのれのなわばりを確保するのに手段を選ばないのだ。

ワンダラーと**ウォークイン**の多くは、口をそろえてこう言っている。地球は銀河系の種族たちが混在している点では、ひとつの惑星としては異常である。つまり、私たちの地球は、方々に散っている銀河系からやってきたたくさんのグループが住み着いた、いわばひとつの大きなるつぼなのだ。このため、驚くほどのきらびやかな多様性がその特徴になっている。

基本的には、高度のレベルではすべての人たちはひとつであるという点に変わりはないが、多様化しているという意味では、私たちは単一種族ではないのだ。こういう理由から、ETたちは繰り返し異なる人たちに対して、愛と尊敬の念を持つことを勧めるのだ。そして、他人から学ぶ能力を身につけ、心を開く歓びを感じるように勧めているのだ。

私が会話を交したETたちは、どこの出身かということに関係なく、地球上にいる人たちにとっては想像もつかないほどの絶好の機会に巡り合えた、と言っている。多くのETたちと同じように、ユナもまた、現在のこの状態は地球の歴史上かつてなかったほどの時代だと考えている。しかし、ごくわずかの人たちだけしかこの事実を本当にわかっていない、とも言った。

ユナの控えめな楽観主義的な考え方は、他のETたちからも聞くことができた。これに対し、当然、もっと変わった見解を述べた**ウォークイン**と**ワンダラー**もかなりの数に達した。この人たちは特に、惑星地球の脆弱《ぜいじゃく》な生態環境について悲観的な見解を持っていた。

カリフォルニアよ、さようなら——地球大変動の可能性

地球に住んでいる一人一人の精神的変化と地球が一変することとの間の関係をもう少し深く考えてみよう。多くのETたちは、もし今の傾向が続けば、底知れぬ大惨事が起きると思っている。

例えば、地球の運命を環境面から考えてみよう。地球の住人たちは環境破壊を繰り返すばかりだ。マシューによれば「地球はもう行き詰まっている。良くなるどころか、状態は悪くなるばかりだ。環境破壊がそのいい例だ」と言う。

バリーはこう予見している。「大地震でたくさんの人たちが死ぬだろう」と。しかし、一部の人たちが予測しているような、北極と南極の磁場が入れ替わる地球の極移動というような大惨事は起

きないだろうと言う。

そしてポーリンは、こう見ている。「地球はそのまま生き残るだろう。だが、人間は全部生き残るとは限らない。地球の大変動と大惨事によって、この惑星は浄化される」

浄化されるって何が？　と私は彼女に聞いた。「長年の間に培われた悪、嫌悪、貪欲、利己主義的な攻撃本能なんかを一掃することよ」と彼女は答えた。

こうした予言の大部分は、冷静な超然とした態度で、私に伝えられた。だが、中には例外もあった。例えばボブは心から悲嘆にくれながらこういった。「人間は地球を破壊している。人間がそれに気づいて止めない限り、地球の浄化が始まるだろう。私は1991年から2003年の間に破滅的な大変動が起きると予測している。カリフォルニアは海に沈み、大勢の人が死に、ごくわずかな人たちだけが地球上に生き残るだろう。人間は報いを受けるのだ。私には大変動が近づいているのがわかる」

ユナも同じ意見で、「人間は、地球を大切にしないで破壊している」と言う。

そしてリンダはこう思っている。「人類に警告するために、破壊的な大変動がやってくる。人間はわがままいっぱいで、表面的な暮らしや計画だけにうつつを抜かして、一番大切な生命の進化のための精神的な結び付きを軽視している。……地球は今、一大危機に直面している」

ところでリンダは、オクラホマにある選択共同体《オルタナティブ・コミュニティ》の設立者である。彼女がこの団体を設立したとき頭にあったのは、こうした大変動を生きるための一人一人の役割というものだった。それが、彼女が来るべき大変動についていろいろと教えることに自分の人生を捧げたひとつの理由だった。

彼女が教えたいことは、今が緊急のときだと自覚して、大変動をやわらげるようにすれば生き残れるということだろう。

クリスティンもまた、その教えの中で、人間と地球の変動について話している。そしてその目的は、すでに消えかかっている光を灯し、人類の抗争を減らし、重荷を軽くすることだ、と彼は言う。**ワンダラー**と**ウオークイン**は、自分たちを異次元間の使者と考えている。

さらに、さし迫っている地球の大変動について、クリスティンはこう説明する。「人類の意識が高まれば高まるほど、大変動の激しさは減るだろう。地球には自浄機能があるからだ。もし人類の反応があまりにも鈍い場合、この機能は、少しでも重荷を軽くしようという方向に働く。こうして、すべての人たちの心に愛の灯をともし、多様性を受け入れられるようにしていく（さまざまな人たちと種族の間の協力関係が築かれていく）。

そしてリーサンからも同じ話が聞かれた。「地球の大変動を引き起こす潜在的な力の規模は、まだ決まっているわけではない。それは人間の考え方や精神的覚醒の度合いにかかっているのだ」

この点がETの形而上学的な考え方の一番重要な要素になっている。大変動は不可避ではない。なぜなら、それは人間の振る舞いの結果次第だからだ。そして、人間はその恐ろしい（天の）憤りを弱めたり、場合によっては大変動が来ないようにさせることさえできるのだ。つまり、私たちはひとつの因果関係の輪の中にいるのだ。この地球に迫っている大変動は、環境破壊と密接な関係にある。そして、この環境破壊を防げるかどうかは、すべて人間の行動いかんに掛かっているのだ。そのためには、人間自身が一刻も早く覚醒し、自分たち自身を変えて、世界全体の隠れた心の傷を癒す必要がある。私たちは、地球が経験しなければならない変動が、少しでも円滑にいくように協力することができるのだ。この場合も、他のときと同じように、自発的な行動がすべての鍵となる。地球がどのように変わっていくかは、人間の意識次第なのである。

そして、すべての善意あるETたちは、自分のふるさとの惑星の澄んだ大気のなかにいるのか、宇宙船のなかにいるのか、地球の地下にいるのかに関係なく、手助けをしようと待ちかまえているのだ。人類により大きい意識の変革が起こり、愛と英知が深く人類に浸透していくように祈りながら。

地球の覚醒のための絶好の機会がやって来る

人間の意識革命は、人間とその母なる星地球との有機的なフィードバックによって進行すると考えられる。宇宙的なフィードバックの循環機能が作用しはじめ、地球は新しい波長の世界へ入っていく。そして、もし一人一人の人間が、より高次のエネルギーを利用して覚醒しない限り、人間環境の不調和が原因の、この大変動はまさに破滅的なものになるだろう。

しかし、もし私たちが、自分たち自身の意志で「より高次のエネルギー」を利用しようとすれば、大変動も、もっと円滑に行われるだろう。そしてもっと多くの人たちがこうして自らの精神的な本性に目覚めるに違いない。これは事実上、地球自体が目覚めることでもあるのだ。

ここで、強く肝に銘じておかなければならないことがある。地球の大変動は宇宙全体で定められたもので、人間の思惑をはるかに超えた神の力によって、その時間も決められている。しかし、人間の意識と一人一人のこれからの行動がまだ影響力を持っており、地球の物理的な大惨事を大きくすることも、小さくすることもできるのだ。すべてが、これからの人間の意識にかかっているのだ。

私の会ったETたちが、この転換期の地球を助けるためにやってきた人たちの立場を代弁して、繰り返し、私たちに気を配るように注意していたのは、まさにこの「意識を呼び起こす」ことだったのだ。つまり、個人と集団の両方の覚醒を助け、少しでも厳しい大変動の脅威をやわらげようとする意識こそ大切なのだ。

ポーリンが言うように「地球の大変動を支えるためには、より高次の波長を持った存在が必要」なのだ。私の取材したほとんどの人たちが、ある種の惑星規模の神の黙示録が、20年以内と言わないまでも、遠からぬ将来、我々にふりかかる、と信じていた。

多くの他のETたちも、大変動については同じような考えを持っていて、悲しみに沈み絶望感を抱いていた。しかし、彼らの反応は（その形而上的な考えのおかげで）必ずしも暗い悲しみに包まれたものばかりではなかった。大変動は同時に、より高次の波長へ自らを切り換え、愛の意識に心を開き、英知を呼び戻す機会を与えてくれる、と考えるETたちもいる。

私は、来るべき大変動は、自分たち自身と人類にとって、またとない「絶好の機会」だ、とETたちがくり返し強調するのを聞いてきた。

例えばリンダは、次の数世紀の間、今までなかったような機会に恵まれて、「人類は精神的に成長する」と言う。つまり占星術上から見て、惑星からの光線が地球に降りそそぎ、地球も転換期に入るので、エネルギーが地球上に満ちあふれる機会が来る、と言うのだ。

多くのETたちは、これを「覚醒」のための絶好の機会と見ている。この「覚醒」という表現は、いろいろな意味を持っており、必ずしもはっきりしたものではない。しかし、そのいろいろな意味合いをまとめてみると、無条件の愛情、自覚、英知、そして調和の心を促進させることを表す言葉である。

私の考えでは、ソーレンがまことに的を射た定義付けをしている。「地球の覚醒とは、地球がその本来の精神性と、すべての生命の目的に目覚めることである」

このような目で見ていくと、来るべき大変動は、いろいろな変化を促すことにもなる。そして、今までなかったような多くのUFO現象も、すべて人々が「覚醒する」のを助ける努力の表れとも考えられる。

マシューは、このことに次のような説明を加えた。「UFOは、人々が地球と宇宙に対して、新しい意識に目覚めるのを助ける触媒としての役割を果たしている。地球の変化はもう始まっている。ミステリー・サークル「クロップ・サークル」なども、その兆しかもしれない。人々は、小さいことは捨てて、もっと大きな大切なことを見逃さないようにしなければならない」

UFOを連想させる謎めいた形をしたミステリー・サークルは、多くの国々の穀物畑で発見されている。本当のところはよくわからないこうしたミステリー・サークルの出現は、地球の構造的変化が進んでいる兆候の現れだと、マシューは思っている。

彼はこうした地球の変化は、大変動とニューエイジへの冷酷な前触れであり、それはもうかなり進行した段階にあるとも言う。また、こうした「しるし」は、より大きな意識と宇宙観への覚醒を助けるために人間に与えられたものだと彼は言う。もしマシューが描いていることが正しいとすると、「宇宙的に定められた出来事は、人間があるべき姿を取り返すのを刺激する手段だ」とも考えられる。他のETたちからも聞かされた共通の考え方のひとつである。

ビリンダが私に話したように、「ETの活動が目立ってきた。そして善良なETのグループが、悪い連中を抑え込もうとしているというたくさんの情報も寄せられている。人々は、ETたちがさらに覚醒して良いグループに加わることを望んでいる。新しい次元への移行のこの時機こそ、一人一人が光と愛に覚醒する絶好の機会だからである」

言いかえれば、地球が新しい周期を迎えること自体が、より高い意識への刺激となる。少なくとも、より高次の覚醒を目指し、宇宙の原理に目覚め、愛と思いやりの心に開眼しようとする人たちにとっては。

リーサンは、私がインタビューした多くの精神世界を担う教師の一人だが、一人一人のこうした変化は、人間の恐怖に終止符を打つと言っている。

「地球の覚醒、新しい世界への発端とETとの関係は切り離せないものだ。地球が大きく変わっていくにつれて、より多くの人たちがETの存在を否定するのはばかげたことだと思うようになる。地球規模の星気（感性）体の浄化が始まり、恐怖から解放された人間の新しい人種の誕生が始まるのだ。あるレベルが終わり次のレベルが始まる。そして、ETたちは、地球が宇宙的な精神の存在をホログラフ的に意識するのを助けようとしている」

彼女はこの点について自問自答をしていく。

「この惑星は助けを求めている。そのために、地球を助けるための新しい知識が与えられるのだ。人々は覚醒しつつある。そして、あなたが受け入れようとすれば、もっと多くの知識や情報が与えられる。人間は真実について、もっと知りたいと思っているのだ。人間の魂は、本当のことをもっと知りたいと願っているのだ」

人間の覚醒も同時に進んでいる。そして、惑星地球の転換と完全に連動している。私たちの個人的な反応が影響を与えるのだ。かれらETたちはこうした地球の運命を救おうと決心している。

以上が、大多数の地球外生物が持っている考えである。そこには地球のニューエイジの大変動と、より高次の意識への進歩との結び付きを心から喜んでいる様子をくみ取ることができる。しかしまた、本当の疑問は残っている。それは、一体誰が、地球の変転と共に成長する勇気を持っているのか？　という点である。

２０１０年、収穫《とりいれ》の時がやって来る

こうして、地球の要望と人間の欲望を複雑に織り込んだ織物ができあがる。そして、より高い次元から覚醒のための絶好の機会も与えられた。

ここにルーシアの説明がある。

「地球に進歩をもたらす、多くの新しい方法がある。そして、それができる可能性は、世界中が宇宙への認識を求め、成長する方法を求めるという状態になったときだけ実現する。大転換がもたらすものは、新しい精神世界の秩序である。地球上に、天国を共存させることを学ぶための新しい秩序へ移行するわけだ」

もし人類が本当に成長を望むならば、それを達成する方法が授けられるだろう、とETたちは言っている。

事実、ルーシアは自分の考え方をもっと広げてこう言った。「ETの魂を持っていることを、私は特に何とも思っていない。だって、魂の存在を信じ、魂の浄化を体験し、高次の自己を発見することができた者は、誰でも覚醒したと言えるから。私たちは、しっかりかみ合うことができるか試しているところ。だけど、大きな変化が潜行している。私は物事が意外なほうへ展開しそうだという、他の人たちの話に同調する」

彼女のこうした考え方を、もうひとつの側面から見てみよう。**ワンダラー**と**ウォークイン**は、自分たちの智恵を貸すために、たまたまこの地球にやってきただけではない、と感じている。人間社会全体が、潜在意識的に大変動に対する危惧と、より高次の覚醒に対する必要を感じて、助けを求めたからだという。ETに目覚めた人たちは、自分たちは、半分眠っている人間だけでなく、特に地球自体に呼ばれてやってきたと感じている。人類がSOSを発信したわけだ。

彼らの言葉を集めてみよう。

「ETたちは、さまざまな世界の難局を救うために常に駆け付けてくる」（バリー）

「地球は**ワンダラー**に緊急信号を送った。この地球は危機一髪の状態にあるので」（ソーレン）

「すべての**ワンダラー**と**ウォークイン**は、地球が変化して成長するのを助けるために、ここに来ている」（ユナ）

「地球とその周辺領域を破壊から守るため、多次元の世界から、多くの生物がここに来ている。地球上にも近くの宇宙にもたくさんいる。**ウォークイン**現象は、地球の大転換に備えてのものだと思う」（ポーリン）

「あらゆる階層の精神的実在が、地球と地球文明を進歩させるための人間の進化に役だっていることに気づくことが重要だ……そのために、ETたちの集団と**ウォークイン**が産婆役として、ここにいるのだ」（ルーシア）

それでは最後の結果はどう出るのか？　私がこの問題をクリスティンに浴びせかけると、彼はもっぱらキリスト教的かつキリスト論的な象徴的な言い回しで、来るべき大変化に対する自分の考え方を整理しながらこう答えた。「私は、2012年の聖霊降臨祭のときに、人々を啓発するようなことが一度に示されると思う」

この日時、またはそれに近いものは、何回となく大勢のETたちの答えの中に出てきた。この日に、十分に浄化されて精神的覚醒の境地に達した人々だけが、地球上に生き残れるだろう、と彼らは異口同音に言う。

この日取りは、偶然マヤ暦の終わりの日にあたる。そしてまた、ラー文書にも、その日は201

0年にやってくると記録されている。

この年は「収穫の時」と言われる。この時から、地球は完全に「愛と思いやりのあふれる」時代に入り、次の地球的な調和の時代が始まる。私が会ったＥＴたちは、大方、この予測に同意していた。そして、地球がその文明と意識の避けられない大変動をくぐって転換するとき、地球を助ける役割を果たそうと思っていた。

さて、私たちはニューエイジ思想のただ中にいるという話を、ＥＴではないという他の多くの人たちからさんざん聞かされてきた。しかし**ウォークイン**と**ワンダラー**が、この人たちと違う点は、ＥＴたちは、ニューエイジ思想が当たり前となっている銀河系哲学の直接の代表者が自分たちだ、と信じていることだ。簡単に言えば、ＥＴたちは、地球が今目指しているもうひとつの世界、すなわち意識の世界からやってきたのだ。従って、彼らはいわば、「私たちの運命からやってきた使者」なのだ。

彼らは、「キリストが再臨してこの世を千年間統治するという」至福千年説の最近の証拠にも賛成している。しかし、そればかりではなく、自分たちがＥＴとしての人生の目的に目覚めてからというものは、その証しとして、こうした理想的な世界を実現するために、自分たちの人生そのものや自分自身の意識を役立てていこうとしている。

彼らは、未来に対するより広い人生観を持った生き証人になろうと努めているのだ。しかし、自分はこうした進歩の過程に、たまたまかかわっている地球外生物だ、と考えている人たちについてはどうだろう？　あるいはまた、自分の本当の生い立ちは、はっきりしないと思っている人たちについてはどうだろうか？　そして自分は、多数の眠っているワンダラーの一人にすぎない、と思っている人たちについてはどうだろうか？　この点について、ジャスティニアンからいくつかの見解が示された。これが、自分はETだとは思うのだがはっきりしない人たちや、自分の身元について疑問を持っている人たちに対する忠告だ。

「高次の自己と一体になるための精神的な道を一所懸命歩んでみなさい。物質的、感情的、心理的な面から見て、自分が他の者と違うことを学びなさい。そして自分の魂にかえりなさい。なぜ自分がここにいるか考えなさい。そして、気づいたその目的を、全力をあげて果たしなさい」

こうした努力をすれば、人々は、自分たちの利己的な考えを認めるだけの度量を持つようになる。同時に、自分が他の人と違う点を謙虚に認められるようになる。

「自分の性格をむき出しにして、争ってはいけない」そして「ET分離主義者」になってはいけない、とジャスティニアンは言う。それもまた、エゴの落とし穴になるからだ。「多くの人たちの生活と同化することを学ぶことが、もっと大切だ」

そこで、彼は笑ってこう忠告した。「まず、やってみよう！」自分がETかどうか迷う前に、ともかく「奉仕することがここにいる理由なんだから」

ETが描く輝かしい地球の未来像

地球とは別の惑星で生まれたと主張するすべての人たちにとって、地球外生物の存在についての議論は、もう歴史的にも議論済みのことだと思われている。

地球で生まれた人たちと、**どこか別の場所**から来た人たちとの交流は、しょっちゅうではなかったが、時々行われていたのだ。それは実際にあったことで、私たちが地球の歴史をひもとくとき、いつでも考慮に入れておくべき事柄なのだ。

「私は、多くのETたちの活動ぶりを見ている。すべてが良いETばかりではない。ETはすべて善良だという誇張もあるが。しかし、多くのETとの遭遇の話では、誤って悪い面ばかり伝えられている」（ルーシア）

「ここに地球を救うためのETたちの大集団がいる。彼らは、過去、現在、未来にわたって、任務を全うしている」（ジョアン）

「地球にはまず種が蒔かれた。それを育て発展させたのは、ここにやってきた他の生物たちだ。地球はETの絶えざる助けがなかったら、生き残れなかっただろう」（イニド）

しかし闘うエイリアンだったか、天使だったか、そしてETたちだったかに関係なく、私に話をしてくれたほとんどの人たちは、最後には愛と英知の勝利が訪れる、と信じている。ここしばらくは、悪いことばかり起きるかもしれないが、地球は救われるのだ、と。

多数の人々が、環境悪化や、災害のために死ぬかもしれない。たくさんの人々が覚醒に失敗するかもしれない。そして、逆に心ない道楽にふけるかもしれない。猜疑心ばかり強くなるかもしれない。あるいは、麻薬におぼれ無気力状態に陥るかもしれない。しかし、結局は思いやりの心がみなぎってくるのだ、と彼らは信じている。

こうしたしっかりした信念を持っている人たちにとって、そこに到達する道のりは厳しくても、未来は黄金色のすばらしい時代になるのだ。社会の調和は保たれ、惑星間交流も盛んになり、人々に役立つことだけを目的にした先端技術が開発される。

このような見通しは、医学博士ジョン・マックが、ＵＦＯに誘拐されたと思われる人たちとの会合で得た話題を報告している内容とそう大きな違いはない。ＵＦＯと接近遭遇をした人間たちについて、マックはその著書『誘拐』の中で、雄弁に物語っている。

誘拐された人たちが、宇宙の旅から私たちに持ち帰ってくれた、人類の未来についての見通しはどんなものなのか？　ＵＦＯの誘拐事件は、私たちの意識の進化に大きな影響を与えた、と私は考える。それは、同時に、私たちの世界観も変えてしまった。人類は、生命もなく、意味もない宇宙の中で、ただひとり、知性を備えた存在だ、という考え方が崩れ落ちたのだ。私たちも、誘拐された人たちの考えが変わったと同じように、自分たちが世界の主人公として、すべてを掌握しているのだという幻覚を捨てざるを得ないのだ。

私たちは、論理的思考と、自身への覚醒に異常な能力を持っている多数の知性体の中の一種族にすぎないことがわかるだろう。私たちが自分たちだけが卓越した唯一の知性の持ち主だという考えをやめれば、宇宙への眼が開けるだろう。はるかな宇宙は、私たちとは違う形の生命体で、満ちあふれており、私たちがまだよく知らない方法で、通信できるに違いない。

ところで、多くの誘拐事件で引き合いに出される生命体は、ほとんど恐ろしい侵略的なものばかりだ。多くの**ウォークイン**と**ワンダラー**は、彼らは敵意のあるETたちだと考えている。

私の研究では、自分がETだと言う人たちは、こういう地球外生物にはあまり会ったことがない。彼ら自身が宇宙から来たのだと言う。その惑星の文明は、すでに宇宙的な形而上学的原理に調和した、進化した状態にあると言う。もちろん、誘拐、侵略、そして恐怖とは縁もゆかりもない惑星なのだ。

ワンダラーと**ウォークイン**が、どこから自分たちが来たかがわかると、今度は、その「どこか」の惑星こそ、今地球が目指している理想的な世界であることを私たちに認識させようとする。そこはより大きな理解と、すべての創造が一体となった進化した世界である。

他のニューエイジの信奉者たちのように、このETたちも、惑星間時代の未来像に思いをはせ、銀河系社会の理想像を夢見ているのだ。しかし、今彼らは魂の欠けた現実の社会に生きているのだ。

多分こうした悩みのために、一般の人々の目には、彼らはうすっぺらな奇妙な連中として映るのかもしれない。しかしETたちの発言は無責任なものではないのだ。地球外生物を名乗る人たちは、長年、社会にはしっくり受け入れられてこなかった。さらにもっと重要なことは、彼らのほうが、型にはまろうとしなかったことだ。彼らが導こうとしている世界は、現在の世界よりはるかに優れた理想郷だと彼らは言う。そして彼らの大部分は、これをこの世で実現しようと、雲をつかむような抽象的思考の世界に閉じこもる代わりに、具体的な社会的行動を起こしているのだ。彼らは、現実主義者の理想家なのだ。もっとも過激で風変わりな宇宙的信念を持ちながら、同時に、地球とそこに住む人たちの運命を心から心配しているのだ。何よりもこうした世界観が、彼らの存在を意義のある重要なものにしているのだ。彼らはよそ者呼《ストレンジャー》ばわりをされながら、私たちと一緒に生活しているのだ。

彼ら自身は輝かしい未来のために働いているのを誇りに思っている。私は、恐ろしい大惨事が起きるという話を聞いたが、当然のことながら、それはあと20年くらいの短い期間の話である。覚醒した魂を持つかれらETたちは、孤独感、疎外感、悲しみ、そして社会的断絶をのりこえて、地球の未来像を描きながら、じっと力をたくわえているのだ。そして、すべてのことを、より広い視野から見つめているのだ。生命、死、進化、そして広大な宇宙の中の地球を。

私たち人類が決して見失ってはならない未来像を、彼らも見ているのだ。

付録1　ＥＴ度自己診断テスト

まず自分がＥＴであるかどうか、以下のテストで自己診断してみてほしい。

次の試問は、もともと私がＥＴの魂を探し出すためにつくったものだ。従って、すべて私自身の経験をもとにつくられた、極めて主観的な試問内容になっている。つまり客観的に第三者から公認されたものでもなければ、統計的分析に基づいたものでもない。

ただ**ワンダラー**（星の人々《スターピープル》）の横顔を、ざっと紹介したものだ。本来の自己を取り囲んでいる城のとりでに、一歩一歩近づいていくあなたの旅の助けになる、一風変わった道路地図だと考えてほしい。

もしそうなら、あなたはＥＴかも……

1．あなたは子供の頃、ＥＴ、ＵＦＯ、未知の世界、宇宙旅行、あるいはユートピアの話に我を忘れたことがある。家族に話しても、よく聞いてくれず、ただ「変なおチビさん」と思われるだけだった。

2. 自分の両親は、実の親ではなく、本当の家族は、遠くにいてかくれているんだといつも感じていた。自分のまわりにあるものが、何か「この世のものとは思えない感じ」で、どこかずっと遠くの世界にいたとき見たことがあるような気がした。そう感じると、たまらなく辛くなり、悲しくなった。そして自分は「ひとりぼっち」だと思った。

3. 一度ならずUFOをはっきりと見た（夢の中か起きている間に）。その体験があなたの人生を変えてしまった。彼らが悩みを解決するのを助けてくれ、信念と希望を与えてくれた。そして人生の意味と、より大きな目標を示してくれた。それから、あなたは自分が他の人とは違うことに気がついた。ちょうど精神的な目覚ましコールのように、UFOがあなたの人生を変えたのだ。

4. （時々ではなく、たいていの場合）あなたは親切で優しく、人を傷つけず、平和的で、攻撃的ではない。
あなたは、金や物に対して、ことさら興味を持っているわけではない。それで、もし「誰かが無報酬でやらなければならない」ことがあるとすれば、貧乏くじを引くのは決まってあなた。あなたはいつもの自己犠牲のくせをだす。人間の冷酷さや暴力、そして世界のどこかで絶え間なく起きている戦争が、不思議《ストレンジ》に思えてならない（それとも性に合わない、異星人《エイリアン》のかな）。あなたは、もともとこうした怒り、憤怒、競り合いなどを理解できないのだ。

5. あなたは、よこしまなことや、ずるいことをされても、なかなか気づかない。そこで人々はあなたのことを世間知らず《ナイーブ》だと言う（その通りなのだ！）。
あなたは、いやなことに直面すると、まず怖がって後ずさりする。そして「本当に、こんなことをする人間がいるんだ」と思って、大きなショックを受ける。何かよくわからずに、すぐ困惑してしまう。多分あなたは、こんな調和に欠けた世界とは無縁な別の世界があることにうすうす気づいている。

6. あなたの人生の基本姿勢は、他人に奉仕することだ（家族、友人あるいは仕事仲間に）。あなたは大きな理想に燃えている。こうしたことも、あなたが（世間の言い方によれば）無邪気で世間知らずだと思われる一因である。それでもあなたは、心の底から世の中をよくしようと願っている。それだけに、こうした願いや夢が実現しないと、あなたは激しい失望感と挫折感に襲われる。

7. あなたは、徹底した科学的気質の持ち主である。いつも冷静に合理的に、そして計画的に人生に対応している。人間の情熱や燃え上がる欲望などが不思議に思えてならない。そんな状態にぶつかると当惑してしまう。ロマンスというような、世俗的な感情には馴染めない。あなたは常に、さまざまな経験をことこまかに分析する。それで、人々は「いつもあなたは頭だけで考えている」と指摘する。
——まったくその通りなのだ！

「注」：このタイプの**ワンダラー**の数は少ない。そして、この本もあまり読んでいないだろう。彼らの疑い深いことといったら、それはもう大変だ！

こんな「変わった奴」が、立派な科学者の典型なのかもしれないが。

8. あなたは、SFとか中世の叙事詩のような空想的作品（ホビットのような）あるいは、幻想的な作品《アート》に容易にのめり込んでいく。どちらかと言えば、現在よりも過去や未来の夢の中に生きるほうを好む。時々、地球の生活にうんざりして、意味がないように感じ、完全な魅力ある他の世界に行かなければなあと思う。こうした夢が、いつもあなたにまとわりついている。

9. あなたは、UFO現象や他の別世界での暮らし、あるいは、アトランティスやムー大陸のような古代の地球文明に飽くなき興味を覚える。時々、自分が以前そこにいたような感じがして、いつの日か、そこに帰れるかもしれないと思っている。あなたの本棚には、こうした内容の本がたくさん飾られている（この質問は、つけたしである。それは**ワンダラー**と**ウォークイン**だけが他の世界に対してずっと深い関心を持ち続けているからである。また、それにはそれなりの理由があるのだ）。

10. あなたは、神秘的な精神世界（東洋や西洋の）に、強く魅かれている。その理論と修行の両方に関心を持っている。そして、自分はかつて大きな力を持っていたが、何かの理由でそれを失ってしまったという気がいつもしている。

自分自身は、あらためて修行する必要はないと思っている。それと言うのも、「すでにあなたはそこで修行した」ことがあり、ただそのとき身につけた知識を忘れているだけだからだ。人々は、あなたの強い決意を疑うかもしれない。しかし、あなたはこれはそんな単純なことではないと考えている。

11. あなたは、ＥＴたちや地球外の他の存在との、精神的な交信を行ったことがある。そして、自分の人生の目的は、他の人々の成長と進化を助けることだと気がついている（それがわかれば、あなたはもはや眠ってはいないし、**ワンダラー**（さまよえる者）ではないのだ！）。

12. あなたは、強い疎外感に悩まされている。それは今までの人生でずっと感じていたものだ。そして、自分が世間にしっくり溶け込めず、孤立していると思っている。多分、あなたは他の人のようになりたい、「普通の人」になりたいと思って全力をつくしたに違いない。そして他の誰かと同じことを考えようと努力してみた。しかし、結局、行き着くところは自分がどこか違うと感じるだけだ。この地球上には、自分がいる場所がもう見つからないという恐怖感があなたを捉える（そんなことはない！　注：これが典型的な**ワンダラー**の特徴なのだ）。

もちろん、私の設問はすべてを網羅しているわけではない。そして、各項目に「その通り」と答えるだけでは、必ずしもあなたが**どこか別の場所**からやってきたということにはならない。だが、いくつかの項目は、ＥＴであることの有力な指標にはなるだろう。例えば第３項目（もし、ＥＴとの接触がはっきりして絶対確かだったら）および第１項目と第12項目（典型的な特徴）の組み合わせがそれだ。しかしETであることの保証になるわけではない。（以上の設問を読んだうえで）自分がETの魂を持っているかどうかは、あなただけが判断できるのだ。その決め手となるものは、奥深くにある自己認識だけなのだ。

ほとんどの文化的世界では、外部の情報源が、ことの善悪や真偽を決めている。「普通の人たちはどう言うか、どう思っているか」が、つかみどころはなくても、ひとつの厳密な判断基準になっている。ところで、あなたがもし自分はETの魂を持つ**ワンダラー**で、たまたまこの惑星地球（毎日「惑星ハリウッド」を、と言ったほうがよいのかもしれない！）を訪れているだけなのかどうか、真剣に悩んでいるとする。そんな場合でも、他の人から正しい話を聞こうとか、助けてもらおうとか、変な期待をしないほうがよい。あなたにも心当たりがあるかもしれないが、ETだと告白したこと（そして、ETと考えるだけでも）が障害となって、多くの結婚が破綻している。あなたが意見を求めたり、指針を求めたりする相手にも、注意をする必要がある。なぜならば、ある人たちは逃げ腰になったり、あなたが正気かどうか疑ったりするからだ。

もしあなたが、自分は生まれつきのETである可能性が本当にあると思ったならば（ある人たちは生まれつきではないが）、最後まで、それを確かめなければならない。はっきり言えば、もしあなたが疑問を捨てきれないのなら、その答えを見つけると堅く心に決めなくてはならない。そうでないと、疑いの心があなたをむしばみ、一生、心配な気持ちにつきまとわれ、半信半疑のうちに人生を送ることになるからだ。

批判や冗談ばかり言う人の、否定的な話だけを聞くべきではない。しかし、そういう人たちの批判も、自分自身の考え方をはっきりさせるための手段として、利用するのも一案だ。すべての意見に耳を傾け、その見通しと可能性を比較検討して、心の底にしまっておく、こうして、すべてのものが関連づけられ、手順よく整理されると（何年もかかるかもしれないが）、一連の明快な理由と、その結果としての信念が明らかになってくる。しかし、まだ不確かな面は残っているのだ！　ここでもし、あなたが気を楽にして本来の心を開けば、半信半疑の部分は消え去り、本当のものだけが残るだろう。すべては、自分自身を信じることから始まる。そして、自分自身に聞こえてくるものは、宇宙からの声をおいて他にはないのだ。それも、あなたが心の底から、本当に聞こうと願ったときだけのことだ。

付録2　私が辿った、さまよえる旅路

それは、これまでのような方法では判断できない未知のものを受け入れることに尽きる。

ロバート・モンロー
「ウォールストリート・ジャーナル」紙
1994年9月20日号より引用

私たちが探求しているETたちのように、あなたも次の2つのうちのどちらかの態度で、ここまで読み進めてこられたものと思う。

そのひとつは、ちょうど生まれつきのETである**ワンダラー**のように、少しずつこの本を終わりまで読んで、それからゆっくり気楽にその意味を読み取るという姿勢である。

もうひとつは、突然ETの魂をむかえ入れた**ウォークイン**のように「［著者である］私もまた、**どこか別の場所**からやってきた」という序文の一節を目にして、すぐにこの章をめくって見るという読み方である。

いずれにせよ、これは惑星間のノンストップ旅行なのだ。読者のみなさんが勢いよく、いろいろな世界の間を進んでいくことを願っている。

この本は、何も自叙伝として意図されたものではないが、私自身が一人の**ワンダラー**だと認識するに至った経緯を少々述べておく必要が——少なくとも——ありそうだ。

多分、私はこの奇妙な結論について自分なりにどう感じたかを説明できるだろう。「私もまた、一人のさまよえるET」だということについて。

大学生として、心理学や比較宗教、個人カウンセリングの教育を受けながら、私は西洋と東洋の両方の伝統的な教えについて研究を重ねた。そして私は、熱狂的で過度に感情的な、根拠の薄弱な主張には少しも耳を貸さなかった。それでも、私の考え方はいつも社会の大勢からははずれていた。

ET、UFO、惑星間生命体、魂の交換、宇宙の目的といったテーマは、私にはそんなに変わっているものとは思われなかった。今思えば、そういう感じは**ワンダラー**に共通しているものだったかもしれない。私たちはETの身元を「少しずつ明らかに」しながら生きているので——つまり、生まれてからずっと持っていた何かを隠さずにきたので——私がETの魂を持っているという発見も、それほどショックではなかった。

多分、あなたはもう少し驚いていることだろう。

しかし、私たち一人一人が、結局は次のような疑問に対処しなければならないことを忘れてはいけない。**私は誰なのか？　一人の意識を持つ人間として本当のところ、私は誰で、何者なのか？　人間であることは何を意味するのか？**

そして、私たちを私が私であることのもっとも深遠な謎にいざなうこうした疑問に対する答えは、私たち自身の努力によってのみ見いだせるのだ。それは、解答を見つけようとするすべての人たちに、それぞれ異なる答えを要求する一種のパズルだ。

私に対しても、このパズルは丁度ほとんどの**ワンダラー**に対すると同じように始まった。つまり、恐怖や個人的苦痛を和らげて、その原因を探ろうとする試みから始まったのだ。子供の頃、私はニューヨーク市で物質的には恵まれた環境の中で育った。世間からはうらやましい「お坊っちゃん」として見られていたが、それは表面的なことだった。実は、いつも説明できないような、ひりひりする孤独を感じていた。そして、何か自分は人と違うような気がしてならなかった。この何とも言えない悩みを誰も助けてくれなかった。そして、いくらものを読んでも、どこにもその解答は見つからなかった。例えば、普通の心理療法のような、おきまりの手法では、きまったような解答がでてくるだけだった。その答えは、時々は的を射ていると感じたが、決して満足できるものではなかった。私の苦悩はますます深刻なものになっていった。

こうした状態の中で学業を続けていたが、その中でたとえわずかな間でも、何となく心のやすらぎを感じて、すべてを忘れる唯一の「聖域」を発見した。それは、宗教や哲学だった。私はその分野の書物を読みふけった。中国やインドの仏教、道教、易学から占いの本にいたるまで、手当たり次第に読んだ。

18歳の誕生日を迎える前に、私は東洋の哲学に自分の家を見いだしていた。私はもう一人ではなかった。そこには西洋の哲学から得られなかったものを学ぼうとする、他の大勢の人たちがいた。実際に私の子供の頃からの親友の一人は、12歳のときにもうガンジーのものを読んでいて、中国研究の学者になろうとしていた。

東洋哲学との真剣な出合いは、信じられないほどの解放感を与えてくれる。もしあなたがかつて、存在について考える宗教のこうした著作にすっかり心を奪われたことがあるとしたら、それがどんなにエキサイティングなことか、その経験がどんなにすばらしいものか知っているだろう。もう少しくだけた著者たちの本であっても、初めて禅や道教の教えに触れることができた青年は、自分が突然、何か貴重な秘めたものを与えられたような感じがし始めるものだ。それはあたかも、彼がとうとう自分が誰で、自分は自分がこうではないかとずっと考えていた通りの人間だという「許し」を得たような感じだ。こうしたすべてのものは、誰にも「いいですか？」などと訊ねないで得られるのだ。ただひとつの権威は、自分の中にあるのだ。

私がそうした青年の一人として見落としていたのは、このような教えを得るためには、ただ本を読むだけではなく、それ以上の、もっと多くのものが要求されるという点だった。それは実践と具体的な行動を求め、それに身も心も捧げることを要求していた。私は、まだそうすることがいかに難しく、またそれがいかに私を遠くまで連れ去ろうとしているのかを認識していなかった。

私は東洋の偉大な贈り物の一面を偶然発見はしたが、ただ少しだけ自分が誰で、なぜ自分がそのように感じたかを見いだす方向に近づいただけだった。

私が大学に入ったのは、そんな混乱した精神状態のときであった。そしてそこで自分の存在についての苦悩が、山崩れのようなものすごい力となって、雷鳴のような轟《とどろ》きを伴って私の頭上にふりかかってきた。

オハイオのオバーリン大学在学中、私を悩まし続けていた子供の頃の苦痛のすべて、もともと得体の知れない毎晩の孤独のすべて、やり場のない怒りのすべて、基本的に嫌悪を感じる社会に加わらないでいることの、また加わりたくないと願う不安のすべて、こうしたすべての苦しみが、私の上にがらがらと音を立てて崩れかかった。私はくじけてしまった。私は毎日、原因のわからない苦しみで身も心もちりぢりになった。それは、私の生のあらゆる瞬間ごとに重くのしかかり、言いようもないみじめな時期だった。私はそれまでそんな苦しみを決して味わったことがなかった。

こんなときに、私を本当に救ってくれたのが「瞑想」である。

オバーリン大学の初めての学期に、正式科目になっていない東洋の宗教の講座をたまたま聴講することになったのだ。私たちの先生（彼は大学院生だった）は、最初のミーティングで、座禅を組むことを教えてくれた。これは日本仏教の伝統的な瞑想による修行方法だった。

私は前にも自分で本を読んでやってみたことはあったが、ここでの瞑想は適切な指導の下で行われたので、前とは違う感銘的なものだった。教師のジェイ――後で私の良き友になった――は、本物だった。熱心な黙想家で、社会活動家だった彼は、スリランカで寺院の抗議運動を指揮したことがあり、自分の体験から得た知識を伝えていた。ともかく、何かが変わったのだ。このときから「瞑想」することが、私の人生のならわしになっていった。今日、私が振り返るとき、この時期に私を縛っていた苦難が、私の人生の極めて初期の頃にその正体を露《あらわ》にしたことは、本当に幸いだったと感じるのだ。なぜならば、そのことが、私が「解放への大通り」を歩き始める「道」を与えてくれたからだ。それは、私がよく思い出して、今日まで感謝していることなのだ。

しかし、事態は好転する前にかえって悪くなった。

毎日毎日、私は苦痛を鎮めようとして瞑想した。そして自分の呼吸を整えて、息を吐いたり吸い込んだりすることに集中した。しかしすぐに、自分の意識の中にひとつの裂け目が広がっていくのを感じ始めた。それは地球の断層のように、ぽっかりと開いて、私にまざまざと瞑想の輝かしい歓喜の綴れ織りと、大学生活の単調な灰色の生活との違いを見せつけたのだ。大学生活は、世俗的な研究と「将来」の計画に終始したものだった。それは、なまぬるい学生の世界と、瞑想によって深められていく私自身の熱烈な幻想の世界の間の厳しい軋轢になっていった。つまり、ヒマラヤの神秘、古代の森の中の苦行といった、若者の健康的な一連の想像を交えた幻想との衝突だった。こうして、問題の側面がはっきりしてきた。私は自分で世間に対抗していた。

そのとき、私は気がつかなかったが、私はまさに厳しい宗教的な修行の深い井戸に、まっさかさまに向こう見ずにも飛び込んで行ったのだ。

そして、すべてのものがぼろぼろに砕け始めた。

私の研究は意味のないものになった。重要に思われた唯一のことは、瞑想したいという止むに止まれぬ欲求だった。それによって感情的に崩れようとする心の悩みの荒れ狂う炎を鎮め、何とかして自分の心の中にいつもある苦痛を取り除こうとしたのだ。そして、怒ってもいた！　大きな怒りを、社会や私の家族、そして自分自身の一部に対しても抱いていた。そして他のすべてのものの下に流れ続けている小川のように、私に対するもっとも深刻な疑問が囁き続けていた。**どうしたら私は自由になれるか？　私はこの世界で、どのように生きていけるか？　他の人たちはどうか？　私**

の生命はそもそも一体何なのか、そして私はここで何をしているのか？

　はっきりわかっていたのは、私が自分自身を基本的に変えるようにしなければならない、自分の心の現在の**特質**を変えなければならないということだった――そして瞑想は、それが可能だと告げていた。すべての仏教修行の基本教義は、簡単に要約すれば次のようなことになる。「乱れた普段の心によって隠されている、本来備わっている自由を実現する――**現実のものにする**――ことは可能である」。私はそのやり方を知っていたし、そうできたのだ。

　しかし瞑想を続けている間、私はやすらぎを覚えはしたが、十分満足できるものではなかった。貴重な時間を無為に過ごしているような気がしたし、ほどほどの状態でいることで自分が堕落していくような気がしたので、私は大学をやめて、正式な禅の修行をすることを決意した。そして、ニューヨーク州の北部地方にある寺を修行の場所として選んだ。

　そこは、「大菩薩禅道」という日本の臨済宗のお寺で、キャッツキル山脈にある日本風の建物だった。瓦葺の屋根、厚い木の梁の天井、美しい樫の木の床、正面に簡素な仏陀だけが置いてある、細長い、冷たい瞑想の間。それは、大変厳しい雰囲気の、日本の仏教宗派の中でももっとも戦闘的な宗派の寺だった。まさに私が望んでいたような所だった！　3カ月の集中した修行の間、私はその伝統ある宗派の修行僧たちの手に自分を委ねた。僧侶たちは、禅の静寂の境地を教えた。そして眠ったり、こっくりしたり、あるいは座布団の上であまりにももじもじしたりする者には誰にでも、すぐ容赦のない杖の一打が肩に振り下ろされた。そして、僧侶たちにどうもひとりよがりのことを考えて瞑想していると思われた者にもまた、杖が振り下ろされた。

朝の４時半に銅鑼《どら》の音で起床、素早い洗顔、会話の禁止、そして自分の体の動きの音や感じと一体となる歩きながらの瞑想に入る。いろいろな儀式や読経の後、しばらくの間、座禅に入り、それに続いていくつかの他の行事がある。すべての思考や行動の中で、私たちはそのひとつひとつの瞬間に、他のことは考えないで集中するように期待されている。このような集中から、自由な洞察が生まれるのだという。

瞑想の仕方について、普通世間から誤解されているのは、その間、まったく何も考えていないのだと思われている事だ。そうすると、常にあなたは心の中で発見できるものすべてを厳密に捉える結果になると。しかし、瞑想にもっと良い方法は、幻想にとらわれないでその瞬間にやっていることに意識を集中することだと私は思っている。食べること、友人、セックス、寺院を出てから何をしようかとか、教える立場になってみたらどうだろうかなどの邪念にとらわれるなんて、以ての外のことである。あなたはまさに、今、ここにいるのだ。

これが進んで行くと、心理的な苦痛はひとりでに起きては消えて行ってしまう……。

しかし、私は瞑想しながらも、もっと多くの何かを求めていたのだ。

次の年にも、何回か修行のためにそのお寺に戻っては見たが、まだ満足できない部分が残った。禅に興味を持つ西洋人の修行者たちのための一般の修行過程は、厳しさに欠けていた。そこでは、あまりにも多くの世間話が交わされていたし、修行の間の外で休む時間も多すぎたし、また、あまりにも迷いの多いアメリカの青年たちがたくさんいた。それはまさに私が逃げ出したいと思っていたような雰囲気だった。私にはもっと「本当の」瞑想だけに集中できる環境が必要だった。私が見る限りでは、問題は臨済宗の僧侶たちがやっている修行法のせいではなかった。この類の禅の修行そのものが手ぬるいやり方だったのだ！

そこで私は、このお寺で知り合った人たちを介して、インドの伝統的な古代仏教の教えに近いとされるセラバーダ（小乗仏教）派のタイ人の僧侶に会った。セラバーダ派の仏教は、日本の禅と違って、形式的にはそれほど厳しくないが、瞑想に際しての集中法については厳しいものがあった。その僧侶はデンバーにお寺を持っていた。そこは厳しいことで有名だったばかりでなく、私以外はみんなタイ人の修行僧なのだった。

それこそ、私が探し求めていたものにぴったりだった。

私は21歳だった。そのとき、私は一時的に自分の生家にいたが、何の前触れもなく一枚のメモを置いてきた。それには、両親が私にしてくれたことに対する感謝の「ありがとうございました」という気持ち以外には何も書いてなかった。これからの住所も電話番号も書かなかった。また、これからどこへ行くのかも書かなかった。私はそのとき、自分が両親の子供であるという関係を絶とうとしていた。そして私の計画は、しばらくの間デンバーの寺院で修行を積んでからタイへ移ろうというものだった。私は文字通り自分の夢を追いかけていたのだ。私は現実に、――東南アジアにはまだいると言われていた――あのさまよえる森の中の隠者になろうとしていた。私は、清貧の誓いを立てたかった。そして、木の皮の衣をまとって、一日に一回だけ食べて、頭を剃って、「ああ、すばらしきかな修行の輩よ、頭上には何とすばらしき空が……」というような言葉を口ずさんだ、あの古代の修行者の道を辿りたかったのだ。そういう人たちは、心の自由だけを求めていたし、自分が満足するものを求めようとする気持ちには、ただならぬものがあったと私は信じていた。彼らは何も恐れなかった。そして私には彼らがうらやましかった。

こうして私は、そこがアメリカでの最後の場所になるだろうと思いながらコロラドはデンバーのお寺へ向かって出発した。もう決して世俗的なものだけを追求するこんな空虚な物質主義の国へは帰らないと心に決めながら。

この頃、私はアラン・ワッツや鈴木大拙のような著者たちのやや一般的な禅の入門書は読み終わって、自分なりにもっと奥義《おうぎ》を極めたものを研究しようとして、パーリ語の仏教原典のビクトリア朝時代の翻訳書に没頭するまでになっていた。私は、自分の修行を続けた。その瞑想が最後には私の無知――恐怖、欲望、苦痛、混乱――を焼きつくしてくれる炎になると信じながら。

デンバーのお寺で、一日８時間は謹直な純然たるセラバーダの教えに従って瞑想を続けた。そこには、何名かの修行僧たちがいたが、彼らの内の一人として瞑想に参加しようともせず、ＴＶを見て時間を過ごしているではないか！　彼らは、私が経験している身を焼くような不満など、感じていなかったのだ。私はいたたまれなくて、修行に励んだ。自分の時間をあまり集中しないで過ごすのは罪悪だと感じていたし、もし瞑想しなかったりしたら、自分自身に腹が立つだろうと思っていたからだ。

セラバーダ宗派の瞑想は、両足先を反対の膝にのせて座る、いわゆるヨガの姿勢で、動かずに座り、目は半分開けて唇を結び、自分の鼻の先に意識を集中するというやり方だ。こうすると息を吸ったり吐いたりする以外は、何も気にならなくなる。そしてついにはこの手順によって、あなたはより高次の意識状態に達することになる。その道筋は、大体次のようになっている。

　最初の状態で、あなたは今まで近づけなかったどんな心理的な問題に対しても、「浸透できる」ようになる。あなたは苦痛、不和、混乱、あるいは恐怖や記憶といったものに対処する。それには、ちょっと時間がかかるが、やがて心は澄んで、あなたは静寂の気に触れる。すると、さらに高い次元の状態になって、あなたは自分の体で一種の祝福されたような感じを体験する。そして、私には「晴れやかな心」としか言いようのないような気分、つまり、ある種の喜び、愛、そして幸福な感じに包まれる。あなたの外部にあるものでは、こういう感じをつくれない――それは、自然にそれ自体がすべての心理的なこだわりから抜け出したときに生まれてくるものなのだ。

　やがて、あなたの息遣いはとてもゆったりしたものになり、心はもっと澄んで開放的になってくる。こういう状態になると、自分自身の意識が体外へ広がり、あなたが座っている部屋の外へと広がっていく。こういうときに、あなたはよく前世の幻影を見ることもある。より深い洞察が、自由にできるようになる。つまり人間の自然の姿、自分自身の姿、生や死の過程がわかってくる。

　私はどうだったたって？　遊体離脱体験と同じような感じになった。それも一回だけではなく何回も。デンバーのお寺で私が瞑想し続けていると、だんだん自分が軽くなって、気楽な感じになり、やがて肉体的な形態から離れ、空中に漂うようになる。それから最後には、自分自身に戻るという具合だった。

　この体験が簡単に内面の苦痛を和らげてくれたが、苦しみはいつも戻ってきた。苦しみがあまり激しく感じられないほど、くたくたに疲れ果てるまで修行をしたときでさえも、苦痛は戻ってきて責めさいなむのだった。私には、その苦痛が、防ぐ手段も隠れる所もないのに容赦なく攻めてくる顔のない悪魔の一群のような得体の知れないものに思え始めた。そしてある日、デンバーでの瞑想を終わって自分の部屋に戻ると、驚くべきことが私を待っていた。ニューヨークからの電話だった。私の両親が、私の居所を探し出したのだ。二人はコロラドへ出かけて私を訪ねたいと言ってきたのだ。

彼らの心配は至極もっともなことだった。裕福でモダンな都市生活の中で教育を受けた者が、苦行者、森林の中の修行僧になることにその全エネルギーとすべての願いをかけているのを目の当りに見たのだ。彼らは、私が気が変になったと思っていた。そして、私が多分、ある種の心の病にかかって、何らかの精神作用による化学物質の不均衡の餌食になったのではないかと心配した。どうか、私がニューヨークに帰って心理学的な総合検査を受けてくれるようにと、両親は言った。それに対して私は答えた。はい、そうしますと。

私はそのとき、確かに自分を殉教者のように感じた。そして、多くの善良な殉教者のように、誰かが私にしろと言ったことには、素直に従おうとする心構えができていた。もし、誰かが私の精神を調べたいと言えば、専門家の診察台の上に、自分の肝っ玉をさらけ出していたことだろう。私は気にしなかった。それは、彼らの問題だった。結局は、自分そのものもひとつの幻影に過ぎないと思っていた。

私はニューヨークに戻って、しばらくの間、ある心理学者の検査を受けた。一連の検査が終わって、私たちは一緒に彼女のオフィスに出かけた。彼女は、自分の机越しに厳しく私を見つめて、包み隠さずにこう警告した。もし今すぐ集中的な治療を受けなければ、私は彼女が言うところの「ぷっつん」になるだろうと言うのだ。彼女が言わんとしたこの精神病の用語は、いわゆる「現実」からの「断絶」ということだった。

私が彼女から聞いたのは、今こそ私が仕切り直しをして、ずっとやって行けるように正々堂々と、心理学者たちの目では本物だと考えられている現実の世界を見つめるときだということだった。そして大人になって、こうした馬鹿げた宗教的な考えを捨てるときだと言うのだ。

私は密かに喜んだ。私は、彼女にその「断絶」こそまさに私が望んでいたものだとは言いきれなかった。もちろん、それは精神病的な意味での「断絶」ではなく、苦悩を断絶してくれる精神転換という意味だった。

私はこの心理学者の結論と、自分の両親の親切に感謝した。そして、次への転身のときが来たと判断し、タイ南部のジャングルへと旅立つことにした。

デンバーのお寺が私のために旅の手はずを整えてくれた。そしてすぐに、私はバンコクに着陸しようとしているジェット機の窓から外をのぞいている自分に気がついた。私は今でもこの地方が空中からどう見えたかおぼえている。一面、密集した厚い緑だった。あまり青々としていて、ある所は色が黒くなっているように見えた。そして、よくアジアの木版画や線画に見られるような信じられない姿で山々がそそり立っていた。眼下に広がる風景は私の心の迷いのように、押し分けて進んで行くには難しく、見通しもつかないように思われた。飛行機が着陸したとき、私は言い知れぬ感激の一瞬を味わった。私はついに、自分の人生の目的地に到着したのだ！

タイの南部で……私はある森林の**ワット**と呼ばれる僧院に住み始めた。それは瑞々《みずみず》しい青草の香るジャングルの真ん中にあった。まわりはゴムの木に囲まれ、冬の間もけっこう暑く、少なくとも華氏80度（摂氏26〜27度）はあって、湿気は多分100％にもなるようだった。無数のすべすべしたトカゲが木々の間を這いまわり、いつもサルのきいきいいう鳴き声が聞こえた。私は一人だけで、一段高くなっている**クチ**と呼ばれる小屋に宿を定めた。夜には大きな羽根のあるゴキブリがいつも私の細い板金のドアに飛び込んできた。一晩中、私はこの無数のゴキブリが入口にぶつかるときのピン！　パン！　という音を聞いていた。そして朝になると、その板金一面に小さなへこみが見つかるのだった。

ここならすべてを忘れるのに絶好の場所だという気がした。またたく間に、**私は自分の過去の人生を本当に忘れ始めていた**。ニューヨーク、私の家族、そうしたすべての記憶が、かすみ始めていた。

この探求の旅を共にした人たちは、誰も英語を話さなかった。私たちの師匠は英語を話すことができたが、彼は何か話すよりは微笑むほうがずっと好きだった。また、デンバーのお寺での厳しい修行も比べものにならないほど、タイでの修行はさらに苛酷なものだった。私たちが座り続けて瞑想している間中、東南アジアの熱気が巨大な蛇のように私たちのまわりを包み込み、息をするのも苦しいほどのし掛かってきた。筋肉は痛み、脚もだるくなり、時として背骨も救いを求めるほどだった。それこそ、丸一日、瞑想する以外は何もすることがなかった。

私は、今まではもう瞑想によって、自分の顔の正面の空中に浮かぶ、色のついた球体が見えるようにまでなっていた。それは心の形としてではなく、目の前を上下に揺れ動く本物の物体として判別できるのだ。それが想像の産物なのか、私が自分の体の外にある客体を物質化させたのか、今でもわからないけれど。

やがて私は、インドのサラナスに旅をして、仏陀が初めて教えを説いたという**ストゥーパ**［舎利塔］、つまり聖なる建物の中で瞑想をした。しかし、旅はただ欲求不満をもたらしただけだった。私は観光客ではなかったし、そんなまねを始めようとも思っていなかった。聖域の写真を撮るようなことが、私がアジアにやってきた理由ではなかった。私はタイに帰って、自分の修行に集中しようと、とても待ち遠しかった。

そのとき、突然初めて私の「断絶」と思われるものの、生々しい体験をした。私にもなぜだかわからなかった。多分、私が滞在していた寺院のせいだったかもしれない――そこは、心の自由を得るだけのためにつくられた、自由の庭（Garden of Liberation）と呼ばれる寺院だった。多分、それは私がこれまでに成し遂げたすべての努力の結果だったかもしれないし、あるいはまた多分、機が熟していたのかもしれなかった。それとも私が、本当に説明するものはないことを意味して「私にはわからないし、またそれはどうでもいいことだ」とよく言っていた禅の師匠とずっと一緒にいたせいかもしれない。その理由はいずれにせよ、瞑想をしてこのような青々としたエキゾチックな環境の中で生活している内に、私の心は突然、さらに澄み渡り、ついにある安らぎを覚えたのだ。もう何のあがきも感じなかった。

ありのままの心――自らの光に照らされた絶対的自由という意味での――が、煌《きら》めいて開けていった。

私はまったく自由な気持ちになって、自分のビザが切れたとき、心から満足してアメリカへ戻った。なぜ？　悟りを開いた心は、タイのジャングルだけにこだわる必要はもうなかった。どこへ行っても、悟りを開いた心でいられるのだから。私はアメリカに帰っただけでなく、十分自由な気分を感じていたので、再び大学に戻っていった。数カ月の間はすべてが順調だった。そしてある朝、目が覚めると、またあの恐ろしい、重苦しい、無意味な感じが陰鬱な重石のように私の上にのし掛かってきた。なぜそんな感じが戻ってきたのか、それがどこから来たのか私にはわからなかった。しかし幸いに、私はそれに対処する方法を知っていた。私には徹底的な禅の修行が必要だったのだ。その絶好の場所を、結局ロードアイランドに見つけた。

喉の渇きを覚えた者が水を求めるように、私はソン・サン・サという名前の韓国の禅の師匠のもとにこもり、３カ月間の静かな瞑想に入った。そこの雰囲気はすばらしいもので、心はのびのびとして、しかも規律は厳しかった。よく指導してくれたが、個人的修行の時間は十分あった。そして、このロードアイランドで、私は最終的に突破口を開くことができたのだ。私は心の中につかえていたもの、自分を現実の世界に生きることから遠ざけていたものを、すっかり取り除いた。私は、たいへん長い間、そんなにも深く感じていた心をかきむしるような感情的苦痛から抜け出した。

座禅を組んで、禅の師匠と禅問答をしているうちに、今まで読んだもの、学んだもの、内面的な思考を巡らせたもの、アメリカや海外でしたすべての修行、そういったすべてのものが、突然ぴたっとおさまって、はっきりと理解された。

私はずっと、古い禅の教えにしたがってきた。それは「あなたは炎の上の頭のように瞑想しなければならない」とか、あなたは「赤い灼熱の鉄のボールを飲み込んで、それを吐き出せない」といったような教えだ。その意味するところは、悟りを開こうと強く願うあなたの気持ちを完全に献身することの一点に集中すべきだというものだ。私は親友があまりにも修行をしすぎて心身をすり減らし、「狂った」ようになったのを見たことがある。私自身も、ある専門のセラピストに、正気を失いつつあると言われたことがある。私はあまり精神異常だとかいうことにはこだわらなかったが、むしろ苦闘の彼方に、いつか「光明を見いだせるか」どうかが気になってしようがなかった。そしてある日、このロードアイランドの寺院で……座禅中に、私は臨死体験をした。

私は、何もない空間に入っていった。息もできず、動くこともできなかった。考えることもできず、ただ静かに横たわっていた。しかし意識ははっきりしていた。休息と安らぎの心をありありと感じていた。しかし、その感じを楽しむことを妨げていたのは、どこかに死に対する恐れ、もっと正確に言うと、「ひとつの人格の死」に対する恐れが残っていたからだ。しかし私はこうした恐れ自体も、この何もない空間に吸い込まれてしまっているのだと考えた。つまり**恐怖そのものが空っぽの実態のないものだ**と感じたのだ。そうすると、再び心の平静さが戻り、すべてを超越した安らぎの心のよりどころが戻ってきた。そして、いろいろな考えが浮かんできても、そうしたものはそよ風のようにはかなく空虚なものだと思われた。

しかしもしあなたがその状態を恐れるとすれば？　そうなると、あなたは自分に死が、あるいは何となく漠然と想像される消滅が——自分を失うという恐怖が迫っていると思い始める。瞑想の最中に、同じことが私に起こったのだ。これは真底恐怖だった！　それ以外の何ものでもなかった。そして、もしあなたがその恐怖から逃げも隠れもしないでそれを通り抜けることができれば、恐怖は立ち去り、まったく何の問題も起こらない。空虚なものに対する恐怖は、たとえれば幽霊に対するようなものだ。恐怖が過ぎてしまえば、後に残るものは、安らぎと平和だけなのだ。こうして自分にもたらされた一種の自由な気持ちを人に伝えることは、ほとんど不可能である。

もう今では普通の日常の社会の中で生活していくことも大丈夫だと思えた。大丈夫というだけでなく、高潔なことに思えた。１９８０年から１９８５年にかけて、もっとも骨の折れる修行に挑んでいた間、私はすべての世間的な、俗っぽいものを極端にひどく嫌って、人生を送っていた。そして、社会を見下げ果てたものとして、自分からそれと一定の距離を置いていた。私はいつも修行僧のような食事を取って、ものすごくやせていた。その当時も何人かのガールフレンドがいたが、実際に情けを交わすことはなかった。自分自身がとても混乱していたので、なんで今さら他の人の混乱まで背負い込むことがあろうかと思っていたからだ。私がすでに自分ではどうしようもないほど混乱していたのだ！

しかし今は？　大きな変化が起きていた。私の人生は完全に変わったのだ。精神的なものと世俗的なものとの間の溝も急速に埋まっていった。

その頃、私に理解できなかったのは、私が旅の終わりだと思っていたものが、実はまさに旅の始まりそのものだったことだ。

＊＊＊

自分の修行は「外側の衣服とは関係なく、自分の心の中でするもの」と考えて、私はロードアイランドの禅寺院を後にして、汽車に乗ってニューヨークへ帰った。そこで、この新しい人生の行き方を探ってみようと思ったのだ。

ニューヨーク市で私は、完璧な「禅の実践」をしようと仕事についた。私は禅式長寿法のレストランの皿洗いになった。それはともかく……しばらくの間はすばらしかった。しかし、禅か禅じゃないか、難関を乗り越えたかそうでないかに関係なく、両手で皿を洗う音を聞きながら考え始めると、すぐに何か無意味な気がしてきた。私は、自分がまだやり残している（どうやら）解脱者の務めがあることに、気づかざるを得なかった。私は、自分の変わった方向に本当に撤していなかったのだ。私には違う種類の経験が必要だった。

次へ転身するときだった。

こうして私は、また美しいコロラドに戻っていった。しかしデンバーのお寺には行かなかった。その代わり、私は大学を修了することに決めて、ボルダーのナロパ研究所で仏教の研究をすることになった。一人の西洋風の教育を身につけたチベットの尊師によって始められたナロパは、わが国では東洋と西洋の教えを一番上手く融合させている大学のひとつで、そこの学生たちは、とても活発で精神世界のこともよく知っていると言われていた。

2年間の在学中に、多くの友人ができたが、とても面白い人たちで、その中の一人は南アメリカに伝わる神秘主義への道を私に開いてくれた。それは、どこかカルロス・カスタネダの著書の中に見られるものと似ていた。これは極めて重要な出合いだった。そして、私の人生に大きな影響を与え続けた。私が初めてラー文書の存在に気がついたのもまた、このボルダーでの仏教の研究の間だった。そして、ここで初めて私は、地球外生物（ＥＴ）との極めて鮮烈な出合いを体験し始めたのだ。

私がこのナロパ研究所の門をくぐったのは、ただ仏教の道を極めようと思ったからだ。従ってこうした研究をＥＴについての色豊かで複雑な綴れ織りの布地に織り込むことなど決して思い浮かばなかった。しかしそれは、私が今までの中でもっとも驚くべき体験をする前の話だった。それは、冬休みにバージニアのブルーリッジ山脈の中にあるロバート・モンローの所で行われた研究会の間に起きた。

モンロー（最近他界したが）は、精力的な天体旅行の研究家だった。ウォールストリート・ジャーナル紙によれば、７０００名以上にも及ぶ彼の講座の卒業生が、ビジネスや産業や軍隊の中核をなす立場にいるという。軍関係者も、彼の技術を実験してみたし、デュポンのような企業は、多くの役職者を彼の研究会に送り込んだといわれている。

モンローは、彼が「ヘミ・シンク」、正確には「大脳半球同調装置」と名づけたシステムを開発した。それは、あなたがプルマン式車両の寝台のようなものの上に仰向けに横たわっている間に、一組のヘッドホンから流れ出す一連のさまざまな波長の音をつくるのに使われる装置である。ちょうど「永遠のカプセルベッド」に寝ているような感じになる。さまざまな違った音色が、頭脳の大脳半球に同調して、より高次の意識水準にあなたを導いてくれる。私がそこを訪れた頃には、モンローは既にＥＴとの交信、地球の未来の予言、ＵＦＯ研究、遊体離脱旅行、そして将来の地球外生物たちとのコンタクトなどの分野で、多くの成果をあげていた。

私はこのときまでに、多くの事前訓練と修行をこなしていたので、横になってヘッドホンをつけると、**すぐその音色に合わせて瞑想に入ることができた**。自分の気持ちを集中する。音の流れに深く、そしてもっと深く入っていく。何が起きているかを考える前に、私はすっかりその音に心をうばわれてしまった。

私の体の全エネルギーの水準が変化した。私はもうひとつのサイクルに入った。私は地球を越えていった。これは目に見える体験ではなく、まったく躍動する感覚的なものだった。私は、自分の裸の体が浮かび上がって、宇宙を飛んで行くのを感じた。そして、薄い膜の、とても寒い領域を勢いよく通りすぎて、とうとうある場所に到達した。私は身のまわりに私と同じ仲間の生き物がおり、私に愛情の目を注いでいるということを本能的に知覚した。これは私の本当の家族だった。この知覚は疑いもなく確かなもので、私はその現実性を少しも疑わなかった。

それから私は、すぐにある感動が私を包むのを感じた。それは一種の相互浸透作用とでも言うべきものだった。私はもう一度、**この人たちは私の仲間だ**という気がした。その瞬間、私はもう一人ぽっちではないと感じた。そして、この地球上でも一人ではないことがわかったのだ。

すべてのものが上手く行くだろうと私は信じた。もう自分の人生について心配する必要もなかった――私には味方がいるばかりでなく、自分自身で自分を支えられるのだ。

この頃から、私はひと続きの変な夢を見始めた。たくさんの夢を見たが、その中でも、次の夢などはひとつの良い例だろうと私は思う。

ある夜、地球の変化や地質学上の大変動についての本をたくさん読み続けてから、恐怖を感じつつベッドに入った。すぐに夢を見たが、それは地球最後のまさにその日に、ニューヨークの街にいる夢だった。それについては疑う余地もなかった。すべての人が今何が起きているか知っていた。そのとき私は14番街にいたが、私の足下の大地は揺れ、建物は崩れ落ち、雷鳴が轟き、稲妻が走っていた。すべての人たちが泣き叫びながら逃げ回っていた。それこそ、絶体絶命のパニックだった！

すると不意に空に多数のUFOが編隊を組んで現れた。彼らは全く慌てていなかった。そのうちの一機が、私のすぐ上にやってきて、一条の円錐状の光の渦巻きを投げかけながら、頭上に浮いていた。そして、あの恐ろしい「UFO」誘拐《アブダクション》と違って、まるで警察の非常線を越えた安全地帯のような所に運ばれていった。そこには他の多くの人たちも保護されていた。私たち全員が安全に守られていた。そして私がそこにいる間に、誰かが私の汚れた足を洗ってくれさえしたのだ。そのとき私は、自分が助かったことがわかった。それ以来、私は地球に大変動が起きても、私たちが傷つかないようにETたちが守ってくれると信じ始めた。

ET文献（特にラー文書）でよく述べられているように、善意のETが「眠れる**ワンダラー**」に普通接触《コンタクト》する場合が、ちょうどこの夢のような状態に違いない。多くの夢は隠れたETたちに、あなたたちは本当は銀河系の市民であって、地球の住民ではないと警告する最初の兆しなのだ。隠れたETたちは、つかのまの訪問者なのだ。

私にとって、夢がひとつのきっかけだった。私が真剣に地球外生物の生まれではないかと思い始め、自分が本当に**ワンダラー**かもしれないと考えるに至ったのは、この体験がもとだった。しかし私はまだ、完全に自分自身に目覚めていなかった。

1987年のことだった。この年、ナロパから学位を受けた私は、もう一度ニューヨークに帰った。そして、このETの魂を持っているという新たな気持ちとたたかいながら、自分の精神的な方向づけを崩さないでいくために、とてもロマンチックな職業だと考えていたある職業を選んだ。ニューヨークのビジネスマンである。

それが、もうひとつの完全な禅の業《わざ》だと思ったのだ。つまり、少なくとも私は、ユーモアのセンスを失っていなかったのだ。私は、至上の歓びを意味する「ブリス」という名称の害虫駆除会社をやっている義父の所へ働きに出かけた。その会社と同じビルには、ブロンズの仏陀の卸売会社さえあった。何て好都合な。だって、私は仏陀ビルの至上の幸福会社で働くことになったのだから！

しかし、現実には幸福どころではなかった。

ニューヨークのビジネス界は、5年もの間没我の教えの修行をして、今や肉体を持たないETたちとコンタクトを取り始めていた者には、あまり同情的ではなかった。私は6カ月ともたなかった。

それなら何をしたらよいか？　幸いに、ビジネスに対する幻想が崩れ去ったので、私は大学の心理学の研究を今まで以上に高く評価するようになっていた。そして、そのテーマを研究するにはどこがもっとも良いか、どこで一番気持ちよく取り組めるかの問題を考えたとき、私の心に浮かんだのは、サンフランシスコだった。

その都市自体の解放感にも支えられて、私はニューエイジ思想に没頭した。私はCIIS（カリフォルニア総合研究所）で学位取得のカウンセリングの仕事を始めた。そこは、有名なインドの哲学者、スリ・アウロビンドの弟子の一人によって創設されたが、彼自身アラン・ワッツの昔の同僚の一人だった。私は、今まで以上に真剣にＵＦＯやチャネリングや神智学の教義を研究し始めた。私はそうしたテーマのすべてと形而上学について講義をし、研究集会を開いた。また、外国の学生に対する、比較文化のトレーニングも担当した。

一方この間ずっと、私はＵＦＯ宇宙船に乗って他の世界を訪問する、強烈な夢を見るという生活を続けていた。その夢の中では、**これが私の（ＥＴ）仲間だ**、というような感じがあった。また、他の夢の中では、よく自分が船に乗って教えたり、地球の内部深くまでチャネリングをしていた。不思議な夢ばかりだった。私は、自分の一夜の旅を記録しようとして――自分が寝ている間に発せられるどんな奇妙な叫び声もつかまえようとして、枕もとに声をよく拾うテープレコーダーを用意した。そして、次の朝になって自分自身の声の記録を再生しては驚いていた。何か奇妙な地球にはない方言で話していたのだ。今日に至るまで、私にはこうした「夢の中での寝言」が本当は何だったのか想像もつかない。

多くの夢を通じて、私には来るべき変化に対して人々を助ける確固たる役割が課せられているという圧倒的な感じがあった。それは、私の内面的な安心感とここ［地球］での目的意識を弥が上にも高めさせた。徐々に、私は自分の考え方が「世界救済計画」（私がインタビューしたあるＥＴの言葉の中にあったもの）と似ていることに気づきはじめた。今にして思えば、それが、この本を出版するきっかけにもなっていたのだ。

しかし、本当に私の考えを変えさせたのは、ラー文書の存在だった。それが、私の全人生にさらにはっきりした目標を与えたのだ。

ラー文書は、全部で4巻からなり、各巻およそ100頁だ。内容は、初期エジプト時代から地球に奉仕してきたと主張する、ある地球外生物グループとのチャネリング記録である。彼らは唯一の創造主に仕える惑星連邦の多くのメンバーの中のひとつだという。惑星連邦は「スタートレック」シリーズに登場する連邦に似ており、本来、宇宙全体の愛と英知の認識を促進することを目的とする惑星間文明の集合組織である。


ラー文書には、地球の歴史とETの影響の歴史が詳細に説明されている。そして、「7つの密度」(意識のさまざまなレベル)と呼ばれるものを通じての銀河系の進化計画を示して、それには統合と分離、すなわち、通常私たちが「善と悪」と言っている2つの道があると述べられている。そうした上で、彼らは地球上でよく見られる、自己の利益に奉仕するような傾向とやり方について、長々と否定的な見解を述べている。

ラー文書によれば、ほぼ6000万人以上の普通の地球人が、本当は**ワンダラー**だという——それは、この地球上に2万5000年もの長い間いたETの魂である。一方では、ここに来てからほんのわずかしかたっていないETの魂もいる(ごく最近やってきた者たちの中には、地球での生活について、まったく不慣れな者も多いのだ!)。

私はこの文書を研究し、その意味をさらに深く理解しようと努めた。そして、その内容が自分にちょうどぴったり当てはまると感じた。私は多分、自分は長い長い間この地球にいて（2万5000年契約の者と私たちは呼んでいるが）、私のETのルーツが長い間意識の底に埋もれていたのではないかということに気がついた。しかし、今や私はその隠された宝を取り戻すことができたのだ――そして、私の契約がはっきりしてきたとも言えたのだ。私のさまざまな時代のさまざまな文化への親近感と強い宇宙的志向も、すべてこうしたダイナミクスによって理解できる。また、それならば私をいつも悩ませていた、自分は本当はここに属していないという疎外感も説明できたのだ。

そして、大部分の**ワンダラー**たちにも同じことが言えるのだ。私たちの進歩は漸進的なのだ。ただ一度で、ああそうだったのか！　とわかるような体験ではないのだ。

今、私にわかったのは、東洋の宗教は、多くのいくつもの生涯の間に私がいつも初めに辿らなければならなかった道だったことだ。そして、それがとうとう私に、澄み切った、純粋意識の状態をもたらしたのだ。それによって私は、自分の惑いの多い人格レベル――たえず移り換わる――を乗り越えて、もっと宇宙的なビジョンを持てるようになったのだ。仏教や道教は、悟りへの大切な教えで、それはまったくETの思想と相反するものではない。しかし、必ずしも悟りを開くためにあなたが東洋の哲学、ETたちの考え、あるいはさまざまなニューエイジ思想に没頭する必要はない。そこには多くの道があるのだ。事実、それはすべて誠実さと努力、そして同情心の問題なのだ。生けるものの心の中に、「真の自己」を見いだそうとするためのものだ。そうすれば、輝かしい見通しが自ら開けてくるだろう。真の自己には、常に接触可能なのだ。

私は、本当はこういうことについて大げさなことは言いたくない。私はずっと、精神的な物事については多くの場合、このような複雑なことは話さないほうがいいと思ってきた。そしてほとんどの場合、その必要もないのだ。ただ、真実の心やETの魂、前世体験などについては真剣に論ずべきだという気がしている——大部分の人たちは、もしその内容のすべてに耳を貸していたら、頭がいっぱいになって動きがとれなくなってしまうかもしれない。しかし、本当に必要な、受けるに値する奉仕は、私たちがお互いに善意、知性、思いやりを持つことだという点は、忘れないでほしい。

時々、私はガードをゆるめて、自分の本心を話そうとするのだが、何か具合が悪くなってしまうのだ。あるとき、今でもよく覚えているが、ETについての私の考え方を知らない友人たちと話をしていた際、私は心の中で思わずつぶやいたものだ、「何とこの地球の人々は変わっているんだ！」。そして別のときには、「地球は狂気じみた所だ！」(もっとも、この点は多くの地球生まれの人たちも同意するところだろうが)。私が**ワンダラー**と気がつくきっかけは、手近な所にあったのだ。

私の知人の大部分は——地球生まれでも、**どこか別の場所**から来た人たちでも——ある種のもっと広い知識を有していた。そうでない人たちに対しては、唯それについては特に珍しいことではないとわかってもらうように頼むだけだ。人間の姿をしたETと、もっと宇宙的な視野を持った人たちは奉仕のために、すなわち人々を助け、地球を救うためにここにいるのだ。これこそまさに、この世界の定められた道……もっと正確に言えば、多くの世界の道なのだ。それは水のように、より大きな水量のある場所から、それを必要とする場所に流れていくのだ。

私は、すべてこういうことが、いかに奇妙に思われるか承知している。それをさらに難しいものにしているひとつの問題は、すべてのニューエイジャーたちも知っているように、ニューエイジ思想を信奉する人たちの中には、まったく何の疑いも抱かずにただ信じるという、極めて浅はかな連中がいることだ。ほとんどの秘教的《エソテリック》な問題は証明できない性質のものなので、この運動はただのほら吹きや、自我の意識の弱い人たちをひきつけやすい。自分たちが聞いたり読んだりした考えを、ただ鸚鵡《おうむ》返しに繰り返しては慰めを見いだしているような人たちのことだ。また別の星から来ているなんてロマンチックなことだと、そこそこ考えているような人たちのことだ。その証明は、彼らがどう人生を生きていくかでなされるのだ。もしその人たちが、権力志向の指導者たちであったり、まごつくばかりの弟子たちであるとすれば、多分それなりのものでしかないだろう。

自分たちは地球に奉仕しているんだと言う多くの人たちが、実際は何もしていない。その人たちは、多くの訓練を積んでいないし、大きな努力もしていない。彼らは自分の言葉に満足しているだけなのだ。あるいは多分、彼らは「人類に奉仕すること」を特別なものと感じて、密かに楽しんでいるとも思えるのだ。

ここで再び、そうでない人たちがいることを忘れないでほしい。こういう人たちは、**同じようなことを言っているが、自分たちのやるべきことはやっての上なのだ**。ただ、これは重大な危機だと言っても始まらない。要はその人たちが、自分たちでどう対処していくか、そしてその人たちの動機は何かという点こそ大切なのだ。

おわかりのように、地球上でＥＴの生い立ちを悟った上でしなければならないことは、現実には次のようなことになる。人間の人格との精神面での統合がそれだ。**どこか別の場所**からきたという認識はその人自身の特別な地球的自我意識と融合されなければならないのだ。個人と宇宙がお互いに寄り添って宇宙のダンスを踊るのだ。そこに、統合された神性——私たちが「個人的な魂」と呼んでいる——の独特な表現が登場してくる。これを達成するには、その人物が強い自立機能を、必要なときにはひとりで大胆に歩む確信を持っていなければならない。我々は、まずほとんどの者がこのスケールの大きい未来の展望を理解できないことを知る必要がある。それから、他の人たちにわかってもらうことが一番重要なことではないことに気がついて、気がやや楽になる。多かれ少なかれ、独りでなすべきことをすることになるのだ。そして、忍耐強くＥＴの家族との再会を待つのだ……地球でのすべての役目が終わるまで。

もっと重要なのは、今ここにいて役に立つ状態にあることだと私は思う、できる限りの奉仕ができるように。「ＥＴであること」は、単に慈善行為に対する呼びかけなのだ。いずれにせよ、自分たちがＥＴなのか人間なのかはあまり問題ではなく、私たちが本当にいること自体に意味があるのだ。

このことは、私にこう考えさせる。

どうかＥＴたちを特別なもの、優れたもの、あるいはエリートグループに類したものと考えないでほしい。**ＥＴであることは、エリートの概念とはまったく関係のないことだ。**そして、どうか彼らを役に立たないとか、「非常識だ」とか言って、社会の片隅に追いやらないでほしい、もしあなた方が彼らの信念を受け入れられないならば、狭量になったり、はるか遠くを見つめた宇宙的な考え方を頭から否定したりしないで、少なくとも彼らの言うことに耳を貸してやってほしい。こうした考え方のどれかが、ある日あなた方自身が自分を見いだす手がかりになるかもしれないことを、心に留めておいてほしいのだ。夢を追う人たちが、かつて月面を歩くことや、大陸間無線通信や、地球の衛星などを想像したために嘲笑の的になっていたことを思い出してほしい。今日不可能とみなされているものが、しばしば明日には達成されることがあるのだ。

さらに、真実を発見するのを恐れるべきではない。真実は、——それが何であれ——あなたの人生により大きな基盤を与えてくれるだろう。なぜならば——私たちのすべてにとって——基本的にやらなければならないことは、私たちの人生の意味を考えることだからである。もしあなたが自分自身や、自分で経験したことを自ら聞くのを恐れなければ、あなたは結局は真実を発見するだろう。真実は時として驚くようなものだが、常に苦しみを癒してくれるものに違いない。時がたてば、間違っていたり、必要のないものは常に消えうせるだろう……。

そして再び…ＥＴかそうでないかは、さほど重要なことではない。**私たちの一人一人がすべて、まさに神から与えられた魂を持ち、この地球で人間の姿をしているのだから。**

大切なのは、私たちにとって何が正しいか、何が真実かを選択する過程だ。その過程を通して、私たちは「真の自己」にもっともっと深く近づくことになる（ちなみに、真の自己とは仏教で言う自ら光を発する空《くう》、つまり主観、客観を超えた純粋意識と同じことだ）。これこそ、永久に学んでいく、さらに完全な調和を目指して成長していく認識の過程なのだ。そして、精神と心の及ぶ範囲が広がっていき、経験のすべての局面を包含することができるようになる。これこそ、中世の錬金術師たちが偉大な業《わざ》と呼んだような大事業なのだ。人生の灼熱の釜の中で、自己精錬をする業のようなものだ。

急いではいけない。自分の内なる声を聞くのを忘れてはいけない。心の平静さを保ち、恐れずに、そして洞察力を持てば、あなたは自分個人や世界が抱えているいかなる軋轢も乗り越えて見通すことができる。

あなたが、絶えず深まっていく自分自身との深い絆を強く求め続ければ、それがどのような外見や形態であれ、真実はいつでもはっきりしてくるのだ。

付録3　ラー文書について

ラー文書は、ひとまとめに文字で記録されている教えとしては、私が今までに出合ったものの中で、間違いなくもっとも重要なものだ。

ラー文書は、全部で4巻あり、そのうちの初めの1巻が、ＥＴとのチャネリング記録である。その内容は2年半に及ぶ１００回にわたる質疑応答の結果を整理したものである。

私は、このテーマについて自分なりにまとめてみようと思ったが、その内容が今までの自分の考え方を根本から変えてしまうほど影響が強いものなので、あきらめざるを得ない。

これを読んだ人の宇宙観はすっかり変わってしまうだろう。この充実した内容は、自己認識の助けになるが、私の場合、この地球上には生まれつきのＥＴがいるという、具体的な認識への手引きとなったのだ。

ラー文書を読んでから、すべてのものが変わってしまった――正確にはすべてのものが、はっきりしたと私は感じている。

ラー文書とそれに続く3巻の「一者《いっしゃ》の法（ザ・ロー・オブ・ワン）」は、元航空パイロットでルイビル大学物理学教授のドン・エルキンス教授たちのグループが、20年にわたって、地球外生物と交信した記録である。

対話は、完全なトランス状態にあるチャネラーのカーラ・ルカートを通して行われた。

ラーグループは1961年に、興味を持った学生たちや教官によって始められ、何年にもわたる試行錯誤の末、テレパシーを正確に受信する方法を編み出していった。ジム・マッカーティーがケンタッキーに来て、この精神世界の研究に参加してまもなく、グループは自らラーと名乗る情報源によってコンタクトされた。流される情報の質は劇的に変わり、その明晰さと影響力は量子飛躍的に向上した。

1981年から1984年にかけて、エルキンスとルカートとマッカーティーは中核グループとなって、常時、ラーとのチャネリングによるコンタクトを行うようになった。ラーはETのあるグループ（統一社会）で、古代エジプト人たちに神秘を伝授した、と主張している（ラーの由来は、エジプトの太陽神ラーである）。週に数回、のべ100回以上におよんだセッションにおいて、エルキンスは質問者となり、カーラ・ルカートが受信者（声によるチャンネル）となり、ジム・マッカーティーが「書記」となって多くのノートをとり、3人の「輪を閉じる」役割を担った。

彼らが受信した情報は膨大で、主題も広範囲にわたり、**ワンダラー**、善と悪の道、地球の過去と近未来、人類の進化の基礎（個人から無限にして全なる創造主との合一へといたる意識の進化）にまで及んだ。当初から、ラーは自らを「一者の法《ザ・ロー・オブ・ワン》の謙虚なメッセンジャー」と位置づけ——一者《ワン》とは我々の誤てる二元論を超えたところにあるすべてのものの基本的本性である——、以前に地球を助けようとした際に生じた「歪みを減らす」ことを求めていた。

　ラーグループは3人のエゴを満足させるようなことには関心がなく、彼らの質問が「取るに足らないこと」へそれた場合は、容赦なくたしなめた（例えば、前世において誰が誰であったか、とか、惑星の何%が地球レベルの意識に到達しているか、という類の質問）。ラーは常に人類がより大きな真実と自己開発にいそしむべきことを強調した。彼らの言葉遣いは慎重であり（3人の誰もが知らない言葉も多く発せられた）、「一なること」を意識したものであった。このコンタクトは、よく知られているように、かなり内容が濃い。実際、私は、ラー文書に「のめりこむ」のを難しく感じた人々を大勢知っている。何しろ、通常の考え方とは一線を画する内容なのだ。ラー文書の高度に洗練された知性は、私の見解では、通常の「いい気持ちで好奇心を満足させる」類のニューエイジの文献のほとんどをはるかに超えている。

　ラーの観点からは（ラーは人類よりも20億年も古いそうだ）、我々の周囲の葛藤や内なる葛藤は、表面的なものでしかない。ラーの意識レベルでは、「不調和も不完全も存在しない。すべては完全で全一的《ホール》」なのだ。これが一者の法の基本メッセージであり、ヒンズー神秘主義、仏教、道教、スーフィー教などの高レベルの東洋哲学と共通する。これは、無論、人類の残忍さ、不平等、艱難《かんなん》辛苦を肯定するものではなく、一見、極分化されている状態をより統一的な視点から見ることが可能だというのである。

ラーにとって重要なのは、どの惑星であれ、無限の創造におけるどのレベルの意識であれ、「源初の望みは、すべてが一になること」だ。「源初の望み」というのは創造主の基本的な衝動で、すべての存在の根本理由であり、当然のことながら、「人生の意味」でもある。他のすべてのさまざまな探求は、この「一なること」へと我々を導くとは限らない。すべては我々が経験と個人的な欲求から、いかに学ぶことができるかにかかっているのだ。「一者の法」は宇宙の基本的な本性と考えられるが、実際のところ〝法〟というよりも〝物事のありよう〟ということだ――。人間同士の溝は、単に、人生が学びと自己開示であると認識している人とそうでない人がいるから生じるにすぎない。

ETの魂を持っていると考える人と話をしてみれば、例外なしに、人間の経験はより偉大な学びのための触媒でしかない、と言われることだろう（自己実現と内的な完全化の表現）。すべての意識的な**ワンダラー**と**ウォークイン**の目的は、他のノンセクトの精神世界の教師たちと同じく、ただこの開示と他への奉仕にあるのだ。

宇宙についての偉大なヴィジョンへ私の目を開いてくれた（再び開いてくれたというべきか）ことに加え、ラーのセッションは、地球の現状についても多くの頁をさき、宇宙全体の他の意識レベルにある生物と比べている。多くの**ワンダラー**にとって、歴史をつらぬく社会的、個人的な諍いと苦闘は、人類の成長しつつある自己の所産であり、地球レベルの文明では「当たり前」であるが、ETの魂の故郷である古い惑星文化にはまったく存在しない。地球で「当たり前」だからといって、他の場所でもそうだとは限らないと知って、私は安心した。しかしながら、私たちは現在ここにおり、社会へ生産的に溶け込むことは、それがどのような意味を持つにせよ、ETの魂だけでなく誰にとっても大事だと言える。

ラーの膨大な教えを概観するのが私の目的ではない。４巻のラー文書は自ら語る。ここでは、ラー文書が一体どんなもので、私自身の知的、精神的発展に大きな影響を与えてくれたことを記すにとどめるべきだろう。もし、ラー文書に興味がおありなら、精神世界、ニューエイジ関連の書店の棚を覗くか、注文するか、あるいは、直接、

L/L Research
P. O. Box 5195
Louisville, KY 40255-0195

のルイビルのグループに手紙を出されればいいだろう。

最後に、ラー文書からの引用文を紹介しておこう。

人類は、私たちが考えるより、はるかに光輝ある、はるかに高潔な神の創造物である。そして、私たちの地球上の指導者たちが言っていることを、はるかに超越した大いなる力を秘めているのだ。あなたが、自己修行に向かって瞑想を始めるとき、そして、あなたの人生を愛と内面的英知に向かって深めたいと強く願ったとき、この言葉はいつまでも限りなくその余韻を残すことだろう。

すべて、万物は生まれ、そして死ぬように見える。だが、より深い意味では存在に終わりはないのだ。

用語解説

【誘拐】Abduction：ネガティブ志向の（自己の利益ばかり尊重する）ＥＴによって、不本意ながら強制的に生け捕りにされること。被害者は「被誘拐者《アブダクティー》」と呼ばれる。ＵＦＯ現象と治療上の暗示との側面において議論が高まってきている。（要参照：退行催眠術、ＵＦＯ）

【アカシック記録】Akashic Records：過去のすべての行為、考え、そして地球の潜在的な未来のシナリオの記録で、物質ではない捉えどころのないエネルギー面上に暗号化されており、適正な訓練を受けた者たちには「読む」ことが出来るようになっている。「記録の偉大な殿堂」とみなしている者もいる。（要参照：チャネリング）

【天使の王国】Angelic Kingdom：人間と平行していて相互作用を及ぼしあいながらも別個の、肉体を持たない存在たちの進化の系譜を意味する。惑星／太陽系のメンテナンスと意識の開発の責任を負っている。（要参照：天体外生物）

【アシュタール司令部】Ashtar Command：沢山のニューエイジのチャネラーが接触していると主張する艦長、アシュタールの最高指揮権に従っているポジティブなＥＴたちの銀河間連邦を表すのに用いられる名称。（要参照：無限の創造主に従う惑星連合）

【チャネリング】Channeling：肉体を持たない知性が、いくらかトランス状態にある人間に話しかける、次元間通信の一形態とみなされている。かなりの数のニューエイジ文献を輩出。（要参照：心霊パワー、宇宙の同胞）

【チャクラ】Chakra：人間の敏感な肉体の中心に宿る準物理的エネルギーを表すサンスクリット語で、霊的－肉体的発展と相まって発達する。多くの東洋の瞑想鍛錬の狙い。意識が高尚になるにつれてエネルギーがますます回転するといわれていることから、エネルギーの中心または輪とも呼ばれる。（要参照：クンダリーニ）

【無限の創造主に従う惑星連合】Confederation of Planets in Service to the Infinite Creator：チャネリングで得た文書、「ラー文書」で用いられている用語で、目下「刈り入れ」過渡期にある地球に奉仕しているといわれる、博愛志向のＥＴ種族たちの銀河間連邦を意味する。「アシュタール司令部」に当たる。（要参照：アシュタール司令部、刈り入れ）

【接触者《コンタクティー》】Contactees：ＵＦＯグループやＥＴと直接接触したと主張している人々。広い意味では「被誘拐者《アブダクティー》」も含む。概して、博愛主義、ヒーリング、世に奉仕する目的のための友好的で建設的なコミュニケーションを運命付けられる。（要参照：ET、宇宙の同胞、ＵＦＯ）

【宇宙のキリスト】Cosmic Christ：絶対的な普遍的救世主の原理。智恵と調和し融合された無条件の愛。心霊ものライターたちによって違った意味で用い

られ、マイトレイヤと同一視されてもいる。（要参照：マイトレイヤ）

【密度化】Densification：物質的でない霊的エネルギー、観念、傾向が肉体的な体と人格に固定化されるプロセス。新たな性質が統合されるウォークインのプロセスにおいて一般的に行われる。（要参照：ウォークイン）

【天体外生物】Extracelestial：ＥＣ。ETの「地球派遣」教師たちによる造語。人類の発展に尽くすために天使の王国から人間に姿を変えている、ウォークインの転移者を意味する。（要参照：天使の王国、ET）

【平和のエロヒム】Elohim of Peace：宇宙のキリストに当たり、普遍的な平和と調和の超越的な霊的存在／原理を指し、特定の個人たちを保護したり鼓舞したりすることが出来るとみなされている。（要参照：宇宙のキリスト）

【ESP】Extrasensory perception：超感覚的知覚。肉体的な五感の枠を超えた知覚能力の使用を示唆する、普通でない範囲の力や能力を述べるために使われる用語。（要参照：心霊パワー）

【ET】Extraterrestrial：地球外生物。物理的な地球圏外出身の個人や種族を表すために広く用いられている。ＵＦＯ現象、チャネリング、ニューエイジ哲学と関連している。（要参照：宇宙の同胞、ワンダラー、ウォークイン）

【断片交換】Fragment Exchange：ＦＥ。ウォークイン現象を説明するのに用いられることもある代替用語で、独立した完全に「高次の自我」の側面が人格意識に転移すること（新しい魂が入ってくることと対比して）を指している。（要参照：天体外生物、高次の自我、魂の組みひも、魂の交換、魂の転移者、ウォークイン）

【刈り入れ】Harvest：博愛的な愛と理解の意識をもつ者たちのみがこの惑星に残るという、今にも起こる地球の変動サイクルを指すために、「ラー文書」の中で用いられている用語。ワンダラーは、刈り入れの過渡期中、人類に奉仕したいと希望したためにそうなったとみなされている。（要参照：無限の創造主に従う惑星連合、ワンダラー）

【高次の自我】Higher Self：体－心－魂という複合体である人間に欠くことの出来ない単一体の核で、過去の出来事や将来の発展の完全な知識を所有していて、指導と援助の役に立つ。（要参照：断片交換）

【退行催眠術】Hypnotic Regression：忘れてしまった記憶と経験を呼び戻すために、誘導された心象とともに催眠に陥らせる治療上の技術。アイデンティティーを蘇らせるためにウォークインに用いられることもあり、ＵＦＯアブダクティーたちにも用いられる。（要参照：誘拐、ＵＦＯ）

【クンダリーニ】Kundalini：霊的認識と宇宙の意識を精製するチャクラやエネルギーの流れを通して人間に現れる、根本的知性の普遍的エネルギーを表す

サンスクリット語。多くのウォークイン体験に伴っている。（要参照：チャクラ、ウォークイン）

【明晰夢】Lucid Dreams：本人は覚醒した意識を持ち、夢の中の心象要素や物語の成り行きをある程度は制御することが出来る、鮮明な夢のような体験。（要参照：ＯＢＥ）

【マイトレイヤ】Maitreya：来るべき「救世主」につけられた仏教－サンスクリットの称号兼名前で、「宇宙のキリスト」の定義と目的に匹敵する。ニューエイジ運動の何人かによってチャネリングされ、「キリストの再来」または「来るべき仏陀」として待たれている。（要参照：宇宙のキリスト）

【多次元的清掃】Multidimensional Clearing：すべての敏感なエネルギー・レベルのエネルギー、感情、思考、過去の経験において、人間のすべての側面から軋轢と不調和を浄化して解放することを指す。（要参照：退行催眠術、前世、敏感なエネルギー技術）

【ニューエイジ】New Age：地球上の文明、意識、物質の差し迫っている変動を示すために様々な形で当てはめられる用語。人間の存在の新たなサイクルの到来を告げるといわれる惑星の「刈り入れ」と一致していて、種々の霊的作品や哲学的教義と結びついている。（要参照：チャネリング、刈り入れ）

【NDE】Near - death experience：臨死体験。死に近づいていたり、死んでいく過程にある状況下において、肉体的な体から意識が分離する体験を指している。しばしば霊的－超越的幻影、洞察、博愛的な肉体を持たない存在との遭遇を伴う。（要参照：ＯＢＥ）

【OBE】Out - of - body experience：遊体離脱（OOB：Out - of - body とも呼ばれる）。本人は完全に覚醒した意識を持ちながら、肉体的な体から意識が分離する体験。ＮＤＥのように、種々の霊的体験を伴う。（要参照：ＮＤＥ）

【前世】Past Lives：個人の前世に起因するといわれている経験カテゴリーで、死と再生／生まれ変わりという肉体化のサイクルを通してずっと、意識とアイデンティティーは連続していると仮定している。しばしば瞑想訓練や退行セラピーを通してアクセスされる。（要参照：退行催眠術）

【心霊パワー】Psychic Powers：透視、透聴、金属曲げ、チャネリングを含めた、五感以外の、超越的、超常的能力や機能の範囲に対する一般呼称。（要参照：チャネリング）

【魂の組みひも】Soul Braid：断片交換を表現するために用いられることのある代替用語。完全に高次の自我が人格と体に入ってくる新しい局面のことで、ウォークイン転移に似ていて、同等の生活転換を引き起こす。（要参照：断片交換、高次の自我、ウォークイン）

【魂の交換】Soul Exchange：ウォークインプロセスの別の用語。２つの別の魂が、片方を去らせて、入ってくる魂（通常はET）に人類に奉仕するためのより大きな可能性を開く目的のため、一人の人間の体－人格意識の居場所を自発的に交換すること。（要参照：天体外生物、断片交換、ET、魂の組みひも、魂の転移者、ウォークイン）

【魂の転移者】Soul Transfer：一般的なウォークインとワンダラーの主張者たちを指す別の用語で、ETの魂が誕生あるいは途中生まれ変わりのどちらかによって、人間の体と人格意識に入り込むこと。（要参照：ET、断片交換、魂の交換、ウォークイン）

【宇宙の同胞】Space Brothers：種々の惑星と地球の人類に役立つために同盟を組んでいる、博愛的なＥＴ種族たちを指す代替用語。1950年代に、ＳＦライター、ＵＦＯ研究家、コンタクティー、チャネラーが普及させた。（要参照：アシュタール司令部、無限の創造主に従う惑星連合、コンタクティー、ET、ＵＦＯ）

【高次エネルギー技術】Subtle Energy Technologies：ピラミッド・エネルギー、ラジオニクス、集束させた電磁波、インサート・ガス、花や宝石調整品を含めた、様々なタイプの振動プロセスを利用する、最近開発された技術。しばしば肉体－精神－霊が融合したヒーリングや変換に用いられる。（要参照：チャクラ、多次元的清掃）

【ＵＦＯ】Unidentified flying object：未確認飛行物体。あらゆる超常的飛行物体をも示すが、通常はＥＴ現象と、地球文明外の生き物についての話に付随して語られている。（要参照：ET、宇宙の同胞）

【ウォークイン】Walked - in：次元間－惑星間の魂の転移を表す叙述的な用語。人類とこの惑星に奉仕するために、もっと進化したETや天使の文明から（あるいはもっと偉大な霊的進化をした、地球生まれ）の存在が、自発的に明け渡されたある人間の体－人格意識に入ってくること。現象的に断片交換や魂の組みひものプロセスに匹敵する。（要参照：天体外生物、ET、断片交換、魂の組みひも、魂の交換、魂の転移）

【ワンダラー】Wanderer：次元間－惑星間の魂の転移を表す叙述的な用語。もっと進化したET文明からの存在が誕生時に、自発的にアイデンティティーや起源の記憶を失って、人の姿になること。目的は通常、人類とその惑星に奉仕するためだが、自分の利益しか追求しないワンダラーもいる。（要参照：ET、魂の転移）

スコット・マンデルカー博士
1962年ニューヨーク生まれ。1992年にサンフランシスコのカリフォルニア・インスティチュート・オブ・インテグラル・スタディーズ（CIIS）で東洋－西洋心理学の博士号を取得。テーマは、アメリカとアジアの仏教寺院でうけた本式トレーニングの経験を基に、西洋の基本心理学と東洋の宗教を結合させたもの。
現在、世界各地で霊的進化やＥＴの魂をもった地球人への目覚め促進、ＵＦＯコンタクトの真の意味などについて執筆とレクチャー、ワークショップ、及びカウンセリング活動を行っている。世界のスピリチュアル研究界をリードする心理学者としてテレビ、ラジオの番組にも出演するなど多方面に活躍中。
博士論文を一般読者のために書き直した本原書“FROM ELSEWHERE：BEING E.T. IN AMERICA”は、全米の科学界を震撼させ、大反響を巻き起こした。日本では1997年６月に『宇宙人の魂をもつ人々』（徳間書店）のタイトルで出版されロングセラーに。「ワンダラー」「ウォークイン」という言葉を日本に定着させた。本書はその新装版。

南山　宏（みなみやま・ひろし）
オーパーツ及び超常現象研究の日本における第一人者。「ＳＦマガジン」（早川書房）の編集長を経てフリー。大ベストセラー『謎のバミューダ海域』（徳間書店）や『Ｘ－ファイル』（角川書店）の翻訳などを手がけ、自ら著わした『オーパーツの謎』『奇跡のオーパーツ』（二見書房）等もベストセラーになっている。

竹内　慧（たけうち・けい）
東京生まれ。青山学院大学、カナダのマクギール大学大学院卒。
現在は翻訳を中心に幅広く活躍中。ニューヨーク在住。

本作品は、1997年６月、徳間書店で刊行された『宇宙人の魂をもつ人々』に一部加筆した新装版です。

【新装版】宇宙人の魂をもつ人々

第一刷　2021年6月30日

著者　スコット・マンデルカー
監修　南山 宏
訳者　竹内 慧

発行人　石井健資
発行所　株式会社ヒカルランド
〒162-0821 東京都新宿区津久戸町3-11 飯田橋TH1ビル 6F
電話 03-6265-0852　ファックス 03-6265-0853
http://www.hikaruland.co.jp　info@hikaruland.co.jp
振替　00180-8-496587

本文・カバー・製本　中央精版印刷株式会社
DTP　株式会社キャップス
編集担当　溝口立太

ISBN978-4-86471-998-8

ヒカルランド　好評既刊！

地上の星☆ヒカルランド　銀河より届く愛と叡智の宅配便

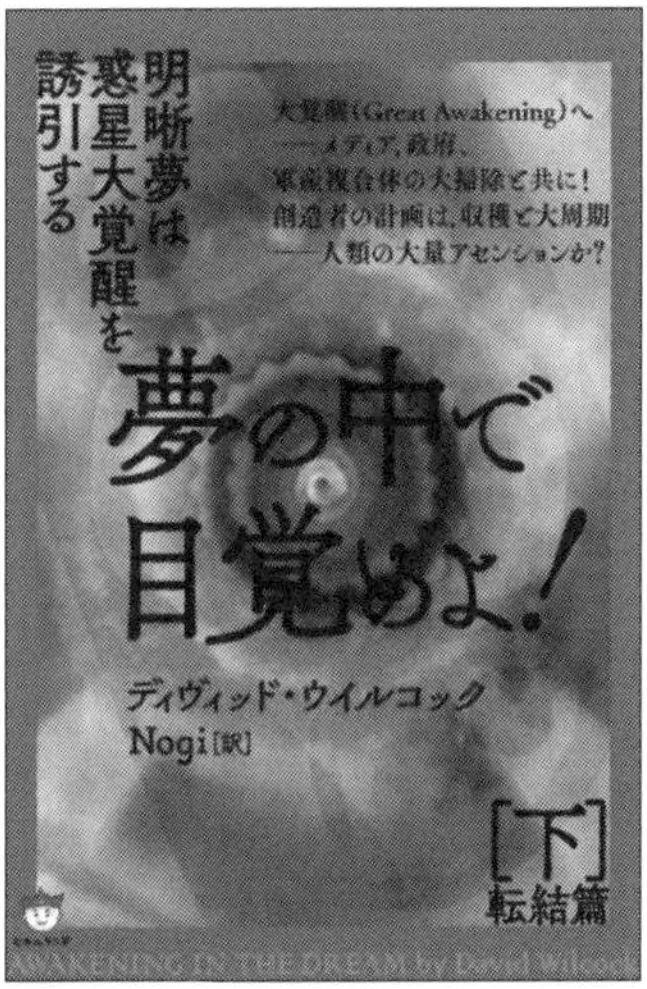

夢の中で目覚めよ！［下］転結篇
明晰夢は惑星大覚醒を誘引する
著者：ディヴィッド・ウイルコック
訳者：Nogi
四六ソフト　本体 3,000円+税

明晰夢は惑星大覚醒を誘引する。大覚醒（Great Awakening）へ…メディア、政府、軍産複合体の大掃除と共に！　創造者の計画は、収穫と大周期——人類の大量アセンションか？　物理世界のこの現実が特殊なフィールドであり、真の現実（超宇宙）は、すでに次元を超え、進化した存在たちとの協働共生の世界である——第四密度への架け橋となる本！　明晰夢は「超現実／超未来」を召喚している？　それは大量アセンション（収穫）と大周期のことを示しているのか？　その結論は、『オアスペ』とも濃厚にリンクする！　ラーも認めた予言者にして、真に未来を知るものであったエドガー・ケイシーは今、どこで何をしているのか？　予言通りならば、彼と彼の仲間は、この現代に生まれ変わり、やり残した仕事、人類をアセンションに向けて導くその仕事を、一心不乱に成し遂げているはずである！　本書では、エドガー・ケイシーの生まれ変わりの人物——まさに“今、ここに”生きている有名人の正体が明かされる！